BonSens.org è una associazione d'interesse pubblico. In virtù della Costituzione e del nostro diritto fondamentale di conoscere la verità, la missione della nostra organizzazione si fonda su:

– il dovere di parlare del professore;

– il dovere di parlare del giornalista;

– il dovere di parlare degli scienziati. Perché si tratta di buon senso;

Perché è il nostro dovere, a qualsiasi costo.

Immagine di copertina © Pravin Chakravarty | Dreamstime.com

Foto di Hélène Banoun: Christophe Lepissier

ISBN: 978-1-913191-60-3

Talma Studios International Ltd.
Clifton House, Fitzwilliam St Lower
Dublin 2 – Ireland
www.talmastudios.com
info@talmastudios.com© Tous droits réservés. Tutti i diritti riservati.

Hélène Banoun
Con la collaborazione di Pryska Ducoeurjoly

SCIENZA
VS POTERE

Cosa rivela la crisi del Covid-19
sulla biopolitica del XXI secolo

Traduzione dal francese
a cura di Valeria Benettini

BonSens

STUDIOS
TALMA

Ringraziamenti

Vorrei ringraziare innanzitutto:

I medici e i paramedici che hanno curato malgrado i divieti, tra i quali il Prof. Christian Perronne e Didier Raoult, che lo hanno fatto mettendo a rischio la loro stessa professione (pensionamento forzato, sospensione, radiazione dall'Ordine dei Medici)

I rari scienziati che hanno compromesso le loro carriere esponendosi, tra i quali (e non sono tutti): Jean-Marc Sabatier, Laurent Toubiana, Laurent Mucchielli, Martin Zizi in Belgio e Patrick Provost in Quebec.

Gli operatori sanitari che hanno rifiutato il siero sperimentale. Questi sono gli eroi di questa crisi.

Ringrazio, inoltre:

L'associazione BonSens.org per aver provveduto alla parte finanziaria per il lavoro di Pryska Ducoeurjoly, giornalista scientifica indipendente, con la quale ho collaborato per la redazione di questo libro. Corinne Reverbel, Jean-Yves Capo e i membri di BonSens.org, per la rilettura attenta e rigorosa.

Pryska, per la preziosa collaborazione che mi ha offerto e che mi ha permesso di rendere più semplice e scorrevole il mio lavoro, ma anche di approfondire e precisare diversi contenuti. Il suo contributo è stato essenziale per rendere più fluido il mio discorso.

Il Pr. Patrick Provost, il Dr. Jean-Marc Sabatier e il Pr. Martin Zizi, che hanno scritto le prefazioni di questo libro.

Alexandra Henrion-Claude, per aver sostenuto il mio lavoro dal 2021, e anche per la gioia, l'empatia e la positività che riesce sempre a trasmettere.

Tutti quelli con cui lavoro da molti anni: l'Aimsib (Dr. Vincent Reliquet, Dr. Eric Menat), il Dr. Michel de Lorgeril per aver riletto e corretto i miei primi articoli su ReinfoCovid (Carole e Louis Fouché), il CSI (tutti coloro che contribuiscono al suo funzionamento, tra i quali Carole e Louis, Vincent Pavan, Emmanuelle Darles, il Dr. Philippe de Chazournes, tutti quelli che si occupano della parte tecnica, e coloro che sono intervenuti in qualità di invitati, come Pierre Chaillot), per il loro impegno, per l'intelligenza ed i confronti sempre coinvolgenti che portiamo avanti.

Il Dr. Pierre Sonigo per i nostri scambi su LinkedIn, prima della mia espulsione, Anne Marie Moulin e Patrick Tort per aver riletto con attenzione il mio articolo sul ruolo degli anticorpi, nel 2021.

Prefazione alla traduzione italiana

Il libro che state leggendo è la traduzione del testo originale pubblicato in Francia a novembre 2023. Nulla è stato aggiunto, a parte alcuni aggiornamenti ai link.

In un anno, gli sviluppi della biopolitica sanitaria hanno confermato la mia interpretazione della gestione della crisi Covid-19.

Ho completato e dettagliato gli ultimi elementi a prova dell'origine artificiale del virus SARS-CoV-2 in uno studio pre-print.[1] Le audizioni al senato degli Stati Uniti hanno confermato l'ipotesi della fuga da laboratorio a seguito della fabbricazione del virus.[2] Resta in dubbio soltanto l'origine precisa di questa fuga (Cina o altrove: perché no, gli USA?)

I documenti del Robert Koch Institut[3] (Germania) che sono stati resi noti recentemente hanno confermato che la gestione politica della crisi ha voluto aumentare artificialmente la gravità della malattia per provocare il panico nella popolazione e mantenerla in uno stato di angoscia fino all'arrivo del provvidenziale vaccino, così come era stato previsto secondo le simulazioni di pandemie che ho descritto.

Circa la malattia Covid-19, è sempre più probabile che l'immunità naturale acquisita con l'infezione protegga dalle forme gravi, contrariamente ai vaccini. Gli stessi vaccini sembrano piuttosto facilitare ed aggravare le infezioni e le reinfezioni, cosa che si spiega in parte con la presenza di anticorpi facilitanti (fenomeno dell'ADE, che ho studiato anche per le vaccinazioni contro l'influenza e contro il morbillo). La tossicità dei vaccini anti-Covid e in particolare degli mRNA è stata confermata dalla letteratura scientifica. La possibilità dell'escrezione vaccinale (mRNA e Spike) che ho menzionato nel 2022 è conforme alle osservazioni cliniche.[4]

---

1. Origin of SARS-CoV-2: biopolitics, evolution, virology March 2024 update – https://www.researchgate.net/publication/378877325_Origin_of_SARS-CoV-2_biopolitics_evolution_virology_March_2024_update
DOI: 10.13140/RG.2.2.24372.05760
2. U.S. Senate Committee on Homeland Security & Governmental Affairs, https://www.hsgac.senate.gov/about/jurisdiction-and-rules/
3. https://rki-transparenzbericht.de/
4. Halma, M.; Rose, J.; McCullough, P. Inadvertent Exposure to Pharmacologically Designed Lipid Nanoparticles Via Bodily Fluids: Biologic Plausibility and Potential Consequences. Preprints 2024, 2024021267. https://doi.org/10.20944/preprints202402.1267.v1

Da un anno, il biopotere ha continuato ad impedire qualsiasi critica alla sua gestione della crisi, soprattutto sanzionando i medici che hanno avuto il coraggio di curare i malati dal 2020, come era già avvenuto col Dr. Peter McCullough nel 2022.[5] L'ABIM ha revocato la licenza al Dr. Kory e al Dr. Marik, accusati di aver messo in pericolo la salute dei loro pazienti affetti dal Covid curandoli con l'ivermectina. Sia il Dr. Kory, sia il Dr. Marik e il FLCCC hanno prodotto 170 studi scientifici che dimostrano l'efficacia e la sicurezza dell'ivermectina per la cura del Covid.[6]

Gli esperimenti sul guadagno di funzione (GoF) sui virus, che sono sicuramente all'origine del SARS-CoV-2 non si sono fermati e potrebbero essere connessi alla recente emergenza di virus che alimentano la propaganda su una prossima pandemia (virus dell'influenza aviaria[7] e monkeypox[8]).

Gli stessi stratagemmi vengono utilizzati per alimentare la paura: l'esagerazione del pericolo delle malattie, la deliberata confusione tra i casi (umani e animali) ed i malati grazie ai test PCR fraudolenti e l'offerta di vaccini pericolosi e inefficaci.

Come ho scritto, il pretesto sanitario permetterà il controllo della popolazione: l'UE si avvantaggia testando il passaporto vaccinale in 5 paesi, prima di estenderlo a tutti nel 2026.[9]

SHEDDING OF COVID mRNA VACCINES, A review of the available evidence, Pierre Kory,
https://covid19criticalcare.com/wp-content/uploads/2024/02/Shedding-of-COVID-mRNA-Vaccines-A-review-of-evidence-2024-02-03.pdf
5. https://www.ronjohnson.senate.gov/2022/10/second-opinion-doctor-stripped-of-medical-certifications
6. https://covid19criticalcare.com/flccc-media-statement-on-abim-decision/
7. https://www.researchgate.net/publication/381926731_Avian_flu_and_the_predicted_pandemic_gain_of_function_vaccines
Avian flu and the predicted pandemic: gain of function, vaccines July 2024, DOI: 10.13140/RG.2.2.12455.56486
8. E&C Republicans Release Interim Staff Report on NIH Misconduct and Inadequate Oversight Involving Taxpayer-Funded Risky MPXV Research that Jeopardizes Public Health Security, Jun 11, 2024
https://energycommerce.house.gov/posts/e-and-c-republicans-release-interim-staff-report-on-nih-misconduct-and-inadequate-oversight-involving-taxpayer-funded-risky-mpxv-research-that-jeopardizes-public-health-security
9. EUROPEAN VACCINATION CARD WILL BE PILOTED IN FIVE COUNTRIES EUVABECO, July 22nd, 2024 https://www.vaccinestoday.eu/stories/european-vaccination-card-will-be-piloted-in-five-countries/

Nel 2023 ho allertato anche sulla futura estensione dell'autorizzazione d'urgenza ai medicinali anti infettivi ed ai vaccini. Spero di pubblicare presto un articolo completo (in corso di revisione[10]) sul Beyfortus©, anticorpo monoclonale contro la bronchiolite da VRS destinato ai neonati: questo prodotto costoso del quale non sono noti i dati sulla sicurezza a lungo termine è il primo anticorpo monoclonale ad essere somministrato ad una popolazione globale di neonati. L'analisi degli studi clinici e delle campagne di immunizzazione 2023-2024 allertano circa il pericolo ADE (facilitazione/aggravamento delle bronchioliti in rari casi) e l'assenza di costi/benefici della somministrazione a neonati sani. Ho esaminato i meccanismi biologici che possono spiegare questo fenomeno. Questo prodotto è raccomandato dall'FDA statunitense per tutti i neonati.

Ho dimostrato come i vaccini genici (tra i quali l'mRNA) fossero previsti dall'influenza H1N1 del 2009, per sostituire i vaccini classici e come il Covid-19 sia stata l'occasione per svilupparli a livello globale. La resistenza di una parte della popolazione e il lavoro degli scienziati e dei medici critici impedirà o rallenterà questa diffusione dei prodotti genici? Possiamo sperarlo: in effetti, gli mRNA antinfluenzali sembrano ritardare (non è stato annunciato alcun mRNA contro l'influenza aviaria (nota 7) e il vaccino combinato Covid-influenza sembra essere in difficoltà[11]: non soddisfa i criteri di immunogenicità contro l'influenza B. Il vaccino a mRNA contro l'influenza stagionale è meno efficace del vaccino classico quadrivalente per gli ultra sessantacinquenni).

---

10. https://www.preprints.org/manuscript/202406.0714/v1
11. https://www.pfizer.com/news/press-release/press-release-detail/pfizer-and-biontech-provide-update-mrna-based-combination

Prefazioni

La crisi del Covid-19 ha scosso le democrazie del mondo contemporaneo come mai era avvenuto in precedenza. Ci sono state malattie e guerre, tra le quali due guerre mondiali, che hanno segnato e decimato intere generazioni, ma non era mai avvenuto che un evento mondiale coinvolgesse così tante persone, né che implicasse un livello di coordinazione globale da parte di così poche persone.

Questa coordinazione unificata è stata possibile grazie alle tecnologie della comunicazione, alla centralizzazione del potere e all'intervento di aziende internazionali di consulenza privata e farmaceutica, e di alcuni individui con interessi personali più potenti di intere nazioni, le cui attività hanno compromesso le società democratiche.

La gestione del Covid-19 da parte dei governi, cosiddetta fondata su LA scienza, fatta non di dubbi, ma di certezze, ha generato un contesto politico-scientifico nel quale la scienza è stata utilizzata per giustificare un'agenda prima di tutto politica, poi sanitaria, e non per prendere iniziative sensate che avessero lo scopo principale di proteggere il pubblico.

Potremmo anche parlare della nascita di una triade politico-farmaco-medica che ha portato alla cooptazione dei governi, degli enti regolatori e degli ordini professionali, in particolare quello dei medici. Questo ha spianato la strada alla manipolazione degli apparati governativi e della scienza, e alla deregolamentazione dei processi di approvazione dei nuovi prodotti farmaceutici che, così alleggeriti e accelerati, espongono incautamente la salute della popolazione a grandi pericoli. Le azioni di questa triade hanno infranto tutte le leggi etiche e deontologiche mediche che esistono proprio per guidare le decisioni in situazioni come quella che abbiamo vissuto con il Covid-19, come il giuramento di Ippocrate, il Codice di Norimberga, il principio di precauzione, la valutazione individuale del rischio-beneficio, il consenso libero e informato e il diritto di rifiutare.

Tutto questo in assoluta impunità e con un grande ritorno lucrativo. Questo, probabilmente, spiega anche perché i nostri governi abbiano ignorato i piani per l'emergenza pandemica elaborati dalle loro stesse aziende sanitarie, preferendo accordare la loro fiducia ad agenzie di consulenza portatrici di interessi privati... E l'acquisto di prodotti farmaceutici sperimentali attraverso contratti secretati.

Con questo lavoro, Hélène Banoun posa uno sguardo critico ed analitico su alcuni aspetti scientifici di questa crisi senza precedenti. L'autrice ci pone fuori dalla nostra zona di comfort, presentandoci le prospettive di numerosi medici, specialisti e scienziati indipendenti dall'acuto spirito critico, coraggiosi e controcorrente rispetto alla narrazione ufficiale. L'impegno di Hélène e dei suoi colleghi 'resistenti' a favore del benessere e della salute della popolazione non è soltanto privo di conflitti di interesse, ma deriva da una forte coscienza sociale che si fonda su valori morali indistruttibili e su un profondo senso di umanità.

Per questi professionisti, la protezione delle persone è una priorità non negoziabile. Il prezzo che hanno dovuto pagare è stato talvolta alto, ma questo non ha scalfito la loro convinzione di "fare ciò che si deve fare". Questi servitori hanno onorato, più di ogni altro, il loro senso del dovere, del rigore, dell'integrità e della probità scientifica necessari per assicurare un servizio pubblico il più qualitativamente migliore possibile.

Purtroppo, i governi hanno fatto orecchie da mercante, preferendo i consigli delle aziende multinazionali e delle lobby, la cui influenza è smisurata.

Non soltanto esperti riconosciuti e scienziati affermati nel loro campo hanno visto le loro analisi, critiche e raccomandazioni venire ignorate, ma molti sono stati puniti pubblicamente per aver osato contraddire le autorità. Questi ultimi sono stati degli esempi.

La mia collega, Hélène Banoun, che questa crisi mi ha dato il privilegio di conoscere, è stata un esempio di rigore, di integrità, di perspicacia e di perseveranza, come un faro che ci guida nella tempesta.

Mi auguro che anche voi veniate illuminati, come me, dalla sua luce. Buona lettura!

Patrick Provost, PhD
Professore ordinario, Dipartimento di microbiologia-infettivologia ed immunologia
Facoltà di medicina, Università Laval

Questo libro del Dr. Hélène Banoun è sicuramente uno dei libri più importanti mai pubblicati sul Covid-19, sulle iniezioni 'vaccinali' anti-Covid (a RNA messaggero) e i loro effetti sull'organismo, e sul fenomeno dello 'shedding'. Si tratta di un must read per tutti coloro che sono interessati alla 'pandemia' del SARS-CoV-2 ed alle sue ripercussioni sulla salute, sia in Francia che all'estero. Raccomando, dunque, a tutti, che appartengano o no all'ambiente medico scientifico, la lettura di quest'opera che è particolarmente chiara ed esplicativa. Ogni lettore potrà trovarvi una visione globale e realistica della crisi sanitaria.

A titolo personale, ci tengo a sottolineare il ruolo eccezionale che il Dr. Hélène Banoun ha avuto, dall'inizio della crisi fino ai nostri giorni, sia a livello dell'informazione (come componente del CSI, Consiglio Scientifico Indipendente, e di altri organismi), sia a livello scientifico (pubblicazioni in riviste specializzate internazionali). Infine, vorrei omaggiare il coraggio di una donna straordinaria, la cui illimitata devozione – per il bene di tutti – è stata esemplare.

Dr. Jean-Marc Sabatier
Direttore di ricerca al CNRS,
specializzato in proteine, tossine
e progettazione farmacologica (drug design)

Con lo slogan "Seguiamo la scienza", si risolve il duello tra scienza e politica

Da quando ha rivolto il suo sguardo al cielo stellato, tanto tempo fa, lo spirito umano oscilla tra la Paura e la Meraviglia. Di fronte all'inesplicabile, il pensiero è diventato magico – per sopravvivere una notte in più – per donarci questa illusione del potere, che sentiamo di non possedere. La nascita, la morte e, tra le due, la malattia, sono i momenti nei quali l'impotenza si impadronisce dei nostri pensieri.

Sono passati due milioni di anni e, malgrado tutti i nostri progressi, e anche se la scienza si è allontanata dalla magia, questi momenti continuano ad essere delle porte aperte sulle nostre più grandi domande e sulle nostre paure primordiali. Noi umani ci affidiamo troppo facilmente alla nostra razionalità, e ci siamo dotati di strutture in seno alle quali Scienza e Politica sono diventate due vettori di potere.

Questo ha avuto inizio molto tempo fa, quando questi due principi si trovavano riassunti nei re-taumaturghi. Ci voleva il sangue, perché il Sole si levasse, e ci voleva un esercito sepolto, per aiutare il Figlio del Cielo a conquistare la Morte.

Questa situazione si è protratta per secoli. Con la 'magia' del vetro levigato a forma di lente, l'astronomia si è separata dall'astrologia, e il metodo galileiano ha segnato la rottura definitiva tra il pensiero magico ed il pensiero scientifico. Nonostante la sua condanna, Galileo aveva squarciato la cortina: la misurazione e la sperimentazione prevalevano sulla narrazione politica. Galileo, con il suo metodo scientifico, non segnò la nascita del pensiero razionale, perché dai Greci ai Maya, passando dai Babilonesi, Indù, Latini, Arabi, Polinesiani, eravamo già razionali; Galileo segnò la fine della narrazione politica come potere assoluto. Non c'era più bisogno di sangue innocente per compiacere gli dei…La Paura doveva cedere di fronte alla Logica.

Ma il drago dormiva soltanto con un occhio, e nel momento in cui la rivoluzione tecnologica ha accelerato, le forze profonde si sono risvegliate. Nascita, morte e, tra le due, la malattia fanno da sfondo.

La Paura è tornata, invitata dal nuovo Re e amplificata dai mezzi di comunicazione di massa. In pochi giorni, nel febbraio 2020, una parte dell'umanità è regredita al pensiero magico… e il sangue è tornato a scorrere per soddisfare i falsi fantasmi. La Paura – alimentata dal denaro – sembra vincere…

La Dr. Hélène Banoun è la prima ad aprire questo dibattito indispensabile tra Scienza e Politica, due fattori necessari, che devono restare indipendenti l'uno dall'altro, perché la politicizzazione della scienza è la fine del progresso scientifico e la fine della politica come forza organizzatrice. Quella che si sta avverando è una situazione lose-lose (perdere o perdere) che deve interrompersi.

Prima di questa disfatta della gestione del SARS-CoV-2 non conoscevo Hélène, che adesso mi fa l'onore di scrivere questa prefazione, a me, il militare specializzato in biodifesa.

Come per molti altri scienziati provenienti da ogni specializzazione, è stata la crisi ad unirci. Assieme a molti altri, ci confrontiamo per cercare di avvisare, di salvare, di spiegare. Non siamo cospiratori, ma spiriti liberi e critici che si sono ritrovati dall'oggi al domani tra l'incudine e il martello – attaccati per quello che siamo. Insieme, pur con visioni a volte diverse – uniti dalla certezza che il filtro del Tempo consolida la Scienza, la Vera Scienza – andiamo avanti.

Il duello tra la Scienza e la Politica deve continuare, e questo libro ne rappresenta una tappa…

Grazie, Hélène, per averlo scritto.

E grazie a voi, che lo leggete…

Pr. Dr.Martin Zizi
Mountain View,
1 Ottobre 2023

Introduzione

Questo libro nasce grazie alla mia passione per la biologia e al mio desiderio di condividere i frutti delle mie ricerche, quelle che mi hanno permesso di capire la crisi sanitaria del coronavirus. Durante questo periodo, che ha scosso tutti, ho attinto alle mie conoscenze scientifiche e a quelle che erano disponibili per sondare l'origine del virus, capire i meccanismi della malattia e far luce sulle zone d'ombra che circondano i vaccini anti-Covid-19.

Questo viaggio nei territori complessi della biologia mi ha permesso di imparare moltissimo, portandomi, a volte, a rimettere in questione la validità di alcune affermazioni ufficiali. Più mi inoltravo, più queste affermazioni mi apparivano fondate su una ideologia politica piuttosto che su una base scientifica.

Questo libro vuole offrire uno sguardo d'insieme, chiaro ed accessibile, dello stato attuale delle conoscenze, al fine di stimolare la riflessione ed arricchire lo spirito critico. Nonostante l'episodio del Covid-19 sembri appartenere al passato, tutto ci dice che la guerra è lontana dall'essere finita, per quanto riguarda le crisi sanitarie. Dopo aver esplorato le radici della pandemia e dopo aver esaminato la componente biologica del Covid-19 e dei meccanismi immunitari, ci concentreremo sulle questioni e sui rischi della nuova era biopolitica che ormai influenza le nostre vite.

Mi servirò, innanzitutto, delle mie ricerche, ma citerò anche i contributi dei miei colleghi scienziati, che condividono con me una visione critica. Per un'indagine più approfondita vi invito a consultare le mie pubblicazioni, così come quelle degli esperti citati, anche se è impossibile affrontare tutti i temi. Spero che vorrete perdonarmi.

Dalla farmacologia alla teoria dell'evoluzione

La mia formazione scientifica inizia con gli studi in farmacia. Durante la specializzazione, mi sono avvicinata all'universo affascinante del laboratorio. In seguito sono entrata nel mondo della ricerca, lavorando per sette anni nell'Istituto Gustave Roussy, dove ho esplorato la farmacologia molecolare antitumorale, prima come tirocinante in farmacia, poi come ricercatrice all'Inserm.

Il mio lavoro si è focalizzato sulla mutagenesi batterica, ho studiato come i mutanti batterici si selezionano in presenza di molecole potenzialmente anti-cancerogene. Questo mi ha permesso di continuare a lavorare nel campo della batteriologia, una disciplina che mi aveva affascinata durante il tirocinio.

Nonostante ciò, ho scelto di non continuare su questa strada, perché il mondo della ricerca mi sembrava troppo limitato. Ero giovane e in cerca di nuove esperienze, inoltre, il direttore del laboratorio ci aveva confidato di non credere nella farmacologia come mezzo valido per trattare il cancro; riponeva tutta la sua fiducia nell'immunoterapia, un'intuizione che si sta avverando oggi. Il fatto che il nostro laboratorio si concentrasse innanzitutto sui medicinali antitumorali era dovuto principalmente al finanziamento dell'industria farmaceutica. Come potevo dedicarmi completamente a questo campo, sapendo che la ricerca era orientata da interessi finanziari?

In seguito, ho conseguito i certificati di specializzazione in biologia per diventare farmacista-biologo. Ho avuto l'occasione di sostiutire diversi direttori di laboratori di analisi mediche, finché la vita mi ha portata verso un'altra attività. Nonostante questo, in tutti questi anni il mio interesse per la biologia non si è mai affievolito.

Uno dei miei argomenti preferiti resta lo studio della biologia dal punto di vista della teoria dell'evoluzione, che sicuramente può essere applicata anche ai micro-organismi. Batteri, virus, anticorpi, i media prestano loro molta attenzione, e i dirigenti politici molte intenzioni.[1] virus sono davvero nemici? Gli anticorpi ci 'vogliono' proteggere? La visione antropomorfica è ricorrente nei discorsi politici (e anche in quelli scientifici), ma il suo obiettivo è soprattutto quello di trascinarci in una logica di guerra contro il virus. Esprimerò il mio punto di vista come biologa nella seconda parte del libro, dedicata alla comprensione dell'immunità e ai meccanismi della malattia del Covid-19.

L'impegno per l'informazione scientifica
La mia passione per la biologia si è rinnovata con la scrittura e la condivisione della conoscenza. Il mio impegno nell'informazione

---

1. *Le metafore del virus Covid-19 nei discorsi di Emmanuel Macron e di Pedro Sanchez*, Isabel Negro, Universidad Computense de Madrid, Cedille n. 19, 2021.

scientifica è iniziato nel 2017, quando il governo ha deciso di rendere obbligatori undici vaccini per i neonati. Questa decisione, con tutte le critiche che ha sollevato, ha suscitato il mio interesse. In quel momento non avevo un'opinione precisa sui vaccini; come la maggior parte dei professionisti della salute, non avevo nessuna formazione specifica sulla materia, neppure nel contesto della mia specializzazione in immunologia. I vaccini venivano dati per scontati e sembravano non presentare alcun problema scientifico.

Dal momento che l'argomento mi incuriosiva, ho deciso di approfondire l'argomento vaccini dal punto di vista dell'evoluzione biologica, cioè secondo la teoria dell'evoluzione. Dopo aver riesumato le mie competenze in virologia e immunologia, ho pubblicato un primo articolo,[2] sul blog dell'Aimsib,[3] una associazione di informazione medica completamente indipendente.

Il mio articolo si focalizzava sulla vaccinazione contro il morbillo. Il Dr. Michel de Lorgeril, che all'epoca era un membro del comitato medico dell'Aimsib, mi ha aiutata molto nel perfezionamento della mia precisione scientifica. In questo articolo avevo richiamato diverse questioni sull'efficacia di questo vaccino e, benché da parte mia io non avessi espresso nessuna aggressività, ho ricevuto, in risposta, una critica molto forte da parte di un immunologo legato all'industria farmaceutica. Alle obiezioni che mi sono state presentate, ho risposto punto per punto. Da quel momento, sembra che la mia attività sui social sia sottoposta a stretta sorveglianza.

Per una strana coincidenza, proprio prima della pandemia Covid-19 una grave epidemia di morbillo si è verificata alle isole Samoa, ufficialmente attribuita ad un calo della copertura vaccinale. Nel gennaio 2020,[4] ho pubblicato un nuovo articolo che ha contribuito a prepararmi intellettualmente ad affrontare il Covid-19. Quando si iniziò a parlare di un virus potenzialmente pandemico, a gennaio 2020, ho affrontato la cosa partendo da una diffidenza 'a priori' nei confronti della comunicazione ufficiale delle autorità, la quale inizialmente adottò un

---

2. *La vaccinazione contro il morbillo spiegata da uno specialista in immunoinfettivologia,* Aimsib.org, 26 maggio 2019.
3. Associazione internazionale per una medicina scientifica indipendente e senza scopo di lucro, Aimsib.org.
4. *Focolaio di morbillo alle isole Samoa,* allarme dell'ONU e dell'Unicef, 5 gennaio 2020.

atteggiamento 'rassicurante'. Personalmente ero già stata informata da un virologo, circa la potenziale gravità di quello che ci aspettava. Questo virologo sapeva che il virus in questione era un SARS molto simile a quello dell'epidemia del 2003, il SARS-1, il quale, sebbene poco contagioso, presentava un elevato tasso di mortalità.

Ho iniziato, dunque, a passare al setaccio tutte le informazioni ufficiali, così come avevo fatto per l'epidemia di morbillo delle isole Samoa, ed ho capito molto presto che intorno a questa pandemia si stava mettendo in atto una strumentalizzazione. Ho dedicato molto tempo a fare verifiche su verifiche di fronte alle evidenti incoerenze.

Ho sempre adottato un approccio critico nei confronti delle mie interpretazioni, almeno fino alla metà del 2022. Ogni volta che una nuova informazione sembrava contraddire le mie deduzioni, io coltivavo il dubbio e tornavo alle mie ricerche. Ho esaminato gli studi scientifici sui quali si basavano le dichiarazioni ufficiali, analizzando ogni dato, compresi quelli nascosti nelle appendici. Puntualmente individuavo delle lacune o delle incongruenze che compromettevano l'affidabilità di questi studi. Oggi, credo di aver individuato la maggior parte dei bias scientifici. Non torno più a rimettere sistematicamente in causa le mie convinzioni di fronte ad ogni dichiarazione ufficiale, perché ogni volta che lo faccio, ritrovo sempre gli stessi bias. ('bias', errori nella conduzione di uno studio, nella raccolta dei dati, nell'analisi o nell'interpretazione di questi, che può portare a conclusioni non veritiere, ndt.) Del resto non credo di essere la sola ad aver percepito una strumentalizzazione.

Naturalmente ho voluto condividere le mie scoperte, pubblicandole sul sito dell'Aimsib, e sulle piattaforme ResearchGate e LinkedIn. I miei primi articoli riguardavano i concetti di immunità di gregge,[5] immunità naturale,[6] e anche il ruolo, talvolta paradossale, degli anticorpi.[7] Molti altri articoli si sono aggiunti negli ultimi tre anni, derivati dalle mie riflessioni su altre pubblicazioni indipendenti e sulle pubblicazioni rese disponibili da altri ricercatori indipendenti che mettevano in dubbio la versione ufficiale.

---

5. *Vaccino anti-Covid-19 e immunità di gregge, è no...e ancora no.* Aimsib.org, 3 maggio 2020.
6. Covid-19: immunità crociata con altri coronavirus, fenomeni immunopatologici, ResearchGate Luglio 2020.
7. Covid gravi, ammettere l'esistenza degli anticorpi facilitanti, Aimsib.org, 23 agosto 2020.

La forza delle reti scientifiche indipendenti

In pochi mesi gli scienziati 'critici' si sono attivati per mettersi in contatto creando, poco a poco, una rete di contatti, dapprima attraverso le piattaforme social, poi incontrandosi di persona. Grazie al mio profilo LinkedIn, che ho creato nel 2020, sono entrata in contatto con virologi e medici. La mia presenza su quella piattafroma (che appartiene a Microsoft) è stata di breve durata: il mio profilo è stato cancellato dopo che avevo chiesto che fossero resi noti i dati forniti dal sistema sanitario israeliano. Non scriverò oltre sulle numerose censure e sabotaggi informatici di cui sono stata vittima che, sicuramente, sono stati un male minore rispetto a quello subito dai medici o dagli operatori sanitari sospesi o radiati per aver curato i malati o per essersi opposti pubblicamente alla politica sanitaria.

Nell'ottobre 2020, durante il lockdown, ho avuto l'occasione di conoscere il Dr. Louis Fouché, medico anestesista che lavorava allora presso l'Hopital de la Conception a Marsiglia, a meno di un chilometro da casa mia. Fouché aveva posto le basi dell'organizzazione ReinfoCovid, insieme a circa quattrocento medici, ricercatori, operatori sanitari e cittadini, al fine di promuovere una diversa politica sanitaria. Questo collettivo si è unito, in seguito, alla Coordination Santé Libre,[8] (Coordinamento per una Sanità Libera, ndt.), che raggruppava soprattutto i medici che avevano sfidato il divieto ufficiale di curare i loro pazienti. Questo divieto di cura è ancora in vigore nel momento in cui sto scrivendo, infatti, sul sito di Vidal (Vidal.fr, è un sito ufficiale di consultazione online rivolto ai medici ed agli operatori sanitari, e contiene informazioni su prodotti farmaceutici e terapie, ndt.), non si fa menzione del trattamento precoce applicato con successo all'IHU di Marsiglia e raccomandato dalla Coordination Santé Libre, così come da altri medici nel mondo, come quelli dell' FLCCC (Front Line Covid-19 Critical Care Alliance, Stati Uniti), e del CCCA (Canadian Covid-19 Care Alliance, Canada).

Nel gennaio 2021, i medici della Coordination Santé Libre hanno deciso di costituire un Consiglio Scientifico Indipendente per divulgare 'informazioni scientifiche di alto livello, totalmente indipendenti da qualsiasi influenza finanziaria o politica'. Si trattava di promuovere il dibattito e contribuire apportando una visione contraddittoria rispetto alle raccomandazioni del Consiglio Scientifico governativo…

---

8. https://www.csl.ovh

L'avventura del Consiglio Scientifico Indipendente, cioè CSI,[9] ha avuto inizio nell'aprile 2021. I primi due interventi, trasmessi su Youtube, furono rapidamente censurati. Il CSI ha continuato, dunque, a trasmettere sulla piattafroma indipendente Crowdbunker.[10] Un anno più tardi, abbiamo realizzato una trasmissione in diretta davanti ad una sala gremita (650 persone) a Le Fossat, vicino a Tolosa. Due anni dopo, nel maggio 2023, 1700, fra semplici cittadini e personalità provenienti dal mondo scientifico, si sono ritrovati a Saintes, per festeggiare la centesima trasmissione. Questa notorietà, acquisita grazie alla qualità delle presentazioni e degli interventi, ha permesso di far emergere un dibattito scientifico accessibile al grande pubblico, in un contesto di censura senza precedenti.

Nel frattempo ho continuato a pubblicare il progresso dei miei lavori sul blog dell'Aimsib ed ho preso parte ai suoi congressi annuali.

Dopo aver inizialmente lavorato in modo isolato, finalmente i ricercatori provenienti dalle diverse discipline si univano, creando una solida rete di scambi che copriva ogni aspetto legato alla salute. Ai medici si sono affiancati statistici, epidemiologi, modellizzatori, esperti nell'elaborazione dei dati e degli studi clinici, informatici, biologi, storici, giuristi, sociologi, antropologi, psicologi…Nel CSI lavoriamo tutti a titolo gratuito, così come coloro che si occupano dei siti e gestiscono la parte tecnica, cioè quella relativa alla diffusione dei video.

Tutte le pubblicazioni dei ricercatori indipendenti vengono, naturalmente, attentamente esaminate dalle autorità e dai 'fact-checkers' (i verificatori dei fatti), che sono pronti ad attaccare la minima inesattezza. Non abbiamo il diritto di commettere nessun errore, né di essere approssimativi: tutto quello che diciamo o pubblichiamo deve essere fornito di fonti e riferimenti provenienti dalla letteratura scientifica.

Nel corso di questi tre anni e mezzo, al contrario di ciò che avviene per le contraddizioni evidenti e ripetute della narrazione ufficiale, la coerenza delle affermazioni del CSI si è consolidata, ed ha subito correzioni minime, che non l'hanno minimamente cambiata. Un altro bel esempio di questa pluridisciplinarietà scientifica è il lavoro collettivo che si è concretizzato in La Doxa du Covid-19, apparso nel gennaio

9. https://www.conseil-scientifique-independant.org
10. https://crowdbunker.com/@CSI

2022, che mette insieme non meno di 30 contributi provenienti da diversi orizzonti,sotto il coordinamento di Laurent Mucchielli, sociologo e direttore della ricerca al CNRS.

Durante la crisi sono emerse anche altre associazioni e collettivi. Per esempio, dall'ottobre 2020, l'associazione BonSens.org lavora sotto la guida del Dr. Perronne per informare il grande pubblico sulle diverse problematiche di questa crisi e per organizzare azioni giuridiche.

Scienza o scientismo?

Y a-t-il une erreur qu'ils n'ont pas commise?[11] (C'è un errore che non hanno commesso?, ndt.) Il titolo del best seller del Prof. Christian Perronne,[12] Vice-presidente dell'associazione BonSens.org, riassume bene la nostra azione collettiva, e mette in evidenza la discrepanza che esiste tra le affermazioni ufficiali e le pubblicazioni scientifiche oneste e qualificate dall'inizio del 2020. Questa discrepanza riflette la contrapposizione tra scienza e scientismo. Capire questa distinzione è diventato fondamentale, in questo momento, per il grande pubblico che vuole districarsi nella marea di informazioni disponibili.

La scienza consiste nella produzione di conoscenze oggettive e verificabili. Lo scientismo, al contrario, deriva da un'impostazione ideologica che strumentalizza la scienza secondo i propri fini; prendendo alla lettera il 'consenso' fornito dagli specialisti di ogni disciplina e facendo di tutto per confermarlo. La crisi Covid-19 ci fornisce la conferma che il famoso 'consenso' tra la comunità scientifica indica semplicemente lo stato attuale delle conoscenze sulle quali si sono accordati alcuni leader d'opinione, cioè gli esperti ed i loro colleghi che trovano seguito nei media e tra i politici. Questo consenso scientifico è lontano dall'essere automaticamente la 'verità'.

In un normale processo di evoluzione scientifica, il consenso viene rimesso in questione ogni qual volta il confronto con i dati osservati impone una revisione della teoria o un cambio di paradigma, come afferma il filosofo e storico della scienza Thomas Kuhn in La Struttura delle Rivoluzioni Scientifiche (1962). "La scoperta inizia con l'individuazione di una anomalia, cioè quando si riconosce che la natura,

---

11. Albin Michel, giugno 2020.
12. Ex Capo-reparto malattie infettive e tropicali presso l'Ospedale Raymond-Poincaré di Garches.

in un modo o nell'altro, contraddice i risultati attesi nel quadro di un paradigma che regola la scienza normale."

Questo cambio di paradigma non avviene senza resistenze e spesso passa da una 'crisi scientifica', come nel caso della rivoluzione copernicana. Il consenso provvisorio viene spesso considerato dagli scienziati come una 'verità' rivelata, che è quasi impossibile criticare senza essere accusati di eresia e quasi scomunicati, come ai tempi dell'Inquisizione. E' pur vero, però, che la verità scientifica non esiste mai come risultato definitivo, perché la produzione delle conoscenze è infinita. Chi può pretendere di aver raggiunto la completezza del sapere, o la definitiva comprensione di un fenomeno? L'approccio scientifico non consiste nel rivelare una verità nascosta preesistente, né, ancora meno, nell'imporla, ma sta nel continuo confronto delle osservazioni con le teorie, basandosi su ipotesi tratte da queste teorie; quando interviene una discordanza, bisogna modificare la teoria, non rifiutare le osservazioni.

Nel XIX secolo, lo sviluppo accelerato delle scienze naturali ha portato ad un nuovo concetto del lavoro scientifico, elaborato da filosofi (come Auguste Comte) e da scienziati (nell'ambito di diverse discipline), che consideravano la conoscenza scientifica come la forma di ogni conoscenza razionale e oggettiva dei fenomeni. E' questo concetto, questa ideologia della Scienza come Conoscenza o come Verità assoluta, che definiamo, in generale, con il termine 'scientismo'. Poiché lo Stato moderno (nato dalla rivoluzione borghese) ha sempre voluto razionalizzare il proprio dominio, impegnandovisi oggi più che mai, lo scientismo è necessariamente legato alla ragion di Stato, cioè alla ragione del potere.

Lo scientismo sanitario si manifesta nella superiorità delle scienze esatte sulle scienze umane, nell'egemonia delle statistiche e dei risultati di laboratorio, nella separazione della diagnosi clinica derivante dal consulto medico dal rapporto medico-paziente condotto,[13] nel contesto del segreto medico, nei modelli matematici che possono essere disgiunti dai dati.

Per riassumere, lo scientismo è diventato un sistema di valori dogmatico, che tende ad allontanarsi dalla vera conoscenza della realtà.

13. Il rapporto medico-paziente indica in medicina la principale modalità di relazione tra medico e paziente che è imprescindibile per la maggior parte della pratica medica.

Come scriveva il filosofo Louis Jugnet (1913-1973), "Lo scientismo, è [...] l'imperialismo della Scienza di laboratorio su ogni altro dominio del pensiero e della coscienza dell'uomo".

La biopolitica come filo conduttore

Procedendo con il mio lavoro, mi sono resa conto che l'apparente irrazionalità della gestione della crisi si poteva spiegare attraverso il concetto di 'biopolitica'. Questo concetto fu teorizzato dal filosofo Michel Foucault, per illustrare come il potere si eserciti sulle popolazioni umane non più nel quadro dei territori dei singoli stati, ma a livello globale.

La biopolitica è nata con la rivoluzione industriale, che necessitava del controllo sulle popolazioni, considerate come fonte della ricchezza delle nazioni. Si trattava, per ciò che riguarda la salute, di mantenere la popolazione in grado di produrre e riprodursi per garantirne la produttività assicurando, di conseguenza, la prosperità della nazione. Lo sviluppo della pratica della vaccinazione iniziava, dunque, in quel momento, come mezzo di controllo delle epidemie, ma è giunta al suo massimo sviluppo soltanto nella nostra epoca, quella del capitalismo globale.

Capire questo concetto ci permette di comprendere la logica che soggiace alle politiche sanitarie, la strumentalizzazione della scienza al servizio di obiettivi altri e le azioni intrusive del biopotere nelle nostre vite.

Con la crisi Covid, si passa ad un livello di controllo superiore, perché dal controllo dei corpi si giunge al controllo delle anime attraverso una forma di terrore sanitario. Il biopotere ha capito che le persone paralizzate dalla paura non si ribellano, e possono continuare ad essere sfruttate come corpi produttivi.

Spiegherò come la biopolitica, in questo momento, vada oltre il suo scopo originario di mantenere le popolazioni in grado di produrre e riprodursi: paradossalmente, adesso sta provocando il deterioramento della loro salute. Nella terza parte del libro, tratterò degli effetti avversi dei vaccini anti-Covid-19, quindi, nell'ultima parte, dei rischi delle terapie geniche. Queste ultime vengono definite 'progressi rivoluzionari', ma vedremo che questo è lungi dall'essere dimostrato.

Questa pandemia ha indubbiamente accelerato il progresso dell'immunologia, della virologia e delle nostre conoscenze circa l'evoluzione dei virus, ed ha permesso a quelli che hanno dubitato sin dall'inizio, di comprenderne le manovre biopolitiche e di essere più preparati, in futuro, per reagire alle decisioni delle autorità, non soltanto in campo sanitario.

Le crisi ecologiche ed economiche che si stanno avvicinando verranno affrontate secondo la stessa logica securitaria votata alla riproduzione del sistema economico con le sue norme biopolitiche a svantaggio della salute delle popolazioni?

Con questo lavoro, pur restando focalizzata sulla mia specializzazione, spero di contribuire alla vigilanza delle persone cosiddette 'ordinarie', cioè dei non specialisti, perché in effetti, la biopolitica estende ormai la propria influenza su diversi settori della nostra vita.

Come si produce la conoscenza scientifica?

Prima di entrare nel vivo dell'argomento, vorrei concentrarmi sul mondo delle pubblicazioni scientifiche, per capire come si elabora 'lo stato attuale delle conoscenze scientifiche', espressione che definisce il consenso del mondo scientifico attorno ad un argomento. Lo scopo del mio lavoro, durante i tre anni della crisi Covid-19, è stato quello di cercare questo stato della conoscenza, partendo dalla lettura della letteratura scientifica, con la maggiore onestà intellettuale possibile. Si trattava, per me, di fornire elementi verificati scientificamente sull'origine della pandemia, sulla sua evoluzione, sulla comprensione della malattia e sulle terapie. Come voi stessi potrete constatare leggendo questo libro, questo stato della conoscenza non ha molto in comune con la narrativa ufficiale.

Il lungo iter della pubblicazione
La produzione delle conoscenze scientifiche segue un processo rigoroso e strutturato. Per cominciare, i ricercatori devono ottenere dei finanziamenti per i loro progetti di ricerca; questo implica di dover rispondere a bandi di gara, pubblici o privati, presentando dossier dettagliati che descrivono il protocollo di ricerca.

In Francia, per esempio, i ricercatori dedicano gran parte del loro impegno a riempire i questionari dell'ANR (Agence Nationale de la Recherche) (Agenzia Nazionale per la Ricerca, ndt.), che finanzia le ricerche su progetto.

Quando le ricerche sono state fatte e gli esperimenti terminati, i risultati devono essere pubblicati, quindi è necessario trovare una rivista alla quale presentare l'articolo. Il processo di pubblicazione è cruciale, perché il finanziamento della ricerca e l'avanzamento della carriera dei ricercatori dipendono in gran parte dal numero delle loro pubblicazioni e delle loro citazioni nelle riviste internazionali.

Ciò nonostante, la pubblicazione ha un costo. La maggioranza degli editori richiedono spese di pubblicazione che possono arrivare anche a 11.000 € per le riviste più prestigiose, come *Nature*. Quest'ultima richiede questa cifra per gli articoli ad accesso libero (*open access*) ai lettori.[14] Per i restanti, è necessario acquistare gli articoli o essere abbonati alla rivista. Una equipe di ricerca, dunque, non potrà pubblicare, a meno che il suo progetto non venga finanziato. A questo proposito, vorrei ringraziare l'Aimsib per aver finanziato il costo della pubblicazione del mio utlimo articolo, apparso nell' *International Journal of Molecular Science.*[15]

Le riviste peer-reviewed: la fine dell'egemonia?

Nel mondo delle pubblicazioni bisogna distinguere tra le riviste peer-reviewed e le riviste preprint, che, per lo più, sono siti web.

Le riviste scientifiche si basano sulla peer-review, termine inglese che significa "revisione da pari". Praticamente, quando un ricercatore presenta un articolo ad una rivista, questo articolo viene esaminato da altri esperti dello stesso campo (i pari), che ne valutano la qualità, l'originalità e la pertinenza. Questi pari esprimono un giudizio, suggeriscono miglioramenti e, infine, danno il via libera o meno la pubblicazione dell'articolo.

Il processo di peer review serve a garantire che vengano pubblicati soltanto lavori di qualità, ed è considerato come un elemento essenziale

---

14. *Open Access Comes to Selective Journal, Inside Higher Ed.*, 23 novembre 2020.
15. Banoun, H. mRNA: *Vaccine or Gene Therapy? The Safety Regulatory Issues, Int. J. Mol. Sci.*, 2023, 24, 10514.

della ricerca scientifica rigorosa. In realtà, questo criterio è diventato ormai un ostacolo: la maggioranza degli studi pubblicati risultano falsi, come afferma il Professore di Medicina John Ioannidis in un articolo del 2005,[16] perché contengono errori di concetto degli studi, bias di selezione ed altri problemi metodologici. Avrete sicuramente sentito parlare del *Lancet* e dello studio che affermava che l'idrossiclorochina era tossica e non funzionava sul Covid-19: i dati erano stati semplicemente inventati; nonostante questo,*The Lancet* continua a pubblicare come se niente fosse. Anche il *NEJM (The New England Journal of Medicine)* ha pubblicato studi di dubbia validità. Le riviste scientifiche più prestigiose, che spesso appartengono a grandi gruppi più o meno legati alle industrie farmaceutiche, si sono trasformate in imprese lucrative che traggono guadagno dalle pubblicazioni e non sono estranee a conflitti di interesse,[17] cosa che può influenzare la loro scelta degli articoli, favorendo, a volte, lavori poco precisi, e censurandone altri. Io stessa ho potuto constatarlo attraverso la mia personale esperienza con queste riviste peer-review.

Nella seconda parte del libro riassumerò l'avventura del mio articolo Evolution du SARS-CoV-2 apparso nella rivista Nephron nel 2021. In quell'occasione, siccome la pubblicazione era stata citata in altri studi, io sono stata invitata a rileggere altri articoli sullo stesso argomento, ed ho potuto constatare che alcuni articoli di qualità mediocre erano stati pubblicati malgrado recensioni sfavorevoli, anche in riviste prestigiose. Sembra evidente, dunque, che esse cedano all'interesse finanziario pubblicando un gran numero di lavori, a svantaggio della selezione rigorosa dalla quale traggono la loro reputazione.

Fra le eccezioni c'è il *BMJ (British Medical Journal)* , che resta una delle riviste più affidabili, insieme al suo editore, Peter Doshi, che ha criticato più volte la gestione della pandemia. Questa rivista accoglie i lavori di medici e ricercatori che non pubblicano su altre riviste e gli articoli sono accessibili anche con una traduzione, per coloro che non conoscono l'inglese.

---

16. Ioannidis JP, *Why most published research findings are false.* PLoS Med. 2005 Aug.2(8):e124. doi: 10.1371/journal, Pmed.0020124. Epub 2005 Aug 30. Erratum in: PLoS Med. 2022 Aug 25;19(8):e1004085. PMID: 16060722; PMCID: PMC1182327.
17. *Justifying conflicts of interest in medical journals: a very bad idea, BMJ,* 2015.

Esistono anche riviste indipendenti, la cui libertà, però, non è assoluta, dal momento che gli editori o i responsabili delle pubblicazioni
sono universitari che dipendono dagli stessi bandi di gara pubblici o
privati per i loro lavori di ricerca. Multidisciplinary Digital Publishing
Institute (MDPI), editore di numerose riviste con sede in Svizzera, ha
fondato il proprio modello economico su una linea editoriale più critica,
la diffusione in *open-access* e un *peer-reviewing* (rilettura tra pari) serio.
Per i ricercatori che non vanno nel senso del 'consenso scientifico' ufficiale, questa è una cosa apprezzabile. Questo editore è stato accusato
da alcuni scienziati di far parte delle 'riviste predatorie', perché, senza
dubbio, disturba e, anche se l'editore si è difeso, le pubblicazioni restano sotto accusa.

Cosa si intende con 'rivista predatoria'? Si tratta di uno strumento
per la diffusione scientifica che sfrutta il modello di pubblicazione
open-access per trarre profitti grazie alle tariffe di pubblicazione.
Questo tipo di rivista non rispetta le norme di revisione peer-review
e contribuisce a inondare la letteratura scientifica con lavori di bassa
qualità, che minano la credibilità delle pubblicazioni *open access.*

Per concludere il discorso sulle riviste peer-review, è importante tenere presente che tutti gli studi che queste pubblicano sono elencati
in un database internazionale, Pubmed. Sebbene imprescindibile nel
campo della ricerca, questo database non è neutrale, poiché è un
servizio ufficiale della United States National Library of Medicine,
controllato dal National Institutes of Health americano, che indicizza
soltanto le riviste giudicate di qualità, quelle che si collocano troppo
fuori dalla doxa non vengono semplicemente citate. In altre parole,
non troviamo tutto su Pubmed, ma resta un riferimento prezioso per
consultare un gran numero di riferimenti scientifici. Pubmed mette a
disposizione uno strumento di ricerca accessibile a tutti, che permette di documentarsi nel vasto universo della scienza.

L'ascesa dei preprints

Sempre di più i ricercatori scelgono di pubblicare i loro articoli su siti
preprint (prepubblicazione), prima di sottoporli alla rilettura tra pari
(peer-review). Anche in questo caso, i più importanti siti di pubblicazione effettuano una prima lettura e rifiutano i lavori che non seguono
la tendenza dominante. Spesso sono associati a gruppi potenti, per
esempio, MedRXiv e BioRxiv sono finanziati dalla Chan Zuckerberg

Initiative, creata nel 2015 da Mark Zuckerberg, Amministratore Delegato di Facebook, e dalla moglie Priscilla Chan. SSRN è un sito di prepubblicazione che appartiene a Elsevier, i cui principali azionari sono BlackRock, Vanguard e altre grandi banche.[18]

Bisogna dunque rivolgersi a siti di prepubblicazione indipendenti, ma meno noti. Alcuni sono più aperti di altri, come Qeios, Research Square, e altri non operano alcuna selezione, come OSF, un sito di prepubblicazione che non censura i lavori. Dedico una menzione speciale a Qeios, che si occupa di fornire i revisori esperti (gratuitamente per il primo articolo depositato).

Non bisogna confondere questi siti di preprint con le piattaforme di blogging scientifico come ResearchGate, che offre una pagina personale e permette di pubblicare ciò che si vuole, cosa che ho fatto negli ultimi anni per rendere accessibili a tutti i miei lavori.

I preprints hanno guadagnato spazio con lo sviluppo di internet e soprattutto con il Covid-19, offrendo articoli ad accesso gratuito.

Esistono decine di migliaia di riviste specializzate; se i preprint hanno visto un certo sviluppo, è anche perché le riviste peer-review hanno dimostrato i loro limiti con la credibilità degli articoli che pubblicano…La crisi Covid-19 è stata l'esempio perfetto di questa deriva delle grandi riviste scientifiche, che rappresentano, in certa misura, ciò che i media sono diventati rispetto all'informazione. Quanto ai preprint, essi danno visibilità a ricerche che hanno conclusioni divergenti o critiche e che sono, in ogni caso, indispensabili al dibattito scientifico, anche se, in ultima analisi, il processo di revisione è indispensabile per convalidare qualsiasi pubblicazione.

Perché è così complicato pubblicare in una rivista peer-review?

Prima di tutto, è necessario formulare la domanda giusta, che deve essere pertinente sul piano della conoscenza scientifica e formulata correttamente. Quindi, bisogna rispondere analizzando e sintetizzando numerose pubblicazioni – per quanto mi riguarda, non ho la possibilità di fare esperimenti, perché non ho un laboratorio a mia disposizione. Questa fase è particolarmente stimolante, perchè permette di formulare una buona domanda e di rispondere in maniera univoca. Quindi, bisogna presentare i propri argomenti giustificando

18. MarketScreener.com, Company Reed Elsevier plc.

ogni parola o affermazione con l'aiuto di lavori già pubblicati. Infine, bisogna trovare la rivista appropriata alla quale proporre il proprio lavoro; ma l'iter non è finito: se la prima versione non viene rifiutata il testo verrà esaminato dai critici scelti dall'editore ed esperti nel campo. Una volta ricevute le recensioni, è spesso necessario rielaborare interamente il testo, sia nel contenuto che nella forma, compresa la gestione dei riferimenti agli articoli citati, e procedere ad una seconda revisione minore. Questo processo può richiedere diversi mesi di lavoro. Ho scoperto che è preferibile mettere la prima versione su un sito di prepubblicazione come *Qeios*, che si occupa lui stesso di fornire i revisori per migliorare il risultato. Vorrei precisare che il lavoro di rilettura effettuato dai reviewers è completamente gratuito, a vantaggio del solo profitto finanziario della rivista. Naturalmente questa rilettura è anche a vantaggio degli autori, che non potrebbero pubblicare senza questo servizio, questo spiega perché i ricercatori accettino di farla gratuitamente, perché si tratta di un 'dare-avere' che li avvantaggerà quando anche loro vorranno pubblicare.

Quando ho scritto il mio articolo Evolution du SARS-CoV-2, pubblicato nel 2021 su Nephron, ricordo che ho fatto molta fatica a redigere il mio testo nello stile così particolare di un articolo scientifico, e questa fatica è stata anche maggiore quando ho dovuto rispondere alle critiche dei due virologi incaricati di revisionarlo dalla casa editrice. Prima di Natale 2020 ho pensato persino di abbandonare, ma l'editore mi ha incoraggiata a perseverare. In verità, mi ero ripromessa di non lanciarmi mai più in una simile impresa. Nonostante questo, da allora sono riuscita a pubblicare altri articoli, dei quali, l'ultimo per MDPI, rivista accreditata nel database di Pubmed. Dopo questo nuovo articolo, che riguardava l'argomento delicato della 'regolamentazione dell'mRNA', mi sono promessa ancora una volta di non cercare più di pubblicare su riviste peer-review.

Riferimenti scientifici, come si usano

In questo libro troverete una quantità di fonti a sostegno delle mie analisi. Se il lavoro sui riferimenti è particolarmente impegnativo nel quadro delle pubblicazioni scientifiche, nel caso di un lavoro personale c'è una maggiore flessibilità. Mi sono impegnata a citare soltanto i riferimenti essenziali o utili alla comprensione, perciò chi volesse maggiori dettagli può consultare i miei articoli pubblicati, dei quali trovate le citazioni nel libro.

Gli inserti " Per approfondire": ogni capitolo del libro si basa su una o più pubblicazioni che ho elaborato durante la crisi sanitaria e che potete trovare con titolo e data di pubblicazione alla fine di ciascun capitolo. Questi vi permetteranno di ritrovare tutti i riferimenti scientifici.

Le note a fondo pagina: nelle note si trovano altri riferimenti più recenti o più importanti nella storia scientifica della crisi Covid-19. Numerose fonti sono tratte da Pubmed, il lettore può accedervi attraverso un numero identificativo Pubmed (PMID), che gli permetterà di non dover copiare il titolo per recuperarlo. Si può digitare direttamente "PMID e numero dello studio" sul motore di ricerca.

Per agevolare l'accesso ad alcune fonti, ho utilizzato la funzione 'tiny URL', che accorcia l'indirizzo internet, questi URL cominciano generalmente con "http://tiny.cc" seguito dal tema del soggetto. Esempio: il video della conferenza su 'L'origine del virus Covid-19' presentato all'International Covid Summit del 2022 è accessibile su http://tiny.cc/ICS-origine.

Ritrovare tutte le pubblicazioni passate e future, via:

https://www.researchgate.net/profile/Helene-Banoun

http://tiny.cc/HeleneBanoun.

Breve cronologia

Alcuni punti di riferimento nella genesi biopolitica della crisi sanitaria:

1974: L'OMS adotta il suo Programma Esteso di Immunizzazione (EPI, Expanded Program on Immunization), con l'obiettivo di garantire un accesso equo ai vaccini per tutti i bambini del mondo fino all'anno 2000 (all'epoca si trattava di sei vaccini).

1983: Ralph Baric, dell'Università della Carolina del Nord (Stati Uniti), inizia a lavorare sui coronavirus (all'epoca non si conosce nessun coronavirus pericoloso per l'uomo).

1986: Secondo una legge approvata negli Stati Uniti, i produttori non sono più responsabili degli effetti avversi provocati dai vaccini che fanno parte del calendario vaccinale pediatrico o che sono raccomandati in gravidanza. Questo relativamente agli eventi avversi inclusi nelle avvertenze. In Europa, i produttori restano civilmente responsabili degli eventuali difetti dei vaccini, ma possono evitare di pagare le indennità in caso di 'difetti nascosti'. Sul significato specifico e sulla portata giuridica dei 'difetti nascosti' di un vaccino non è stata fornita nessuna precisazione.

1987: Baric ottiene finanziamenti per studiare la miocardite indotta da coronavirus sui conigli.

2001: Baric riceve finanziamenti per la genetica inversa sui coronavirus e per un candidato vaccino vivo attenuato.

Settembre 2009: L'EMA esclude i vaccini genici (a DNA e RNA) contro le malattie infettive, dalla regolamentazione dei prodotti per la terapia genica (GTP). A giugno 2009, l'OMS dichiara la pandemia H1N1.

2013: La Darpa, agenzia di ricerca del Dipartimento della Difesa americano, paga 25 milioni di dollari a Moderna per la ricerca sui vaccini a mRNA. La FDA conferma che la regolamentazione dei prodotti per la terapia genica (GTP) non si applica ai vaccini contro le malattie infettive.

2015: Baric e Shi, virologi responsabili del laboratorio di Wuhan, creano un virus chimera SARS, adattato all'uomo.

2017: Otto nuove chimere vengono pubblicate da Baric e Shi. Pubblicazione di una simulazione di pandemia SPARS dovuta ad un coronavirus sfuggito da un laboratorio.

10 gennaio 2020: Inizio dello sviluppo del vaccino BNT162b2 di Pfizer.

11 gennaio 2020: Pubblicazione della sequenza completa del SARS-CoV-2 di Wuhan.

13 gennaio 2020: In Francia, l'idrossiclorochina viene classificata come sostanza velenosa, limitandone la possibilità di impiego come prodotto soggetto a prescrizione medica.

23 gennaio 2020: Lockdown a Wuhan e nella regione dell'Hubei.

11 marzo 2020: L'OMS dichiara la pandemia Covid-19.

14 marzo 2020: Primo lockdown in Francia. (9 marzo, primo lockdown in Italia, ndt.) 19 marzo 2020: lockdown in California.

22 ottobre 2020: La FDA pubblica la lista degli effetti avversi da monitorare per i futuri vaccini anti-Covid-19.

Dicembre 2020: Approvazione del vaccino Covid-19 di Pfizer da parte di FDA (11/12/2020) e di EMA (21/12/2020).

9 giugno 2021: In Francia viene istituito un pass sanitario per accedere a diversi luoghi. (introdotto per la prima volta in Italia il 16 maggio 2021, ndt.).

5 agosto 2021: Obbligatorietà dei vaccini anti-Covid-19 in Francia, per tutti gli operatori sanitari ed assimilati, e per gli agenti della sicurezza civile e militare. (in Italia l'obbligatorietà per i professionisti della salute inizia dal 15 dicembre 2021, ndt.) Negli Stati Uniti, obbligo per i dipendenti federali, tra i quali i militari, e per alcuni dipendenti del settore privato.

24 gennaio 2022: Pass vaccinale in Francia, vaccino obbligatorio per accedere a diversi luoghi, trasporti ed attività, comprese le attività extra-scolari. (dal 6 dicembre 2021 entra in vigore in Italia il Super Green-pass, ottenibile soltanto con vaccinazione o guarigione, ndt.).

14 marzo 2022: Fine del pass sanitario in Francia, e delle restrizioni sui viaggi (verso il Regno Unito e all'interno dell'area Schengen). (in Italia, l'obbligo del Green-pass decade dal primo maggio 2022, ndt.).

5 maggio 2023: L'OMS dichiara la fine dell'emergenza pandemica Covid-19, ma continua ad autorizzare i vaccini anti-Covid-19 in emergenza.

Parte prima

LE ORIGINI DELLA PANDEMIA

Dal 2020, la questione dell'origine naturale o artificiale del virus del Covid-19 è stata oggetto di numerosi dibattiti. Onestamente, penso che sia difficile per un profano riuscire a farsi un'idea chiara sull'origine della pandemia. Per gli stessi scienziati, la raccolta e l'analisi del materiale necessario alle loro indagini richiede molto tempo ed impegno. I virologi che si sono espressi pubblicamente, lo hanno sempre fatto, i più coraggiosi, a mezza voce. Questo non ha aiutato i giornalisti, che, pur dovendo offrire un dibattito aperto alla contraddizione, si sono limitati a riproporre la narrazione ufficiale. Quanto al grande pubblico, trovare informazioni valide si rivela molto difficile.

Per quanto mi riguarda, ho avuto la fortuna di ascoltare le confidenze di un virologo, che, fin dall'inizio della pandemia, è stato categorico: il virus non ha un'origine naturale. In quel momento non ero pronta ad accettare l'idea, mi ci è voluto del tempo per rassegnarmi all'ipotesi del virus artificiale. Bisogna dire che nel 2020 non sapevo quasi nulla della storia della ricerca sui coronavirus, che era già molto ricca. Non conoscevo l'evoluzione delle tecniche della 'genetica inversa'. Come biologa, considerando la teoria dell'evoluzione, ero convinta che la ricerca di laboratorio non potesse ottenere un virus così 'ben riuscito', cioè così ben adattato all'uomo e, allo stesso tempo, così contagioso. Ero molto lontana dalla realtà della scienza.

Ho iniziato, quindi, a mettere insieme i dati emersi dalla ricerca in virologia, ma anche alcuni elementi del contesto politico che mi hanno portata a cambiare radicalmente la mia visione. Mi sono resa conto molto presto che non ci si deve limitare ad una visione strettamente scientifica, ma che si deve integrare anche il concetto di "biopolitica".

Nell'autunno 2023, mentre scrivo queste righe, sull'origine del virus regna ancora molta confusione, nutrita dai media mainstream, soprattutto in Francia. I media, però, non sono i soli responsabili: scienziati internazionali di primo piano giocano una parte importante nella disinformazione. Un buon riassunto dello stato delle conoscenze è stato fatto in aprile 2023 da Adrian Gibbs,[19] professore emerito di virologia in Australia, in pensione, dunque...libero di esprimersi. Il suo articolo arriva a concludere che non esistono prove dell'origine animale del virus SARS-CoV-2, l'ipotesi iniziale ufficiale. Nessuno è stato in grado di dimostrare un passaggio naturale dalla cavia all'uomo attraverso animali ospiti intermediari. La causa che al giorno d'oggi si ritiene più probabile, è quella della manipolazione genetica.

Adrian Gibbs fa riferimento ad un articolo noto: The Proximal Origin of SARS-CoV-2,[20] pubblicato nella prestigiosa rivista Nature. Questo articolo ha contribuito, da marzo 2020, a confermare l'ipotesi dell'origine naturale del virus, grazie alla sua enorme diffusione, dal momento che è stato scaricato più di 5,7 milioni di volte, e citato in 2650 articoli! Gibbs rivela che la prima versione ufficiale del documento affermava pressoché il contrario di ciò che si legge nella conclusione pubblicata. Apprendiamo, dunque, che l'articolo era stato riscritto a seguito di una pressione politica proveniente dai più alti livelli. Questo è affermato in alcune mail declassificate, ottenute grazie ad una richiesta d'accesso ai documenti amministrativi (detta FOIA) presentata dall'associazione US Right to know. Queste mail sono relative agli scambi tra diversi scienziati e altre personalità in posizioni di rilievo: Jeremy Farrar, direttore di Welcome Trust, una potente fondazione britannica che si occupa di ricerca medica, nominato nel 2023 Chief Scientist dell'OMS (Direttore Scientifico, ndt.); Anthony Fauci,[21] Direttore dell'Istituto Nazionale delle Allergie e delle Malattie Infettive (NIAID) degli Stati Uniti e consigliere della Casa Bianca per la crisi Covid-19; Francis Collins, Direttore degli Istituti Nazionali di Sanità (NIH).[22]

---

19. *How did SARS-CoV-2 get from bats to humans? Summary of a talk to the Australian National University Emeritus Faculty on 19 April 2023*, by Adrian Gibbs.
20. Andersen, K.G., Rambaut, A., Lipkin, W.I. et al., *The Proximal Origin of SARS-CoV-2,* Nat Med., 2020.
21. Direttore dell'Istituto Nazionale per le allergie e le malattie infettive (NIAID) dal 1984 al dicembre 2022, Fauci lavorava al NIH dal 1968. E' andato in pensione a 82 anni.
22. Dal 2009 al dicembre 2021. I National Institutes of Health (NIH, che possiamo tradurre come Istituti di Sanità americani) sono degli Istituti governativi degli Stati Uniti, che si occupano della ricerca medica e biomedica e che dipendono dal Ministero della Salute e dei Servizi Sociali degli Stati Uniti.

Tutti eran coinvolti in questi scambi, che avevano lo scopo di fare pressione sugli autori dello studio.[23]

I documenti declassificati dimostrano anche che tutti gli scienziati che partecipano agli scambi sono a conoscenza di una caratteristica molecolare del genoma del SARS-CoV-2, il sito furina. Ognuno di loro ha capito che questa particolarità è quella che favorisce l'infezione e, soprattutto, che essa non può avere un'origine naturale. Gli autori, alla fine, hanno scelto di camuffare la realtà. Evidentemente la loro posizione è stata influenzata dalla logica biopolitica incarnata da Anthony Fauci, Francis Collins e Jeremy Farrar.

Un mese prima, Jeremy Farrar aveva condannato "le teorie del complotto che sostenevano che il Covid-19 non avesse un'origine naturale" con un articolo apparso su The Lancet nel febbraio 2020 e firmato da altri ventisei scienziati. Anche in questo caso, non si tratta di scienziati neutrali: nel settembre 2021 il Telegraph,[24] rivela che tutti i firmatari, tranne uno, avevano legami con i ricercatori di Wuhan, anche Jeremy Farrar…

Il ruolo di Anthony Fauci nella genesi del SARS-CoV-2 è apparso da subito come centrale. Nel gennaio 2022, il senatore Rand Paul ha formulato gravi accuse contro il Direttore del NIAID durante un'audizione pubblica al Senato americano dedicata alla gestione della crisi.[25] Secondo Rand Paul, Fauci era a conoscenza degli esperimenti di gain of function condotti sul coronavirus da una ONG americana, la Eco Health Alliance, finanziata dal NIH in collaborazione con l'Istituto di virologia di Wuhan.

Fauci nega di aver avuto il minimo ruolo nel finanziamento di queste manipolazioni controverse. Resta il fatto che questi documenti declassificati dimostrano che questi esperimenti hanno avuto luogo

---

23. Kristian Andersen, autore di *The Proximal Origins of SARS-CoV-2*, ha ammesso che Fauci l'ha "spinto" a scrivere l'articolo con lo scopo di "confutare" la teoria della fuga da laboratorio. Comunicato stampa del 23 giugno 2023 del Comitato Oversight and reform (www.oversight.house.gov).

24. *Revealed: Come gli scienziati che negano l'ipotesi della fuga da laboratorio sono legati ai ricercatori cinesi*, Sarah Knapton, 10 settembre 2021, Telegraph.co.uk.

25. *Stati Uniti: il senatore Rand Paul accusa il Dr. Fauci: "E' una minaccia per gli americani"*, FranceSoir.fr, 12 gennaio 2022.

sotto la guida di Eco Health Alliance nel laboratorio di Wuhan, e, soprattutto, che hanno permesso la creazione del SARS-CoV-2. In cosa consistevano queste ricerche? E' quello che cercheremo di capire insieme in questa prima parte.

1.1 L'incremento delle sperimentazioni sul guadagno di funzione

Così come gli Stati cercano di anticipare le crisi economiche attraverso gli stress test delle banche, allo stesso modo i governi finanziano programmi di ricerca per prevenire le pandemie provocate dai virus emergenti. Si tratta di proteggere le popolazioni anticipando, da una parte, i fenomeni della mutazione virale e, dall'altra, la risposta sanitaria, specialmente con farmaci e vaccini. Gli Stati, in collaborazione con organismi sovranazionali e ONG, realizzano anche delle simulazioni di pandemie. Torneremo su questi scenari previsionali alla fine di questa parte del libro.

Nel quadro della politica di prevenzione delle pandemie, i programmi di ricerca sui virus sono stati particolarmente numerosi negli ultimi decenni e si svolgono nel segreto dei laboratori ad alta sicurezza (spesso classificati P4)[26]. Tra i nuovi strumenti della manipolazione genetica, la tecnologia della *gain of function* ha avuto un impiego ed uno sviluppo maggiore, soprattutto sui coronavirus. Di cosa si tratta?

Anticipare le mutazioni dei virus

L'espressione "guadagno di funzione" (*Gain of function*, in inglese, o GoF), è stata coniata per definire gli esperimenti volti a comprendere in che modo un patogeno possa acquisire una funzione supplementare per adattarsi al suo ambiente diventando pandemico, cioè capace di infettare l'essere umano e trasmettersi efficacemente in tutto il pianeta.

Alcuni scienziati credono di poter anticipare l'evoluzione naturale dei virus attraverso diversi tipi di manipolazioni che riproducono quello che può avvenire in natura. Ovviamente, in laboratorio, al virus non viene permesso di infettare l'uomo intenzionalmente, anche se può succedere che un virus passi accidentalmente da una coltura cellulare o da un animale all'uomo e che, quindi, vi si adatti. D'altra parte, si possono infettare le colture di cellule umane per poter studiare o forzare l'adattamento di un virus all'uomo.

26. Si tratta del più alto livello di sicurezza, ma i coronavirus possono essere manipolati anche in BSL3 o BSL2. https://consteril.com/biosafety-levelguidance-Covid-19-research.

Normalmente, per ottenere un guadagno di funzione si può:
– coltivare i microrganismi (batteri o virus) su cellule animali o umane e fare in modo che passino da cellula a cellula;
– infettare gli animali e far passare i microrganismi da animale a animale (*serial passage*).

Queste manipolazioni in laboratorio hanno lo scopo di accrescere la trasmissibilità, la patogenicità e il tropismo d'ospite (quale animale può essere infettato?) esercitando una pressione selettiva sul microrganismo. La pressione selettiva consiste nel selezionare virus mutanti che possano adattarsi ad un nuovo ospite (cellula o animale). In pratica, in una coltura di virus su cellule o su un animale infetto ci sono sempre milioni di virioni (particelle virali) tra i quali si trovano dei mutanti. Alcuni di questi mutanti si adatteranno spontaneamente ad un ospite che il virus non aveva ancora mai incontrato. Dunque, si studiano e si selezionano queste mutazioni che possono favorire un aumento della patogenicità o della trasmissibilità. Con lo sviluppo delle tecniche della biologia molecolare è possibile, adesso, produrre mutazioni senza aspettare che esse si verifichino spontaneamente (si tratta della genetica inversa). L'ultima di queste tecniche permette persino di sintetizzare il genoma completo di un virus.

Vent'anni di ricerca

Gli esperimenti sul guadagno di funzione hanno avuto inizio nei primi anni del XXI secolo. La paura che un virus dell'influenza aviaria potesse un giorno provocare una pandemia ha spinto due laboratori negli Stati Uniti a modificare il virus H5N1. Si trattava di vedere se questo virus fosse in grado di evolversi per trasmettersi dai volatili all'uomo, partendo dal furetto, un modello sperimentale consolidato per la trasmissione volatile-uomo. I due laboratori, utilizzando differenti approcci, sono riusciti ad isolare alcuni virus in grado di trasmettersi da un furetto all'altro via aerosol, cioè nell'aria.[27]

Nel 2012, i loro tentativi, poi riusciti, di pubblicare questi risultati, hanno dato vita al primo grande dibattito sulle sperimentazioni sul guadagno di funzione (GoF) su agenti patogeni a potenziale pandemico. Naturalmente, la sicurezza è ciò che desta la maggiore preoccupazione. La fuga accidentale di un virus altamente trasmis-

---

27. Imperiale MJ, Casadevall A, *Rethinking Gain-of-Function Experiments in the Context of the Covid-19 Pandemic, mBio.*, 2020, PMID 32769091.

sibile e altamente patogeno può provocare una pandemia mondiale potenzialmente altamente letale. Le autorità temono, inoltre, che la pubblicazione di queste sperimentazioni possa fornire indicazioni ai bioterroristi permettendo loro di riprodurre i GoF e rilasciare agenti biologici pericolosi. I risultati vengono finalmente pubblicati nel 2012.

Prima moratoria
Nel 2014, sono state individuate diverse criticità nei protocolli di sicurezza di alcuni laboratori statunitensi: fiale del virus del vaiolo abbandonate in una riserva dell'Istituto Nazionale di Sanità (NIH), decine di Americani impiegati nei Centri di Controllo e Prevenzione delle malattie (CDC) potenzialmente esposti al bacillo dell'antrace, campioni del virus dell'influenza contaminati con il virus dell'H5N1 inviati involontariamente dal CDC... Più di duecento scienziati si sono, dunque, uniti per la causa e sono riusciti ad ottenere l'arresto della sperimentazione sul guadagno di funzione.

Il 17 ottobre 2014, sotto la presidenza Obama, è stata posta una moratoria sulla ricerca sulla GoF condotta sui virus dell'influenza, della MERS e dei SARS (le ultime due sono malattie provocate da coronavirus): "Nessun nuovo finanziamento verrà concesso dal governo degli Stati Uniti per i progetti di ricerca sul guadagno di funzione, che possa potenzialmente conferire attributi ai virus dell'influenza, della MERS o del SARS che ne aumentano la patogenicità e/o la trasmissibilità tra i mammiferi per via respiratoria. L'interruzione dei finanziamenti alla ricerca non si applica alla caratterizzazione o ai test sui virus dell'influenza, della MERS (coronavirus del cammello) e del SARS presenti in natura, a meno che non vi sia il ragionevole dubbio che i test aumentino la trasmissibilità o la patogenicità".

GoF, una questione biopolitica
La questione avrebbe potuto chiudersi così, ma i sostenitori della GoF non hanno mollato la presa. Il 19 dicembre 2017, sotto la presidenza Trump, Francis Collins, direttore del NIH, ha rimosso la moratoria,[28] promettendo una maggiore sicurezza: "La ricerca sulla GoF è importante perché ci aiuta ad identificare, capire e sviluppare strategie e

---

28. Comunicato stampa del 19 dicembre 2017, *NIH Lifts Funding Pause on Gain-of-Function Research.*

contromisure efficaci contro gli agenti patogeni che stanno evolvendo rapidamente e che costituiscono una minaccia per la salute pubblica. – scrive in un comunicato stampa (…). A noi spetta la responsabilità di vegliare perché la ricerca sugli agenti infettivi sia condotta in modo responsabile, tenendo conto dei potenziali rischi sulla biosicurezza che sono associati alle ricerche di questo tipo".

Questa revoca della moratoria è avvenuta nello stesso momento in cui il segretario del Ministero della Salute (HHS, Health and Human Services) si è dimesso; il suo posto resterà vacante fino al gennaio 2018. Il NIH, insieme ad Anthony Fauci, personalità molto potente di cui abbiamo già parlato nell'introduzione, ne hanno approfittato per occupare lo spazio politico vacante e rilanciare, dietro le quinte, il finanziamento per la GoF.

Anthony Fauci è una figura centrale per il sistema sanitario statunitense; fin dall'inizio aveva preso le difese della ricerca sulla GoF dichiarando, nel 2012, che "il rapporto rischio-beneficio di queste ricerche pende nettamente a favore della società". Argomentazione scientifica o ragion di Stato sanitaria? Secondo Fauci: "La stessa natura è più pericolosa dei bioterroristi"…Una dichiarazione tipicamente di natura biopolitica, che permette di giustificare le decisioni potenzialmente rischiose per la salute pubblica.

I senatori Ron Johnson e Rand Paul, che facevano parte del Comitato per la Sicurezza Nazionale e gli Affari Governativi (Committee on Homeland Security and Governmental Affairs), che aveva contribuito alla moratoria del 2014, tornano alla carica nel 2020 e 2021. I due senatori accusano Anthony Fauci di aver permesso il finanziamento della GoF sui coronavirus.

Un'illusione scientifica?

Il mondo della ricerca ha accolto con perplessità la rimozione della moratoria sul guadagno di funzione e, sul tema, appare diviso.[29] I sostenitori di queste sperimentazioni ritengono che esse potrebbero favorire lo sviluppo dei vaccini e permettere di capire meglio i meccanismi molecolari degli agenti pandemici. Altri ricercatori sono più scettici: "Non possiamo neppure prevedere come si evolveranno i ceppi della semplice influenza stagionale da una stagione all'altra,

29. Talha Burki, *Ban on gain-of-function studies ends, The Lancet Infectious Diseases*. 2018. PMID 2941296.

– afferma Ian Mackay dell'Università del Queensland, in Australia – Invece di concentrarsi sullo studio di questi virus e sul miglioramento dei vaccini, la gente preferisce preoccuparsi per virus che non sono ancora diventati trasmissibili e che, forse, non lo saranno mai".

Di fatto, non è presuntuoso voler anticipare l'evoluzione di un virus con esperimenti di laboratorio? Secondo il mio punto di vista, si tratta di un tentativo destinato a fallire, dal momento che è impossibile riprodurre in vitro l'ambiente naturale di un microrganismo, con le sue molteplici e complesse interazioni. Questa è anche l'opinione di Simon Wain-Hobson,[30] Professore all'Istituto Pasteur. Secondo lui, esiste una grande quantità di argomenti virologici molto precisi, che spiegano come sia praticamente impossibile predire le pandemie: "Sperimentazioni di questo tipo permettono di identificare le mutazioni che possono incidere sulle caratteristiche degli agenti patogeni, ma non esiste alcuna garanzia che il prossimo virus pandemico segua una delle strade genetiche tracciate dalla ricerca sul guadagno di funzione".

Per approfondire
Origine du virus de la Covid-19, 1 aprile 2022, Banoun, Hélène, 2022

---

30. Simon Wain-Hobson, *Gain-of-function research can't deliver pandemic predictions. Are there alternatives?*, *Bulletin of Atomic Scientists,* 27 giugno 2022.

Cosa significa origine 'naturale' o 'artificiale'?

Origine naturale: in questo caso, si tratta di un virus zoonotico (virus animale) in grado di infettare l'uomo e provocare una pandemia, grazie alla capacità di trasmettersi direttamente ed efficacemente da uomo a uomo. Nel caso della MERS ('influenza' del cammello a coronavirus) e dell'Ebola (virus della febbre emorragica), quelle che si originano sono epidemie sporadiche per spillover (traboccamento), ma mai pandemie. L'epidemia di SARS-CoV del 2003 potrebbe aver avuto origine dai molteplici passaggi ripetuti dall'animale all'uomo, a partire da un animale selvatico, la civetta.

Origine artificiale o sintetica: si tratta di un virus proveniente dal pipistrello, che è stato coltivato in laboratorio (su linee cellulari e su animali) e che ne è fuggito. Questo virus può aver subito una modificazione volontaria (intervento umano per modificarne la sequenza, oppure addirittura sintesi totale partendo da una sequenza modificata rispetto a quelle note) o involontario (attraverso diversi passaggi sulle colture cellulari). In tutti i casi è necessario il passaggio obbligatorio dalle cellule in coltura. L'origine, dunque, non è mai al 100% sintetica, sono le cellule, che permettono al virus di 'esistere': se si sintetizza in laboratorio una sequenza genomica del virus, si deve iniettare questa sequenza in una cellula, perché quest'ultima produca il primo virus derivato da questa manipolazione.

1.2 L'origine del virus Covid-19: derivato da una fuga da laboratorio?

I primi dubbi circa l'origine naturale del virus sono comparsi già nel gennaio 2020.

Dopo la pubblicazione della sequenza completa del genoma del SARSCoV-2 da parte dei Cinesi, alcuni virologi ne hanno messo in evidenza le caratteristiche molecolari peculiari in paragone ai coronavirus che erano noti. Queste caratteristiche si situano sulla proteina Spike e permettono al virus di legarsi ad alcune molecole umane. Per la precisione, le proteine Spike si trovano sulla superficie della membrana dei coronavirus, in forma prominente ed abbondante. Queste nuove caratteristiche presenti nella Spike del SARS-CoV-2 rendono questo virus particolarmente infettivo.

Nel 2020, in Francia e in numerosi altri paesi, i resoconti mediatici sull'origine del virus vengono manipolati perché si adattino alla narrazione 'ufficiale' dell'origine naturale via pangolino, ogni altra ipotesi viene classificata come 'complottista'. Bisogna notare, tuttavia, che tra gli altri media importanti, il quotidiano France Soir ha pubblicato, a partire dall'agosto 2020, una serie di articoli scientifici sull'argomento, scritti da Valère Lounnas e dal Dr. Gérard Guillaume.[31]

Il sito furina

Il sito furina si trova nel punto di congiunzione di due subunità della proteina Spike e permette al coronavirus di infettare gli esseri umani e penetrare in numerosi organi. La furina è un enzima presente in numerosi tipi di cellule umane, e può favorire l'entrata del virus in queste cellule. Questo sito furina è stato menzionato dal gennaio 2020 da un'equipe cinese, che ha pubblicato in cinese. Alcuni ricercatori dell'Università Aix-Marseille e del CNRS,[32] e dell'Università di Mon-

---

31. *L'histoire du Covid*, Valère Lounnas et Gérard Guillaume, Dossier France-Soir.fr, http://tiny.cc/dossierFranceSoir.
32. Coutard B, Valle C, de Lamballerie X, Canard B, Seidah NG, Decroly E., *The Spike glycoprotein of the new coronavirus 2019-nCoV contains a furinlike cleavage site absent in CoV of the same clade*, *Antiviral* Res.2020, PMID 32057769. Un articolo scritto da Etienne Decroly, direttore della ricerca al CNRS, nel laboratorio "Architettura e funzioni delle macromolecole biologiche"

tréal hanno identificato questo sito nel gennaio 2020, mettendone in evidenza il ruolo nella comparsa e nella patogenicità del virus. Nello stesso momento, anche alcuni ricercatori indiani (equipe di Pradhan) hanno pubblicato alcuni lavori sul sito furina.

Un recettore ACE2

Altra caratteristica, la Spike del SARS-CoV-2 ha una notevole sequenza di aminoacidi, il RBD (receptor binding domain), dotata di una forte affinità con una molecola presente su molti tipi di cellule umane, l'ACE2. Questo permette al coronavirus di legarsi alle cellule umane e propagarsi nel corpo. L'ACE2 (ACE2, Enzima di conversione dell'angiotensina 2) fa parte del sistema renina-angiotensina, regolatore della pressione arteriosa e di numerose altre funzioni metaboliche vitali che coinvolgono, tra gli altri, i polmoni, il cuore e i reni. Jean-Marc Sabatier (direttore della ricerca al CNRS) descrive il ruolo centrale dell'ACE2 e gli effetti infiammatori provocati dalla proteina Spike del SARS-CoV-2 (proteina principale della superficie del virus), dall'inizio del 2020. Torneremo sull'argomento nella seconda parte del libro, dedicata alla patologia del Covid-19.

La cosa notevole è questa: sebbene queste due caratteristiche, sito furina e recettore ACE2, fossero già state individuate nella famiglia dei coronavirus, non erano mai state ritrovate unite nello stesso coronavirus, prima del SARS-CoV-2.

Inoltre, la prima apparizione ufficiale del virus (e l'elaborazione della sua sequenza) mostra che l'adattamento della Spike all'ACE2 umano è stato evidentemente voluto. Dall'emergenza del SARS-CoV-2, la Spike ha mostrato di essere ben più adattata all'ACE2 umano che ad ogni altro ACE2 animale. Ciò sembra contraddire il fatto che questo coronavirus sia il risultato di una evoluzione del virus avvenuta attraverso il passaggio su più ospiti animali.

(AFMB) dell'Università Aix-Marseille. https://www.researchgate.net/publication/378490986_Origine_du_virus_SARS-CoV-2_-_Mise_a_jour_2024 (origine del virus SARS-CoV-2, aggiornamento 2024, H. Banoun). https://www.aimsib.org/2024/03/24/sars-cov-2-serait-ne-dans-le-maryland-ou-la-caroline-du-nord/ (H. Banoun).

Alcune sequenze dell'HIV

Un'altra particolarità del SARS-CoV-2 è stata individuata dagli esperti del virus dell'AIDS, in particolare il Professor Jean-Luc Montagnier:[33] si tratta di omologie fra le sequenze del SARS-CoV-2 e quelle del virus HIV. La prima ad aver notato questo fenomeno è l'equipe indiana di Pradhan, che, nel gennaio 2020, aveva già prodotto una pubblicazione sull'argomento. Di fronte agli attacchi, che non tardano ad arrivare, gli autori scelgono di ritirare l'articolo.[34] In seguito, dopo una verifica dei loro lavori, proveranno a ripubblicarlo, ma senza successo. Cio non di meno, questi lavori verranno più tardi confermati da diversi studi.

Perché le sequenze dell'"HIV"?

Sulla Spike, troviamo tre segmenti di sequenze analoghe a quelle della Gp20, proteina della superficie dell'HIV, che sono in grado di favorire l'entrata del virus nelle cellule immunitarie. Questi segmenti di sequenza sono, però, forse troppo corti per essere biologicamente attivi (dal commento del Prof. Jacques Fantini alla mia presentazione dell'origine del virus in occasione dell'International Covid-19 Summit, il 30 marzo 2022 all'IHU di Marsiglia)

Ipotizzando l'origine artificiale del SARS-CoV-2, queste sequenze dell'HIV avrebbero potuto servire per facilitare la penetrazione del virus nelle cellule immunitarie (attraverso un recettore specifico delle cellule dendritiche, il DC-SIGN), forse per anticipare l'evoluzione di un virus pandemico per il quale la trasmissibilità via recettore ACE2 non sarebbe sufficiente. Bisogna notare che il SARS-CoV-1 era poco trasmissibile. I manipolatori del guadagno di funzione potrebbero aver provato ad aumentarne la trasmissibilità con questo mezzo supplementare.

La presenza delle sequenze dell'HIV potrebbe anche provenire dai lavori di ricerca su un vaccino contro l'AIDS; esistono, infatti, esperimenti che impiegano un coronavirus come vettore per il vaccino contro l'HIV.

---

33. Perez, JC., & Montagnier, L. (2020, April 25), *Covid-19, SARS and Bats Coronaviruses Genomes Unexpected Exogeneous RNA Sequences.*
34. *Uncanny similarity of unique inserts in the 2019-nCoV Spike protein to HIV-1 gp120 and Gag,* Prashant Pradhan et al. bioRxiv, 2020.

Gli esperimenti poco chiari di EcoHealth Alliance

Per quanto incredibile, tutte queste mutazioni che abbiamo visto si ritrovano in un progetto di ricerca anteriore alla pandemia, dedicato alla creazione di un nuovo coronavirus, sotto la direzione di una ONG americana, la EcoHealth Alliance. Il suo progetto, chiamato DEFUSE, consisteva nell'anticipare una pandemia di coronavirus originata dai pipistrelli. Si trattava prima di tutto, di creare un virus trasmissibile all'uomo, che potesse emergere a partire da un virus selvaggio, quindi di progettare, contemporaneamente, un vaccino e delle terapie per contrastarlo.

E' veramente sorprendente constatare che i coronavirus pandemici proposti nel progetto DEFUSE possiedono le stesse caratteristiche molecolari specifiche del SARS-CoV-2: il sito furina, il recettore RBD per adattarsi all'ACE2 ed alcune sequenze dell'HIV.[35] Difficile credere che sia una coincidenza…

In origine, il progetto DEFUSE venne ideato per rispondere ad un bando di gara dell'agenzia della ricerca dell'esercito americano, la Darpa (Defense Advanced ResearchProjects Agency). Questo bando di gara, emesso nel 2018, faceva parte del programma di prevenzione delle epidemie PREEMPT (PREventing EMerging Pathogenic Threats) e riguardava l'elaborazione di modelli che permettono di anticipare l'emergenza dei futuri coronavirus a potenziale pandemico, la verifica dell'efficacia di questi modelli attraverso esperimenti in vivo su diverse specie animali (valutando la capacità dei virus modellizzati di saltare da una specie all'altra), e, infine, i mezzi per prevenire la diffusione di questi virus a partire dalla loro riserva animale, che sono i pipistrelli (sopprimendone il virus).

Fra i ricercatori coinvolti in questo progetto, oltre a Peter Daszak, troviamo Ralph Baric, Professore all'Università della Carolina del Nord negli Stati Uniti, e Shi Zhengli, principale virologa dell'Istituto di virologia di Wuhan. Il progetto DEFUSE di Daszak-Shi-Baric verrà poi rifiutato dalla Darpa, a causa dei rischi che presentava. Nonostante questo, l'agenzia non escludeva il finanziamento di altre parti del progetto, se avesse trovato altri finanziamenti.

---

35. Il progetto DEFUSE non riguarda sequenze dell'HIV, ma recettori DC-SIGN, che sono sequenze poi identificate come identiche a quelle dell'HIV.

Non si può, dunque, escludere la sua partecipazione in via confidenziale al progetto, dal momento che questo tipo di progetto è stato finanziato dal NIH.

Molto prima di questo bando di gara, l'equipe Daszak-Shi-Baric ha avuto l'occasione di collaborare all'interno di diversi programmi di ricerca sul guadagno di funzione, condotti nel laboratorio di virologia di Wuhan e cofinanziati dai National Institutes of Health americani con l'intermediazione di EcoHealth Alliance. Queste ricerche sul guadagno di funzione (GoF), si focalizzano sulla capacità del virus di legarsi all'ACE2 umano per anticipare l'emergenza di un virus potenzialmente pandemico e sviluppare in anticipo le strategie vaccinali per contrastarlo. Sappiamo anche che dall'anno 2000 sono stati fatti diversi esperimenti sull'inserzione dei siti furina al fine di potenziare la capacità infettante dei coronavirus.

Riassumendo, tra il 2004 e il 2015, la maggior parte di questi esperimenti sono stati condotti da diverse equipes dirette da Ralph Baric e Shi Zhengli. Questi esperimenti riguardavano il sito furina, il legame con l'ACE2 dei coronavirus e il legame con le componenti DC-SIGN delle cellule immunitarie (delle'sequenze HIV', vedi riquadro).

L'articolo francese scritto da tre virologi marsigliesi di fama internazionale, apparso in aprile 2021 in Virologie,[36] prende in esame gli argomenti a favore dell'origine non naturale; gli autori affermano che i programmi di ricerca condotti nell'Istituto di virologia di Wuhan (WIV) da EcoHealth Alliance e cofinanziati dal NIH sono compat ibili con l'ipotesi di un incidente di laboratorio.

Dalla Carolina del Nord a Wuhan
Questi esperimenti hanno avuto inizio nell'Università della Carolina del Nord, finanziati dal NIAID e diretti da Anthony Fauci, in collaborazione con l'Istituto di virologia di Wuhan; la loro delocalizzazione a Wuhan si deve, presumibilmente, alla moratoria degli Stati Uniti sulla GoF del 2014. I ricercatori Baric e Shi non hanno mai interrotto la loro collaborazione ed hanno proseguito le loro sperimentazioni sulla costruzione di un virus chimera partendo da un coronavirus dei pipistrelli.

---

36. Étienne Decroly, Jean-Michel Claverie, Bruno Canard, *Le rapport de la mission OMS peine à retracer les origines de l'épidémie de SARS-CoV-2, versione pubblicata sulla rivista Virologie.* 2021.

Nel 2015, Baric e Shi si sono distinti per aver costruito il primo coronavirus sintetico utilizzando la tecnica della genetica inversa, e hanno pubblicato i loro lavori.[37] Baric ha avanzato anche la questione della pericolosità di questo tipo di sperimentazioni: il rischio di produrre patogeni più pericolosi deve essere calcolato confrontandolo col beneficio di anticipare future pandemie. Lui stesso dovrebbe saperlo.

Nel 2017, il gruppo di Shi Zhengli e Peter Daszak ha pubblicato la creazione di otto nuove chimere ottenute partendo da un virus prelevato dai pipistrelli, queste chimere sono simili al SARS-CoV-2 del 2019…

Dichiarazioni compromettenti

In una intervista del 2020,[38] Peter Daszak illustra gli esperimenti condotti da EcoHealth Alliance: "Il virus può essere manipolato in laboratorio, la proteina Spike è responsabile della capacità del virus di infettare un animale, si può modificare la sequenza della proteina Spike (costruire una proteina), è quello che facciamo con Ralph Baric, inseriamo la sequenza di questa proteina in un altro virus. Proviamo a sviluppare un vaccino contro questo nuovo virus che costruiamo, per anticipare una pandemia". Come ignorare questa informazione e questa ammissione?

Da parte sua, Ralph Baric ha dichiarato nel 2020, che se il SARS-CoV-2 proviene da un laboratorio, le risposte si trovano negli archivi del laboratorio di Wuhan. "Nella chimera che abbiamo creato in America nel 2015 dal virus SARS, insieme al Professor Shi Zhengli dell'Istituto di virologia di Wuhan, avevamo lasciato alcune firme mutazionali, dunque era evidente che si trattasse del risultato di una mutazione genetica. Diversamente, non esiste alcuna altra possibilità di distinguere un virus naturale da un virus prodotto in laboratorio". Purtroppo gli archivi dei dati cinesi di Wuhan sono spariti, e i dati sono inaccessibili da settembre 2019; dal giugno 2020, l'intera pagina web è stata ritirata.

Il curriculum di Ralph Baric la dice lunga sulle molteplici manipolazioni effettuate sui coronavirus. Questo professore dell'Università della

---

37. Menachery, Shi, Baric, *A SARS-like cluster of circulating bat coronaviruses shows potential for human emergence. Nat Med.*, 2015, PMID 26552008.
38. Concessa al virologo Vincent Racaniello, podcast TwiV n. 615, 19 maggio 2020. https://www.microbe.tv/twiv/twiv-615/

Carolina del Nord ha ricevuto finanziamenti nel 2005 per la ricerca su candidati vaccini vivi attenuati contro il SARS-CoV (responsabile dell'epidemia del 2003 in Asia) e, nel 2008, per la ricerca su un vaccino mucosale[39] contro l'HIV, che utilizza come vettore un semplice coronavirus del raffreddore. Questo potrebbe spiegare perché la chimera SARS-CoV-2 contiene alcune sequenze dell'HIV.

Il SARS-CoV-2 potrebbe essere stato progettato come vaccino attenuato contro l'HIV oppure, come descritto nel progetto DEFUSE, come modello per un virus potenzialmente pandemico, oppure per un vaccino attenuato contro tutti i coronavirus.

Nascondete questo sito che non saprei vedere...
Un'altra ammissione che favorisce la tesi della fuga da laboratorio proviene da Shi Zhengli. La virologa cinese ha pubblicato nel febbraio 2020 gli allineamenti di sequenze degli aminoacidi della Spike del SARS-CoV-2 confrontandoli con quelli degli altri coronavirus. Stranamente, la comparazione si interrompe all'aminoacido 675, appena prima del famoso sito furina, che compare nuovamente nella posizione 682-686. Shi pretende che le sole modificazioni importanti nella sequenza del nuovo virus rispetto agli altri coronavirus noti, si trovino altrove rispetto al sito furina e dimentica anche di menzionare la forte affinità del nuovo coronavirus con l'ACE2. E' un pò come se un ispettore di polizia inviato sul luogo del crimine non desse importanza alla presenza di un coltello insanguinato.

Queste due 'dimenticanze' da parte di Shi Zhengli sono intenzionali? In effetti, queste caratteristiche non possono esserle sfuggite, dal momento che si tratta della sua specializzazione. Comunque, non ci si può aspettare che riconosca pubblicamente di aver inserito questo sito di clivaggio della furina. Per informazione, Shi, come direttrice del Center for Emerging Infectious Diseases (Centro per le Malattie Infettive Emergenti, ndt.) del WIV (Istituto di Virologia di Wuhan, ndt.), ha ricevuto più di 1,2 milioni di dollari dal governo americano tra il 2014 e il 2019.

Dal punto di vista della teoria dell'evoluzione, la probabilità che queste due mutazioni caratteristiche (legame con l'ACE2 umano e sito furina) si possano produrre contemporaneamente in un virus è minima

---

39. Che penetra attraverso le mucose, cioè per via nasale.

o nulla: infatti non esiste nessuna pressione di selezione naturale per la quale un virus perfettamente adattato ad un animale selvatico muti e si trasferisca all'uomo con tale efficienza. Non si può dire altrettanto per i virus degli animali d'allevamento, che passano dall'animale all'uomo e viceversa e si adattano poco a poco. D'altra parte, rispetto ai virus naturali precedenti, la comparsa del sito furina non si accompagna con altre mutazioni puntiformi nella sequenza, cosa che dovrebbe accadere nell'evoluzione naturale.

Possiamo supporre che queste ricerche sui virus chimera fossero molto avanzate nel 2017, dal momento che Anthony Fauci annunciò, nel gennaio 2017, che ci sarebbe stata una 'epidemia a sorpresa' durante la presidenza Trump...Strana dichiarazione. Tuttavia, vedremo ben presto altre sorprendenti 'anticipazioni' di pandemie, prima della crisi Covid-19.

Collaborazione di Moderna con il NIH
Altre collaborazioni dei NIH americani potrebbero essere responsabili di questa crisi sanitaria insolita sotto molti aspetti. Ricordiamo la collaborazione con Moderna per l'RNA messaggero, una delle componenti della risposta alla pandemia.

Moderna ha ricevuto nel 2013 un finanziamento di 25 milioni di dollari dalla Darpa, per sviluppare mRNA in grado di essere facilmente e rapidamente impiegati in caso di comparsa di un nuovo patogeno. La collaborazione riguarda in particolare alcuni vaccini mRNA contro Ebola, VRS (Virus Respiratorio Sinciziale ndt.) e altri virus (non specificati). Nel 2017, il francese Stéphane Bancel, il CEO di Moderna, decise di reindirizzare la ricerca dell'azienda verso i vaccini contro le malattie infettive, dopo aver riscontrato problemi di tossicità con le terapie a base di mRNA per le malattie rare.

Nel giugno 2018, il NIH ha ampliato la sua collaborazione con Moderna includendo una ricerca su larga scala per trovare un vaccino contro i coronavirus. Nel 2019, l'accordo per il trasferimento tecnologico e per la ripartizione dei guadagni tra il NIAID di Fauci (uno dei centri dei NIH) e Moderna è stato modificato. Moderna e il NIAID lavoravano da molto tempo sui vaccini a base di mRNA, ma non avevano mai lavorato sui coronavirus. Nell'aprile 2019, si fa menzione di una ricerca sui vaccini riguardanti la MERS, e, nel giugno 2019, una nuova modifica del contratto evocava la possibilità di inserire un sito furina sulla Spike di un coronavirus. Perché nella primavera del 2019?

Alcuni ricercatori (Amabati et al.[40]) hanno esaminato un brevetto Moderna del 2016 relativo ad una ricerca di 'vaccini' contro il cancro e hanno ritrovato la stessa sequenza di dodici nucleotidi che compongono il sito furina del SARS-CoV-2! Questa sequenza non è stata 'rivendicata', cioè non è stata presentata come proprietà di Moderna. Infatti, essa è comune a quella ritrovata in un batterio e in una proteina umana di riparazione del DNA, che contribuisce alla protezione contro il cancro. Bisogna ricordare che Moderna lavorava, inizialmente, sui medicinali anti cancro a base di mRNA. Tutto questo non prova che Moderna avesse anticipato la sequenza esatta del sito furina, ma la coincidenza è comunque sbalorditiva. Ne parlo qui, perché il caso è stato molto discusso.

Alcuni virus che sono fuggiti dai laboratori nel passato

In occasione delle mie ricerche per scrivere gli articoli sull' "origine del virus" e sulla "biopolitica del XXI secolo", ho scoperto che altre epidemie virali potrebbero essere legate a virus di laboratorio. Queste fughe sono documentate nella letteratura scientifica. Qualche esempio:

– il virus Marburg è stato scoperto nel 1967, in occasione di una prima epidemia; esso non si sarebbe originato da un esperimento sulla GoF (che all'epoca non veniva praticata), ma da una ricerca di laboratorio sul virus della polio condotta su alcune scimmie africane;

– il virus dell'AIDS potrebbe derivare da uno studio clinico del 1979 di un vaccino contro l'epatite B effettuato su alcuni omosessuali; secondo un'altra ipotesi l'HIV proverrebbe dagli esperimenti sui vaccini antipolio in Africa, anch'essi sperimentati sulle scimmie..

.../...

---

40. *MSH3 Homology and Potential Recombination Link to SARS-CoV-2 Furin Cleavage Site, Front. Virol.*, 2022.

– l'epidemia di influenza H1N1 del 1977 sarebbe dovuta ad un virus molto simile a quello che circolava negli anni '50, troppo simile per essere naturale, come se l'evoluzione si fosse congelata…Questo potrebbe spiegarsi con la fuga di un virus conservato in laboratorio. Anche l'epidemia di Ebola del 2021 potrebbe provenire da una fuga da laboratorio, per gli stessi motivi, cioè per una scarsa evoluzione del virus rispetto alla precedente epidemia.

– Il virus H1N1 sarebbe fuggito da un laboratorio nel 2009, e potrebbe essere all'origine della pandemia del 2009/2010. Una delle ipotesi è che si tratti di un vaccino contro l'influenza suina scarsamente inattivato, che si sarebbe adattato e trasmesso all'uomo (Gibbs et al. 2009);

– per il SARS-CoV del 2003 esistono tre casi documentati di fuga del virus da laboratori di sicurezza P3 e P4 (Singapore, Taiwan e Cina).

Alla fonte di queste informazioni: vi consiglio la sintesi del Gruppo di lavoro sulle armi chimiche e biologiche e sugli incidenti di laboratorio che hanno provocato epidemie: *Laboratory Escapes and "Self-fulfilling prophecy" Epidemics.* Martin Furmanski MD. Scientist's Working Group on Chemical and Biologic Weapons. Center for Arms Control and Nonproliferation.

https://armscontrolcenter.org ou https://tinyurl.com/escaped-virus

Wuhan o Fort Detrick?

Tutti questi elementi convergono evidentemente sull'ipotesi del virus di laboratorio. La questione è, adesso, sapere da quale laboratorio ha potuto uscire il SARS-CoV-2.

Potrebbe provenire da un centro americano coinvolto nella collaborazione con la Cina nella ricerca sul guadagno di funzione? Sul piano politico, questa questione è molto delicata, perché coinvolge l'Università della Carolina del Nord (UNC) o Fort Detrick (Il laboratorio P4 dell'esercito americano)[41] o entrambi. Questo laboratorio militare possiede, in effetti, alcuni brevetti in comune con Ralph Baric.

---

41. Dell'USAMRIID (United States Army Medical research Institute of Infectious Diseases).

Nel dicembre 2021, diversi scienziati anonimi, riuniti nel collettivo Milk Tea Alliance, firmarono un articolo preprint[42] molto ben documentato che rilanciava il sospetto. La conclusione è indubbia: fra i molti argomenti, a seguito di test effettuati su prelievi di sangue antecedenti la pandemia, gli Stati Uniti sarebbero stati il primo paese ad aver conosciuto l'epidemia di Covid-19! Nell'agosto 2021, un alto diplomatico cinese ha anche dichiarato che Fort Detrick e l'UNC dovrebbero essere oggetto di un' "inchiesta trasparente con pieno accesso" nell'ambito della ricerca delle origini del nuovo coronavirus…Questa richiesta non è priva di fondamento scientifico, anche se resta politicamente inaccettabile per gli Stati Uniti.

Nel luglio 2019, un errore nelle procedure di sicurezza è stato riscontrato a Fort Detrick ed ha provocato la chiusura temporanea del laboratorio, a seguito delle ispezioni condotte dal CDC. Il governo degli Stati Uniti ha rifiutato l'inchiesta dell'OMS. Dopo la chiusura del laboratorio, diversi casi di malattie respiratorie sono stati registrati nelle località vicine. Nel luglio 2019 è stata segnalata una misteriosa epidemia di polmonite associata all'utilizzo delle "sigarette elettroniche" dapprima in una, poi in due case di riposo vicine a Fort Detrick, con numerosi decessi. I sintomi somigliavano stranamente a quelli del Covid-19. I test virologici e batteriologici non hanno individuato nessun agente patogeno noto, i sintomi sono spariti nel giro di qualche giorno nei pazienti curati per questa polmonite atipica.[43] Questa epidemia, dunque, attribuita alla sigaretta elettronica, si è propagata in tutto il paese, e fino al 17 dicembre 2019, sono state segnalate più di 2500 ospedalizzazioni in cinquanta Stati.

Test retroattivi molto attivi
Dai test ematologici effettuati su sieri 'prepandemici' (da sangue prelevato prima della comparsa ufficiale del virus), si è scopertto che molte persone avevano già gli anticorpi specifici del SARS-CoV-2 dal dicembre 2019, negli Stati Uniti. Uno studio su questo argomento

---

42. *Investigation Report on Covid-19 Transmission* (v1.0.0), Milk Tea Alliance, Zenodo, 2021, https://doi.org/10.5281/zenodo.5752000.
43. *Third person has died after respiratory illness outbreak at Greenspring Village, Fairfax officials say, Washington Post*, 17 luglio 2019, consultato il 20 giugno 2023.

è stato pubblicato nel novembre 2020.[44] Lo stesso fenomeno verrà poi confermato in Francia relativamente a sieri risalenti al novembre 2019,[45] e in Italia dal settembre 2019.[46]

Negli Stati Uniti, un altro articolo pubblicato nel 2020 a proposito di un test ultrasensibile e specifico per l'individuazione degli antigeni del virus SARS-CoV-2, mostra che questi sono presenti dal 1 ottobre 2019 in alcuni pazienti americani affetti da pneumopatia atipica.[47] A questo proposito, sarebbe stato interessante testare i sieri dei pazienti colpiti dall'epidemia da fumo di sigaretta elettronica vicino a Fort Detrick nel luglio 2019. Nonostante qualche ricercatore abbia probabilmente cercato di farlo, è possibile che sia stato dissuaso, perché, fino ad oggi, nessuno studio è stato mai pubblicato in proposito.

Comunque sia, la coincidenza tra il ritrovamento degli anticorpi e degli antigeni prima del gennaio 2020 costituisce la prova di una precedente presenza del virus. La questione della circolazione del virus prima della sua comparsa ufficiale è stata sollevata nel *British Medical Journal*,[48] una delle riviste mediche più prestigiose.

Esiste dunque una forte probabilità che il virus sia inizialmente sfuggito da un laboratorio americano, anche se, evidentemente, gli Stati Uniti e i loro alleati non lo ammetteranno mai.

---

44. *Sridhar V Basavaraju* et al., *Serologic Testing of US Blood Donations to Identify Severe Acute Respiratory Syndrome Coronavirus 2 (SARS-CoV-2)–Reactive Antibodies: December 2019–January 2020, Clinical Infectious Diseases*, 15 June 2021.
45. *Carrat F* et al., *Evidence of early circulation of SARS-CoV-2 in France: findings from the population-based "CONSTANCES" cohort, Eur J Epidemiol.*, 2021, PMID 33548003.
46. Apolone et al., *Unexpected detection of SARS-CoV-2 antibodies in the prepandemic period in Italy, Tumori*, 2021 Epub 2020 Nov. PMID 33176598. Antonella et al., *Molecular evidence for SARS-CoV-2 in samples collected from patients with morbilliform eruptions since late 2019 in Lombardy, northern Italy, Environmental Research*, 2022.
Lai et al., *Evidence of SARS-CoV-2 Antibodies and RNA on Autopsy Cases in the Pre-Pandemic Period in Milan (Italy), Front. Microbiol.*, 2022..
47. Ogata et al., *Ultra-Sensitive Serial Profiling of SARS-CoV-2 Antigens and Antibodies in Plasma to Understand Disease Progression in Covid-19 Patients with Severe Disease, Clin Chem.*, 2020 Dec., PMID 32897389.
48. Canuti et al., *Waiting for the truth: is reluctance in accepting an early origin hypothesis for SARS-CoV-2 delaying our understanding of viral emergence?, BMJ Global Health*, 2022, PMID 35296465.

Neppure l'UNC (Università della Carolina del Nord), nella quale esercita Baric, è estranea a questi eventi:[49] tra il 2015 e il 2020 sono stati segnalati sei incidenti relativi a coronavirus creati in laboratorio...

Quella della fuga da laboratorio è una tesi sempre più ufficialmente accreditata. Infatti, i servizi segreti americani scrivono in maniera diplomatica che l'origine del virus è più probabilmente dovuta ad una fuga da laboratorio che ad un fenomeno naturale.[50] Anche in Francia "l'Académie de Médecine propende per un incidente di laboratorio", riferisce *Le Point* del 20 aprile 2023.[51] Nel giugno 2023, il Prof. Renaud Piarroux, microbiologo ed infettivologo, lo afferma chiaramente durante un dibattito per Sorbonne Université.[52]

Nonostante questo, al congresso di virologia NIDO, dedicato principalmente ai coronavirus, che si tiene a Montreux nel maggio 2023, non è prevista nessuna discussione sull'origine artificiale. L'unico scienziato che pone delle domande sull'argomento viene intimidito e censurato.[53]

Gli organizzatori di questo congresso sono stati corrotti? Di cosa hanno paura?

Quale poteva essere lo scopo di questi esperimenti sulla GoF?
E' difficile dirlo, ma per capirlo potremmo guardare il CV di Ralph Baric (che potrebbe essere l'uomo chiave). Nel 2005, Baric ha ricevuto finanziamenti per la ricerca di candidati vaccini vivi attenuati contro il SARS-CoV e per un vaccino nasale (basato sull'immunità delle mucose) contro l'HIV, utilizzando come vettore un coronavirus del raffreddore comune. Questo potrebbe spiegare la chimera SARS-CoV-2 contenente le sequenze HIV.

Nel caso di un virus originato dal progetto DEFUSE, cioè con lo scopo

49. *Here Are Six Accidents UNC Researchers Had With Lab-Created Coronaviruses, ProPublica,* 17 agosto 2020.
50. *Declassified-Assessment-on-Covid-19-Origins*, National Intelligence Council, agosto 2021.
51. ANM (Accademia Nazionale di Medicina, Francia), seduta speciale: *De l'origine du SARS-CoV2 à la virologie/biologie dangereuse,* 18 aprile 2023
52. *Débat | Origines Covid-19*, Canale YouTube Sorbonne Université, 20 giugno 2023.
53. *The Great Raccoon Dog Mystery,* Jonathan Latham, PhD, *Independent Science News,* 29 giugno 2023.

di anticipare la comparsa di futuri coronavirus a potenziale pandemico, gli autori propongono la loro modellizzazione come se possedessero una "Macchina del tempo". Con una rottura della logica razionale, gli ideatori del progetto Eco Health Alliance sono così certi di aver modellato i futuri virus pandemici, che progettano di vaccinare i pipistrelli contro dei virus non ancora comparsi proprio con questi virus sintetici vivi. Sono sicuri che questi virus compariranno naturalmente nei pipistrelli, e che bisognerà immunizzarli perché non possano trasmetterli all'uomo.

Per verificare la possibilità di vaccinare i pipistrelli contro questi futuri virus, EHA propone di utilizzare un virus vivo aerosolizzato; perché non preferire un virus non umanizzato o inattivato, o anche uno pseudovirus incapace di replicarsi? Non soltanto l'EHA propone gli esperimenti vietati sulla GoF, ma prevede anche di diffondere il virus a potenziale pandemico per aerosol: la prudenza di Darpa è comprensibile.

Nuova richiesta di moratoria

Nel 2022, alcuni virologi francesi specializzati in coronavirus pubblicano un articolo importante, intitolato *Gli apprendisti stregoni del genoma,* nel quale chiedono una moratoria sugli esperimenti di guadagno di funzione che coinvolgono virus a potenziale pandemico, sui progetti di forzatura genetica (gene-drive) e sui vaccini auto-disseminanti.[54]

Queste prese di posizione dovrebbero venire largamente pubblicizzate, così come l'iniziativa internazionale Biosafety Now,[55] basata negli Stati Uniti, che chiede, anch'essa, l'arresto della GoF. Purtroppo le autorità e i media continuano a seminare la più grande confusione su questo argomento, per impedire alla popolazione di conoscere la verità. Ancora una volta, il biopotere si scaglia contro le osservazioni scientifiche.

Anche il virologo Robert Redfield, direttore del CDC dal 2018 al gennaio 2021, nel 2023 chiede una moratoria sulla ricerca sul guadagno di funzione. In seno alla Task Force Covid-19 della Casa Bianca, Redfield fa parte degli scienziati che sono totalmente in disaccordo con

---

54. *Les apprentis sorciers du génome (Forçage génétique, vaccins autodisséminants, virus chimériques...),* Bruno Canard, Etienne Decroly & Jacques Van Helden, *Le Monde Diplomatique*, febbraio 2022.
55. https://biosafetynow.org/

Anthony Fauci circa l'origine "naturale" del virus. Durante un' intervista concessa alla rete americana *The Hill*,[56] lo scienziato lancia un avvertimento: la prossima pandemia sarà ancora legata alla ricerca sul guadagno di funzione, per una fuga accidentale o per un'azione bioterroristica. Un dibattito pubblico e democratico diventa urgente.

Dopo tre anni di interrogativi sull'origine del SARS-CoV-2, questo dibattito sulla GoF non è ancora all'ordine del giorno. Nell'ultima parte del libro, vedremo che la ricerca sulla GoF sta continuando impunemente su numerosi virus e con il silenzio dei media.

L'ipotesi della deforestazione come origine della pandemia?

Questa ipotesi è sostenuta principalmente da ecologisti e da critici dell'agricoltura industriale, come Rob Wallace, che avevano già messo in rilievo i rischi degli allevamenti intensivi per la comparsa delle epidemie di influenza prima della pandemia di Covid-19. Secondo Wallace, il business agroalimentare impone che migliaia di animali domestici geneticamente simili, vengano allevati in ambienti ristretti e sottoposti a condizioni stressanti che li rendono suscettibili a virus che, invece, risultano innocui per i loro simili selvatici. Per esempio, le oche selvatiche che trasmettono il virus dell'influenza agli allevamenti di polli, sono portatrici sane del virus.[57]

Con la comparsa del Covid-19, la stessa osservazione si estende dagli allevamenti intensivi di suini e di volatili alla deforestazione. L'idea è che la distruzione degli habitat naturali faciliti il passaggio del virus dagli animali selvatici all'uomo. Questa spiegazione sembra mettere d'accordo i sostenitori dell'origine naturale del virus e gli ecologisti e viene ripresa anche dagli evoluzionisti, come quelli del Museo di Storia Naturale,[58] da diversi scienziati, che nel 2020 avevano menzionato la possibilità di una origine artificiale del virus,[59] e da diverse istituzioni, come l'Unesco.

Tuttavia, questa confusione tra allevamento intensivo e contatto ca-

---

56. Dr. Redfield, *On Rising: Gain-of-Function Research WILL Cause The 'NEXT GREAT PANDEMIC'*, https://youtu.be/3N676CD1rlw.
57. Chan JF et al., *Interspecies transmission and emergence of novel viruses: lessons from bats and birds*, Trends Microbiol., 2013, PMID : 23770275.
58. *L'émergence des zoonoses, une mécanique implacable*. Articolo sul sito del Museo di Storia Naturale. www.mnhn.fr. 2022.
59. Sallard et al. *Retrouver les origines du SARS-CoV-2 dans les phylogénies de coronavirus*, Medecine/science 2020, https://hal.science/hal-02891455

suale con la fauna selvatica presenta un problema. Come sottolinea il Museo di Storia Naturale, un passaggio di ospite da un animale a l'uomo presuppone un processo evolutivo. Come si può spiegare che un virus perfettamente adattato ad un animale si trasmetta all'uomo provocando immediatamente una pandemia?

Ciò che può causare una pandemia è l'adattamento progressivo che si produce attraverso i vari passaggi tra animale e uomo, che danno vita alle varianti. Questo è ciò che si verifica regolarmente per l'influenza aviaria o suina e che si è verificato con la variante del SARS-CoV-2 proveniente dai visoni.[60]

Definire questo processo di adattamento progressivo attraverso il fenomeno dello *spillover* o 'traboccamento' è molto importante. Questo processo permette ad un virus proveniente da un animale selvatico di infettare un certo numero di esseri umani esposti ad una grande quantità di particelle virali senza provocare una pandemia, ma soltanto epidemie localizzate. Questo è avvenuto, per esempio, nella grotta di Mojiang, dalla quale Shi Zhengli, dell'Istituto di virologia di Wuhan, ha prelevato alcuni pipistrelli portatori dei coronavirus che, nel 2012, hanno infettato diversi minatori i quali si sono gravemente ammalati, alcuni sono deceduti, ma non hanno trasmesso il virus ad altri umani. Un fenomeno simile è stato osservato per le epidemie di Ebola, che hanno colpito diverse persone venute in contatto coi pipistrelli o con le scimmie della savana.

Lungi da me la volontà di ignorare la realtà della distruzione dell'ambiente naturale a causa dell'agricoltura industriale o di fare polemica sul cambiamento climatico, tuttavia, possiamo constatare che questa ipotesi della deforestazione per spiegare l'origine del virus mette d'accordo parecchie persone: i politici ecologisti, i responsabili dei laboratori nei quali si fanno esperimenti sul guadagno di funzione (GoF) e diversi organismi sovranazionali, come il Forum Economico Mondiale (WEF), che possono rifarsi una facciata ecologista a poco prezzo La deforestazione contribuisce alla modifica dell'atmosfera, perché gli alberi, come tutta la vegetazione, trasformano l'anidride carbonica in ossigeno. Il WEF potrebbe facilmente utilizzare il cambiamento climatico come mezzo biopolitico per controllare la popolazione.

Insistendo su questo aspetto della modificazione dell'ambiente natu-

---

60. Come ha spiegato Didier Raoult in un video su YouTube, dal Bollettino di informazione scientifica dell'IHU, il 15 dicembre 2020.

rale, questi attori possono evitare di parlare di altri danni alla biosfera. In Francia si sta evocando anche una regolamentazione del 'trattamento mediatico dei temi ambientali', cioè limitare le pubblicazioni autorizzate a quelle conformi alla 'narrazione' scientifica. Vi ricorda niente?

Per approfondire
– *Origine du virus de la Covid-19 : mise à jour 1ᵉʳ april 2022*, Banoun, Hélène, 2022.

– Una presentazione video è stata realizzata per l'International Covid Summit 2022, IHU Marsiglia, 30 marzo 2022 Disponibile sulla piattaforma Odysee http://tiny.cc/ICS-origine.

– *Que révèle la gestion de la Covid-19 sur la biopolitique au XXIₑ siècle : Comment le concept de biopolitique peut nous aider à comprendre la politique sanitaire mondialisée*, Banoun, Hélène, 2023.

1.3 La biopolitica, chiave di comprensione della politica sanitaria mondiale

Come abbiamo visto, l'epidemia di Covid-19 deriva da esperimenti di laboratorio sempre più rischiosi che si inseriscono più generalmente in un contesto biopolitico. Il concetto di biopolitica fu teorizzato da Michel Foucault verso la fine degli anni '70 per indicare una nuova forma di esercizio del potere, incentrata innanzitutto sul controllo della vita delle popolazioni, prima che sul controllo dei territori.

La biopolitica spiega molto bene molte delle incongruenze che abbiamo visto nella gestione della crisi. E' evidente che certe decisioni furono motivate da esigenze ideologiche e politiche piuttosto che da ragioni scientifiche.

Dal controllo dei territori al controllo delle popolazioni

In Europa occidentale, dalla fine del Medioevo, cioè dal XV secolo, con l'abbandono delle istituzioni feudali si sono formati gli Stati moderni. I pensatori di questi Stati in formazione si resero progressivamente conto che la prosperità delle nazioni derivava soprattutto dalla popolazione, e non dal territorio, per quanto vasto e ricco esso fosse, perché senza la popolazione non si poteva estrarre ricchezza dalla terra.

A partire da questa riflessione, il potere ha iniziato a voler regnare sui corpi. In effetti, dalla buona salute della popolazione e dalle sue capacità riproduttive dipendeva lo sfruttamento efficace delle risorse della terra e, in seguito, la sua capacità di produrre beni manifatturieri. Non è un caso, che la biopolitica si sia sviluppata con l'era industriale. Si trattava, allora, di assicurare le capacità produttive e riproduttive, per rispondere ai nuovi imperativi produttivisti.

La salute, un problema di Stato

Con l'era industriale, è emersa una nuova consapevolezza sul tema dell'igiene. La 'rivoluzione sanitaria' è, senza dubbio, la prima e più importante espressione dell'era biopolitica. Fra gli altri provvedimenti, come le misure igienico-sanitarie e la pianificazione urbana, la vaccinazione si è imposta come strumento privilegiato.

La vaccinazione contro il vaiolo, prima campagna vaccinale di massa, venne promossa ed imposta con lo scopo di migliorare la produttività, con benefici superiori ai rischi noti, come illustrava Daniel Bernoulli (medico e matematico) nel 1760,[61] utilizzando un modello matematico.[62] "Se adottiamo la vaccinazione, ne risulterà un guadagno di diverse migliaia di persone per la società civile; sebbene possa essere mortale, dal momento che può uccidere i bambini piccoli, essa è pur sempre preferibile al vaiolo, che uccide gli adulti, che sono utili alla società..." Bernoulli concludeva che, escludendo il punto di vista individuale, "sarà sempre geometricamente vero che l'interesse dei Principi è di promuovere la vaccinazione". Fin dall'inizio, la vaccinazione venne giustificata in nome della ragione sanitaria di Stato e mal sopporta le critiche fondate sul rischio individuale, tanto oggi quanto ieri.

La biopolitica si è focalizzata rapidamente sulla vaccinazione di massa obbligatoria, prima contro il vaiolo, poi contro altre malattie. Dagli anni 2000 questa propensione alla vaccinazione di massa si è rafforzata sotto la guida dell'OMS e dei suoi programmi.[63] Dal momento che un vaccino è disponibile, deve essere utilizzato; l'OMS non si preoccupa di sapere se una malattia è pericolosa, e per chi può essere pericolosa, né se esiste una cura. La vaccinazione contro un numero crescente di malattie viene promossa, quindi resa obbligatoria, in quasi tutti i paesi del mondo.[64]

---

61. *Essai de l'analyse de la mortalité causée par la petite vérole et des avantages de l'inoculation pour la prévenir*, Histoires et Mémoires de l'Académie des Sciences, 2, 1766, Anne Marie Moulin, tesi di dottorato in medicina, 1979, citata da Michel Foucault.

62. *Un exemple de modélisation*, Annette Leroy, Institut de Recherche sur l'Enseignement des Mathématiques, https://www.apmep.fr/Bulletin-459.

63. Nella Risoluzione WHA42/32 - 1989, l'OMS descrive il suo programma di vaccinazione contro il morbillo, la poliomielite, il tetano neonatale e la pertosse: l'obiettivo è raggiungere una copertura vaccinale completa della popolazione. Viene stabilito anche di aggiungere, man mano che si rendono disponibili, i nuovi vaccini ai piani nazionali di prevenzione vaccinale. World Health Assembly, 42. (1989). Fortysecond World Health Assembly, Geneva, 8-19 May 1989: resolutions and decisions, annexes, World Health Organization, p. 33. https://apps.who. int/iris/handle/10665/171211

64. In Francia, gli ultimi due episodi che illustrano l'intensificazione delle immunizzazioni vaccinali riguardano le vaccinazioni obbligatorie per i neonati, che sono passate da tre a undici nel 2018, e la vaccinazione contro il papilloma virus, che è stata fortemente promossa nelle scuole secondarie dall'inizio del 2023.

La vaccinazione "fondamento del sistema delle cure primarie"

L'Oms sostiene anche il Piano vaccinale 2030, cioè IA2030, promosso da diversi partner (Gavi,[65] Fondazione Bill e Melinda Gates, Unicef, CDC americani). Sulla pagina principale del sito[66] si legge: " La vaccinazione è il fondamento del sistema delle cure primarie ed è un diritto umano incontestabile. E' anche uno dei migliori investimenti in materia di salute, che si possano fare col denaro. [Il programma] IA2030 prevede un mondo in cui ciascuno, dappertutto e ad ogni età, possa beneficiare a pieno dei vaccini, per migliorare la propria salute ed il proprio benessere".

In questo contesto "vaccinista", la rapidità con la quale è stata autorizzata la distribuzione dei nuovi vaccini contro il Covid-19 non sembra più così strana. Si capisce anche perché non ci sia stata possibilità di critica. L'ideologia vaccinista è tanto più difficile da criticare, perché gli interessi finanziari dell'industria farmaceutica sono enormi; i vaccini sono diventati più redditizi della maggior parte dei medicinali correnti, i cui brevetti diventano di dominio pubblico dopo un periodo di validità massima di venti anni. Per esempio, il vaccino contro il papillomavirus Gardasil, il più costoso dei vaccini, viene venduto a 130€ la dose e frutta a Merck[67] annualmente due miliardi di dollari. Nel 2020, la copertura mondiale con due dosi del vaccino anti-HPV era del 13%, l'OMS ha dichiarato di voler eradicare il cancro al collo dell'utero raggiungendo un tasso di copertura vaccinale mondiale del 90% da qui al 2030.[68] Si può affermare che questa organizzazione mondiale sia davvero priva di interessi? In realtà, al giorno d'oggi non esiste alcuna prova formale che questo vaccino riduca l'incidenza del cancro al collo dell'utero, al contrario, esistono effetti collaterali gravi del Gardasil che hanno sollevato polemiche all'interno della comunità scientifica e medica.

---

65. Global Alliance for Immunisation and Vaccination. Ente di cooperazione mondiale per assicurare l' 'immunizzazione per tutti'.
66. https://www.immunizationagenda2030.org/, consultato il 29 giugno 2023.
67. *Vaccins : les raisons de la méfiance,* Arte, marzo 2017.
68. *Copertura vaccinale,* 22 aprile 2022, OMS, https://www.who.int/fr/ news-room/fact-sheets/detail/immunization-coverage https://www.researchgate.net/publication/378877325_Origin_of_SARS-CoV-2_biopolitics_evolution_virology_March_2024_update (H. Banoun).

Anche i sostenitori della vaccinazione si preoccupano per l'influenza del settore farmaceutico sulla politica sanitaria mondiale;[69] questa industria rappresenta ormai un pericolo per la salute.[70]

L'aspetto autoritario dell'ideologia vaccinale scaturisce indubbiamente dalla dottrina del solidarismo,[71] di Léon Bourgeois, che influenza il socialismo liberale contemporaneo. Questo uomo politico radicale della III Repubblica si ispirò ai lavori di Pasteur per elaborare una profilassi sociale. Il solidarismo è servito da supporto filosofico e morale al sistema di protezione sociale nato sotto la III Repubblica, del quale la Sicurezza Sociale, stabilita nel 1945, fu l'eredità. Il solidarismo fu una via di mezzo, per stabilizzare la Repubblica e garantire la pace sociale. L'origine dell'obbligo sociale deriva da quello che i solidaristi chiamano il 'quasi-contratto', cioè un contratto ' stabilito retroattivamente', nonostante, evidentemente, nessun individuo abbia potuto scegliere liberamente, alla sua nascita, di partecipare o no alla vita sociale. La sinistra contemporanea è ancora influenzata da questa dottrina e dai lavori di Pasteur: questo può spiegare il suo 'vaccinismo'.

Di fatto, la biopolitica odierna si allontana dal suo scopo iniziale, perché finisce col compromettere gravemente la salute delle popolazioni, soprattutto con l'introduzione di terapie non sufficientemente testate che sono la causa di effetti avversi importanti.

Il dibattito proibito
Durante la crisi del coronavirus, tutti abbiamo assistito alla scomparsa del dibattito contraddittorio.[72] Il potere si è impegnato per discreditare tutti coloro che criticano la sua biopolitica associandoli sistematicamente al complottismo. All'inizio, i termini 'teoria del complotto' e 'complottismo/cospirazionismo' venivano utilizzati per definire i resoconti non ufficiali dell'assassinio del Presidente Kennedy. Con la crisi

---

69. *A proper 'pandemic treaty' would value universal access over profit*, Human Rights Watch, A. Kayum Ahmed, 19 aprile 2023.
70. *The pharmaceutical industry is dangerous to health. Further proof with Covid-19*, Fabien Deruelle, Surg Neurol Int., 2022 Oct., PMID 36324959.
71. *Le solidarisme de Léon Bourgeois, un socialisme libéral ?*, Nicolas Delalande, La vie des idées, 30 gennaio 2008.
72. Vedi *Le Débat interdit – Langage, Covid-19 et totalitarisme*, Ariane Bilheran e Vincent Pavan, éd. Trédaniel, marzo 2022.

sanitaria, questi termini sono diventati molto popolari e diffusi, con la collaborazione dei media compiacenti.

Da marzo 2020, le critiche alla biopolitica non sono mancate sui canali mediatici alternativi, meno vulnerabili alla censura del biopotere, perciò, la Commissione Europea, dopo aver constatato una recrudescenza delle teorie cospirazioniste relative alla pandemia di coronavirus, si è dotata di un arsenale di mezzi di comunicazione per contrastare queste 'derive'. Tra queste teorie la Commissione inserisce anche l'affermazione secondo la quale il virus sarebbe stato prodotto artificialmente. Si può supporre che questa idea sarà presto ritirata dalla lista nera.

Secondo il mio punto di vista, il vero complottismo è quello che spiega l'attuale politica sanitaria come un programma di riduzione della popolazione mondiale che è il risultato di un pregiudizio secondo il quale ogni perturbazione del sistema sociale è da attribuirsi ad una volontà malefica in seno alle alte sfere del potere. Personalmente, mi oppongo a questa visione, della quale il potere si serve per discreditare tutte le critiche che hanno un fondamento scientifico, accomunandole al complottismo. Per quanto mi riguarda, mi attengo ai fatti, quindi mi impegno per mettere in luce le contraddizioni del biopotere, la sua ideologia scentista ed i suoi evidenti errori alla luce dello stato delle conoscenze stabilite dalla letteratura scientifica. Il concetto di biopolitica mi pare sufficiente per giustificare la gestione della pandemia Covid-19, senza voler richiamare una volontà di depopolamento da parte di tutti i soggetti implicati.

Strumentalizzazione della pandemia

La pandemia Covid-19 ha permesso al biopotere di avanzare su più fronti: le ricerche sulla GoF, la messa sul mercato delle terapie geniche vaccinali, la vaccinazione di massa e l'idea di un'identità digitale,[73] associata, naturalmente, alla vaccinazione.

Il progetto di identificazione degli individui attraverso la vaccinazione era già stato menzionato nel novembre 2017 da Seth Berkley, capo dell'organizzazione mondiale per la cooperazione vaccinale, Gavi, con sede a Ginevra. In quell'occasione, Berkley dichiarò che biso-

---

73. Vedi il CSI n. 102 del 27 aprile 2023: Frederic Boutet, Identità digitale, con Emmanuelle Darles e Dr. Eric Ménat, su Crowdbunker.com.

gnava migliorare i mezzi per tracciare il tasso di copertura vaccinale dei bambini di tutto il mondo; per fare questo, le Nazioni Unite hanno previsto un piano per l'identità digitale 2030, via telefono cellulare, per tenere aggiornati i dati sui bambini delle zone più remote.

Da parte loro, il 16 novembre 2022, a Bali, i leader del G20 hanno pubblicato una dichiarazione comune per promuovere uno standard mondiale per un certificato di avvenuta vaccinazione per i viaggi internazionali, ispirato ai certificati vaccinali Covid-19. Questa decisione si basa su un accordo internazionale siglato sotto la guida dell'OMS, nel 2005: International Health regulations 2005 (Regolamento Sanitario Internazionale). Si tratta del Trattato Pandemico che doveva essere rivisto tra il 21 e il 30 maggio 2023 a Ginevra, durante l'assemblea mondiale dell'OMS. Fino ad ora, niente è stato ancora firmato. La discussione è stata rimandata a settembre, quindi, apparentemente, *sine die.*

Nel giugno 2023 l'UE e l'OMS hanno posto la prima pietra per un pass sanitario mondiale ed hanno annunciato una collaborazione,[74] per la realizzazione di un sistema di certificazione mondiale sul modello del certificato digitale Covid-19 dell'Unione Europea. "A giugno 2023, l'OMS adotterà il sistema di certificazione digitale Covid-19 dell'UE al fine di realizzare un sistema globale che contribuirà ad agevolare la mobilità internazionale proteggendo i cittadini di tutto il mondo contro le attuali e future minacce per la salute. Si tratta del primo elemento che costituirà la rete globale di certificazione sanitaria digitale dell'OMS (Global Health Certification Network), che comprenderà una vasta gamma di prodotti digitali per migliorare la salute di tutti [...]. Questa collaborazione si impegnerà per sviluppare tecnicamente il sistema voluto dall'OMS secondo un approccio a tappe, per comprendere anche casi di utilizzo supplementare che potrebbero includere, per esempio, la digitalizzazione del certificato internazionale di vaccinazione o di profilassi". In breve, si tratta di un passaporto sanitario mondiale che dovrà includere un buon numero di vaccinazioni obbligatorie.

---

74. Comunicato stampa della Commissione europea del 5 giugno 2023: "Sanità digitale: La Commissione e l'OMS lanciano un'iniziativa storica nel campo della sanità digitale per rafforzare la sicurezza sanitaria mondiale"

Trattati pandemici OMS e UE

Il futuro trattato sulle pandemie dell'OMS ha sollevato numerose pole-miche nel 2023, ed ha suscitato scalpore sui social network. Secondo Francis Boyle, professore di diritto, questo trattato instaurerà uno Stato di polizia medico-scientifico;[75] l'OMS potrà, inoltre, imporre le cure primarie che i medici dovranno prescrivere, disporre i lockdown e imporre mascherine e vaccini.

Sulla stampa non trapela nulla su ciò che è già stato realizzato a livello europeo. Nel novembre 2022,[76] passato sotto silenzio, è entrato in vigore un nuovo regolamento europeo sulle "gravi minacce per la salute a carattere transfrontaliero". Questo regolamento istituzionalizza tutto ciò che è stato fatto in occasione della pandemia Covid-19, per le prossime pandemie. E' necessario sottolineare che una malattia emergente, senza criterio di gravità, viene adesso considerata come una grave minaccia per la salute a carattere transfrontaliero...La sor-veglianza digitale della popolazione, le esercitazioni di simulazione di pandemia, l'acquisto collettivo di "contromisure mediche", cioè di medicinali e vaccini, sono già stati disposti su un piano permanente e sono già giuridicamente previsti in Europa.

Un piano di controllo non soltanto sanitario

Secondo il Forum Economico Mondiale (WEF), il cui presidente è il tedesco Klaus Schwab, i passaporti vaccinali faranno da apripista all'identità digitale. Si tratta di identificare le persone principalmente sulla base del loro status vaccinale in conseguenza del quale ver-ranno o non verranno concessi determinati diritti: "L'identità digitale determinerà a quali prodotti, servizi e informazioni potremo accedere e, al contrario, quali saranno inaccessibili." Il WEF, organizzazione non eletta, può avere il potere di far applicare le sue decisioni attraverso l'intermediazione di OMS?

Nel libro *Il Grande Reset* di Klaus Schwab e Thierry Malleret, si legge che la pandemia rappresenta una 'finestra di opportunità' per ristrut-

---

75. I video Debriefings su FranceSoir.fr, *Le traité sur les pandémies,* 23 febbra-io 2023.
76. *Regolamento UE 2022/2371 del Parlamento Europeo e del Consiglio del 23 novembre 2022* relativo alle gravi monacce per la salute a carattere transfron-taliero, che abroga la risoluzione n. 1082/2013/UE

turare e reinizializzare l'economia mondiale secondo i piani del WEF.[77] Secondo gli autori, ci sarà un 'prima della crisi' e un 'dopo la crisi' Covid-19, non soltanto per le industrie che avranno approfittato della gestione della pandemia, come le big tech e le industrie del settore sanitario; un ritorno all'era pre-pandemica, secondo loro, non sarà possibile per i settori dello spettacolo, dei viaggi, il settore alberghiero e altri, che dovranno adattarsi…Solo il tempo ci dirà se questi guru del grande reset avranno avuto ragione, in ogni caso i loro progetti non sono nascosti.

Nuovi programmi di gestione delle crisi

La gestione della pandemia Covid-19 è la conseguenza logica della recente storia biopolitica, e quello che si deciderà per il futuro fa parte della stessa continuità. Gli Stati e le organizzazioni sovranazionali continueranno a promuovere programmi di prevenzione delle pandemie che comprendono, da una parte, le esercitazioni di simulazione pandemica (vedi capitolo seguente) e, dall'altra, le ricerche sugli agenti patogeni (GoF) e le nuove tecniche vaccinali, cioè le tecniche a mRNA.

Nell'ottobre 2022, con l'obiettivo di "creare un mondo libero da incidenti biologici catastrofici", la Casa Bianca ha avviato un piano strategico nazionale per la biodifesa da 88 miliardi di dollari. In caso di pandemia, gli Stati Uniti vogliono essere in grado di individuare i nuovi agenti patogeni entro dodici ore, disporre di test rapidi disponibili al pubblico entro novanta giorni, riprogrammare i medicinali esistenti entro novanta giorni e, infine, sviluppare nuovi vaccini entro cento giorni.

Un'altra "missione 100 giorni" è perseguita da organizzazioni non elette che sostengono la biopolitica vaccinale. La Coalition for Epidemic Preparedness Innovations (CEPI), organizzazione pro-vax sponsorizzata dalla fondazione Bill e Melinda Gates, fra le altre, intende anticipare i prossimi virus insieme ai dirigenti del G7 e alle nazioni del G20: "Un piano ambizioso – la missione 100 giorni – ridurrà notevolmente il tempo necessario per lo sviluppo di nuovi vaccini contro le minacce virali emergenti. Queste minacce includono: i coronavirus

---

77. *The Great Reset,* Klaus Schwab e Thierry Malleret, *Il Grande Reset,* luglio 2020, pubblicato da World Economic Forum.

che erano all'origine del SARS e della MERS prima del Covid-19; i filovirus, tra i quali Ebola con il ceppo sudanese che si sta diffondendo attualmente in Uganda; e gli orthopoxvirus, ai quali appartengono il vaiolo e il vaiolo delle scimmie ".[78]

L'intenzione è quella di sostituire diversi vaccini 'classici' con vaccini a mRNA, a partire dai vaccini antinfluenzali. Tornerò su questi vaccini del futuro e sullo stato delle terapie geniche nell'ultima parte del libro, dedicata al futuro della biopolitica. Questi prodotti e la loro formulazione pongono grossi problemi di sicurezza e di efficacia; è urgente, dunque, che su questo tema si apra un vero dibattito.

Una cosa è sicura, il biopotere non ha finito di prendersi cura di noi.

Per approfondire
– "Cosa rivela la gestione del Covid-19 sulla biopolitica del XXI secolo: Come il concetto di biopolitica può aiutarci a comprendere la politica sanitaria mondiale, ResearchGate, aprile 2023.

---

78. *Non dobbiamo più trovarci nella condizione di essere un passo indietro rispetto ai virus che arriveranno in futuro,* affermazione di Richard Hatchett, direttore del CEPI, The Financial Times, 24 ottobre 2022.

1.4 Simulazioni di pandemie

Come giustificare che siano state adottate nello stesso tempo e in ogni parte del mondo misure sanitarie quasi identiche? C'era una strategia mondiale già all'opera? In realtà, prima della crisi del 2019, i governi avevano avuto modo di prepararsi grazie ad alcune simulazioni di pandemia messe in atto da diverse organizzazioni sovranazionali. Essi conoscevano, dunque, diversi scenari ipotetici destinati ad aiutarli nella complessa gestione di una pandemia mondiale: comunicazione istituzionale, (soprattutto di fronte alla 'disinformazione' dei social), sviluppo e distribuzione dei medicinali (vaccini, terapie nuove e/o sperimentali) e altre misure sanitarie (lockdown, mascherine, test).

Fra i produttori dei vari scenari ritroviamo l'OMS, il WEF, il CEPI[79] e alcune ONG di tipo *think tank* come il Johns Hopkins Center for Health Security (CHS).[80] Personalità come Bill Gates, finanziatore dell'OMS, e Klaus Schwab, patrono del WEF, hanno anch'esse un ruolo chiave. Se da anni questi attori ci avvertono del rischio pandemico, è anche perché si trovano in una posizione che permette loro di essere consapevoli del pericolo rappresentato dagli esperimenti sul guadagno di funzione che vengono effettuati in ogni parte del mondo...Esperimenti di cui non si fa menzione nei loro comunicati ufficiali. Alcuni considerano queste simulazioni come una prova che la pandemia di SARS-CoV-2 è stata organizzata in anticipo da queste stesse organizzazioni, ciò nonostante, non bisogna confondere l'anticipazione (oggetto di questi scenari), con la programmazione di una epidemia.

A titolo di comparazione, anche l'industria del cinema eccelle nelle fiction anticipatorie. Nel 2011, per esempio, nove anni dopo l'epidemia di SARS e due anni dopo quella di H1N1, il film Contagion, di Steven Soderbergh mise in scena la comparsa di un virus misterioso altamente letale e col massimo indice di contagiosità, il MEV-1, con quarantene

---

79. Coalizione lanciata in seguito al meeting annuale del WEF a Davos, nel 2017.
80. Organizzazione indipendente non a scopo di lucro della scuola di salute pubblica Johns Hopkins Bloomberg. Questo centro si impegna per proteggere la salute delle popolazioni contro le epidemie e le pandemie, e si interessa anche alle armi biologiche ed alle implicazioni delle biotecnologie emergenti in materia di biosicurezza. E', inoltre, consigliere del governo degli Stati Uniti, dell'Organizzazione Mondiale di Sanità e delle Nazioni Unite.

e distanziamento sociale, tutto basato sul famoso "R-zero" (numero medio dei casi generati da un caso); molti elementi ricordano quello che abbiamo visto nel 2020/2021. Per fortuna, contrariamente alle drammatiche previsioni epidemiologiche reali dell'Imperial College di Londra,81 la pandemia è stata molto meno grave.

Gli autori degli scenari catastrofici non ne sono, dunque, anche i programmatori, ciò non di meno, essi possono prepararci psicologicamente alle possibili pandemie mortali, e 'programmarci' ad accettare certe privazioni di libertà.

Analizzerò, qui, cinque simulazioni importanti, organizzate dal 2009, limitandomi agli aspetti politico-sanitari. In quell'anno, la pandemia di influenza H1N1, che si rivelerà molto meno grave di quanto era stato annunciato,[82] offre ai CDC (Centers for Disease Control, Stati Uniti), l'opportunità di perfezionare i loro metodi di sorveglianza delle pandemie e di velocizzazione della messa a disposizione dei vaccini. Questa epidemia ha favorito anche la moltiplicazione delle simulazioni di pandemie. L'esame cronologico di questi scenari fittizi dal 2010, mostra un perfezionamento progressivo e una somiglianza sempre maggiore con la crisi Covid-19. Una panoramica.

Prima simulazione della fondazione Rockefeller

A seguito dell'epidemia di H1N1, la fondazione Rockefeller ha pubblicato, nel 2010, uno scenario pandemico che si sarebbe verificato nel 2012.[83] La pandemia vi è definita come altamente mortale (8 milioni di morti nel giro di qualche mese) ed i paesi poveri risultano più colpiti di quelli ricchi. I lockdown e le misure autoritarie vengono applicati ovunque e le popolazioni, che inizialmente cedono con facilità le loro libertà, iniziano, in seguito, a ribellarsi.

---

81. L'Imperial College di Londra ha utilizzato un modello matematico che presuppone un R0 di 2,4, giustificando l'imposizione di un lockdown da parte del governo britannico. Neil Ferguson e la sua equipe avevano previsto 510.000 morti nel Regno Unito e più di 2,2 milioni di morti negli Stati Uniti, in assenza di misure sanitarie.
82. L'epidemia provoca problemi soprattutto fra gli obesi: 477 decessi negli Stati Uniti fra aprile e agosto 2009.
83. *Scenarios for the Future of Technology and International Development,* mai 2010, https://www.fichier-pdf.fr/2020/04/13/rockefeller/

Seconda simulazione nel 2017: La pandemia di Spars

Questa simulazione è stata oggetto di una pubblicazione di 90 pagine,[84] realizzata dal Johns Hopkins Bloomberg School of Public Health. Si tratta di una pandemia da coronavirus che si origina in Asia a seguito di una fuga da laboratorio. Lo svolgimento degli eventi, che si rivela un fiasco per quanto riguarda la gestione della crisi, è molto edificante per le similitudini che presenta con la crisi Covid-19. In questo scenario, l'istituto cerca di prefigurare la peggior situazione possibile, per evitare che essa si riproduca nel corso della futura crisi epidemica.

La simulazione insiste molto sugli errori di comunicazione da evitare e sui mezzi per contrastare le fake-news sull'inefficacia e la tossicità dei trattamenti proposti dalle autorità.

Il coronavirus viene identificato grazie a test diagnostici basati sull'ormai famosa tecnologia RT-PCR. (Reverse Transcription Polymerase Chain Reaction). I malati sono contagiosi prima della comparsa dei sintomi, e questo rende difficile il loro isolamento e facilita la diffusione della malattia. I bambini sono più colpiti degli adulti e per loro la mortalità è più elevata. Un antivirale sviluppato per il SARS del 2003 (responsabile della prima pandemia nota di coronavirus) viene approvato come trattamento, sebbene non privo di effetti indesiderabili. Si stabilisce ben presto che questo trattamento non riduce la trasmissione. La comunicazione ufficiale si distingue per le sue contraddizioni sull'efficacia dell'antivirale.

L'epidemia fa strage soprattutto nei paesi poveri, che hanno sistemi sanitari deboli. I CDC riconoscono finalmente che la letalità è molto inferiore a quella annunciata. Il pubblico comincia a disinteressarsi della malattia. Le agenzie sanitarie preparano una campagna mondiale di sensibilizzazione per contrastare questo disinteresse nell'attesa del vaccino: molte celebrità e molti scienziati vi partecipano. Poco dopo, la FDA (Food and Drug Administration, Stati Uniti) pubblica i risultati di uno studio clinico che dimostrano che gli antivirali hanno una scarsa efficacia sul virus.

E' previsto l'arrivo del vaccino entro breve tempo, e i governi non devono sbagliare la comunicazione. I primi vaccino saranno pochi, quindi si devono individuare i destinatari che hanno la priorità (bambini, adolescenti e donne incinte). Il rapporto descrive come le reazioni avverse emergano proporzionalmente al numero di Americani che ri-

---

84. http://tiny.cc/spars-pandemic.

cevono il vaccino. I genitori affermano che i loro bambini presentano sintomi neurologici. Nel maggio 2027, i genitori iniziano a intentare delle cause perché venga soppressa la responsabilità a protezione delle società farmaceutiche che hanno sviluppato il vaccino "Coro-vax". La simulazione stabilisce che " le teorie del complotto si sono comunque moltiplicate sui social, affermando che il virus era stato creato e diffuso intenzionalmente fra la popolazione dalle società farmaceutiche o che fosse fuggito da un laboratorio governativo nel quale si testavano segretamente armi biologiche".

Lascio a voi valutare le evidenti similitudini con la pandemia di SARS-CoV-2. A questo proposito, ricordiamo la cronologia degli esperimenti sulla GoF: dal 2015, la genetica inversa è stata utilizzata per creare dei virus chimera da Ralph Baric e la sua equipe. Nel 2017, Shi Zhengli ha pubblicato con EHA otto chimere molto simili al futuro SARS-CoV-2.

I governi hanno imparato qualcosa da queste simulazioni? Si e no... Possiamo già sottolineare che gli scenaristi della *Spars Pandemic* sono coscienti dei pericoli insiti nelle nuove terapie, specialmente nei vaccini. Il rischio neurologico è, in effetti, una caratteristica comune di un buon numero di vaccini. La Johns Hopkins Bloomberg School of Public Health non si illude sull'efficacia dei rimedi del futuro che verranno offerti dalle industrie farmaceutiche per contrastare i virus emergenti.

Lo scenario anticipa la competizione tra diversi paesi, per vendere i loro antivirali, malgrado la loro scarsa efficacia. Nella realtà, abbiamo assistito al tentativo della società Gilead di piazzare il suo antivirale, il Remdesivir, in una buona posizione su tutto il pianeta, malgrado la sua nota tossicità e la sua assenza di efficacia.

Anche la sopravvalutazione della letalità della pandemia è stata anti-cipata. Quando questa è diventata abbastanza evidente, il pubblico ha iniziato a disinteressarsi del rischio pandemico, e la propaganda ufficiale ha dovuto contenere questa indifferenza fino all'arrivo del vaccino. Sembra che su questo punto la lezione sia passata, perché l'interesse per il Covid-19 non si è affievolito fino al 2022: le misure restrittive sotto forma di *stop-and-go* ed il martellamento mediatico circa la gravità della malattia hanno nutrito la paura, l'attesa del vac-cino, e la sua accettazione.

"Un mondo in pericolo", lo scenario dell'OMS nel 2019

La simulazione *A World at Risk* viene pubblicata a settembre dal Consiglio di sorveglianza per la preparazione mondiale (Global Preparedness Monitoring Board) che si autodefinisce "organo indipendente di sorveglianza e di responsabilizzazione, incaricato di assicurare la preparazione alle crisi sanitarie mondiali". Organizzato in collaborazione dal direttore generale dell'OMS con il presidente della Banca Mondiale, il GPMB si compone di dirigenti ed esperti provenienti da una grande varietà di settori.[85]

La loro simulazione mette in scena una pandemia causata da un virus respiratorio probabilmente creato in laboratorio e più pericoloso di un virus naturale, capace di uccidere milioni di persone annientando il 5% dell'economia mondiale, causando devastazioni, instabilità, insicurezza generale. Qualche estratto:

"Il mondo non è sufficientemente preparato, soprattutto per quanto concerne la messa a punto e la produzione di vaccini innovativi, di antivirali a largo spettro, di dispositivi non farmaceutici adeguati [*come le mascherine e l'isolamento, ndla*], di terapie mirate (compresi gli anticorpi monoclonali), di sistemi per la condivisione delle sequenze del nuovo agente patogeno e di mezzi per condividere equamente le contromisure mediche limitate tra i vari paesi."

"Nuove terapie e antivirali a largo spettro sono disponibili in abbondanza per curare e ridurre la mortalità causata da una serie di virus; i nuovi agenti patogeni vengono sistematicamente identificati e sequenziati e le sequenze vengono condivise su un sito web accessibile in ogni parte del mondo [*è quanto realmente accaduto con la creazione del GISAID, che raccoglie le sequenze del virus depositate dagli scienziati ndla*]. La produzione decentralizzata dei vaccini [*compresi i vaccini ad acido nucleico anche se non viene impiegato il termine nRNA, ndla*] inizia nei giorni che seguono l'ottenimento delle nuove sequenze, e i vaccini efficaci vengono testati, quindi ne viene autorizzato l'impiego, nelle settimane seguenti [*è quanto è avvenuto con l'inizio della produzione a gennaio e febbraio 2020 per Pfizer e Moderna, ndla*]."

"E' necessario che la risposta sia coordinata a livello planetario, con una direzione ben identificata".

85. Nel 2020, il GPMB pubblica *Un Mondo in disordine,* che si basa sul primo rapporto *Un Monde en danger* e sugli insegnamenti tratti dal Covid-19. Comunicato stampa su *Un Mondo in disordine*, rapporto GPMB 2020, 14 settembre 2020.

"Oltre al rischio crescente di pandemie dovute agli agenti patogeni naturali, i progressi scientifici permettono di concepire o ricreare microrganismi patogeni in laboratorio. Se un paese, un gruppo di terroristi o un individuo scientificamente preparato creassero o venissero in possesso e utilizzassero armi biologiche con le caratteristiche di un nuovo agente patogeno respiratorio a forte impatto, le conseguenze potrebbero essere altrettanto gravi, se non più gravi di quelle di un'epidemia naturale, così come una fuga accidentale di microrganismi suscettibili di provocare un'epidemia".

L'esperimento Event 201 dell'ottobre 2019

Questa simulazione ha fatto scorrere fiumi d'inchiostro sui social network durante la crisi sanitaria perché non soltanto è molto simile alla realtà, ma è anche vicina nel tempo. Questa simulazione è ancora più inquietante, dal momento che diversi elementi, già citati, dimostrano che il virus circolava già quando essa si è svolta.

Event 201 è un'esercitazione che ha avuto luogo nell'ottobre 2019 a New York, organizzata dal Center for Health Security del Johns Hopkins,[86] dalla fondazione Bill e Melinda Gates e dal WEF. Nell'ottobre 2019 sul canale Youtube del Johns Hopkins è stato pubblicato un video nel quale viene simulata un'epidemia causata da un nuovo coronavirus trasmesso dal pipistrello al maiale e all'uomo, la quale dà origine ad una pandemia.

L'agente patogeno e la malattia che esso provoca sono modellati sulla SARS del 2003, ma la malattia viene trasmessa più facilmente dalle persone con sintomi lievi. Durante il primo anno non esistono vaccini disponibili, ma esiste un medicinale antivirale fittizio (sic!) che può aiutare i malati, ma che non limita la malattia in maniera significativa. Man mano che i casi e i decessi aumentano, le conseguenze economiche e sociali si aggravano. Lo scenario termina dopo diciotto mesi, con 65 milioni di decessi. La pandemia inizia a rallentare in conseguenza della diminuzione del numero delle persone vulnerabili; poi continua con un certo ritmo finché non si rende disponibile un vaccino che viene somministrato all'80-90% della popolazione. A partire da questo momento, è probabile che essa diventi una malattia infantile endemica.

---

86. Segment 1, Intro and Medical Countermeasures (MCM) Discussion, Canale Youtube del Center for health security, 1 600 260 visualizzazioni (consultato il 30 juin 2023).

Per la prossima pandemia si fanno le seguenti raccomandazioni:
- rinforzare le scorte dei dispositivi medici (mascherine, guanti, tute, ecc.);
- sostenere lo sviluppo e la produzione accelerata dei vaccini, dei prodotti terapeutici e degli strumenti diagnostici;
- dare la priorità alla riduzione dell'impatto economico delle epidemie e delle pandemie;
- lottare contro la disinformazione…

Da notare, che in Event 201 non si parla di lockdown. Sono state fatte valutazioni sull'impatto economico di questa misura? Perché, nel marzo 2020, è stato deciso di adottarla, quando tutti gli studi scientifici avevano già confermato la sua inutilità e le sue conseguenze deleterie?[87] Le chiusure hanno rappresentato un costo enorme ed hanno aggravato la crisi economica, ma il biopotere ha dimostrato, così, di poter far prevalere, per un certo tempo, la sua logica biopolitica sulle esigenze economiche mondiali.

Vedremo anche, in questo scenario, che, per porre fine alla crisi, all'immunizzazione naturale acquisita con l'infezione, viene riconosciuta la stessa efficacia del vaccino. Nell'epidemia reale del 2020, invece, il potere ha negato l'efficacia dell'immunizzazione naturale. Ricordiamo le affermazioni di Melinda Gates all'inizio del 2021, quando è iniziata la campagna vaccinale: "La vita 'normale' non potrà riprendere finché tutta la popolazione non sarà stata vaccinata".

La simulazione del Forum Economico Mondiale, novembre 2019
Oltre la politica economica mondiale, il WEF si occupa anche dei rischi associati alle pandemie. In un rapporto del 19 novembre (che non è più disponibile in rete, ma che è conservato in Web Archives),[88] esprimeva preoccupazione per la facilità con cui si possono produrre virus sintetici a partire da filamenti di DNA. Questi filamenti possono anche essere ordinati presso aziende commerciali. Il WEF chiede, quindi,

---

87. Vedere, in particolare, gli studi di Jean-Dominique Michel, i suoi libri ed i suoi interventi al CSI nel 2021: https://www.anthropo-logiques.ch.. Nel 2020 era ancora possibile parlare a questo proposito, infatti la Tribune de Genève aveva pubblicato un articolo di J.-D. Michel che criticava queste misure 'non farmaceutiche': Covid-19 : un immense virologiste partage mes analyses, 12.05.2020.
88. http://tiny.cc/rapportFEM2019.

che si tengano sotto stretta sorveglianza le ordinazioni di filamenti di DNA, per prevenire la produzione di agenti biologici pericolosi

Qui si ritrova lo scenario di un virus uscito da un laboratorio. Nel 2019, non soltato gli autori non potevano non sapere che dei virus chimera erano già stati creati, ma erano forse perfettamente a conoscenza dell'incidente di laboratorio di Fort Detrick del luglio 2019.

Cosa possiamo dedurre da questi scenari?

Queste simulazioni sono diventate col tempo sempre più precise. Dal 2017, si parla di una pandemia da coronavirus, mentre si mettono in evidenza anche i rischi legati ai virus sintetici. E' evidente che queste organizzazioni si tengono aggiornate sui progressi della ricerca e sui lavori pubblicati a partire dal 2017, specialmente sul guadagno di funzione. Nelle due simulazioni del 2019, non si esclude che le autorità nazionali abbiano preso sul serio la strana pneumopatia che si è verificata negli Stati Uniti nell'estate del 2019, nel territorio vicino al più grande laboratorio militare degli Stati Uniti...In quel caso avrebbero quindi cercato di preparare gli Stati a gestire la futura propagazione epidemica.

Queste simulazioni non sono, ovviamente, infallibili, tanto più che provengono da istituzioni note per i loro conflitti d'interesse, quindi, la loro previsione degli eventi non è neutrale. Di fatto, questi scenari presentano un certo numero di punti deboli in materia di analisi scientifica e medica, probabilmente dovuti a pregiudizi dogmatici. Per esempio, si prevedono sempre pandemie molto gravi, indubbiamente perché i calcoli si basano su modelli matematici di propagazione epidemica che sono poco affidabili, ma degni di scenari holliwoodiani, che hanno già più volte dimostrato i loro limiti in passato. Inoltre, queste previsioni non tengono in considerazione il fatto che i paesi sviluppati possano essere più colpiti dei paesi emergenti, che le popolazioni occidentali siano paradossalmente in condizioni di salute peggiori (obesità, diabete, disturbi dello sviluppo, tumori...), e che una parte della popolazione possa essere più vulnerabile nei confronti di un virus respiratorio. Infatti, la pandemia influenzale H1N1 del 2009, che aveva colpito in modo particolare i bambini e i giovani, si è rivelata particolarmente grave per gli obesi.

Stranamente, gli scenaristi non tengono conto neppure del problema dell'inadeguatezza dei sistemi di assistenza sanitaria dei paesi cosiddetti 'ricchi': pronto soccorso al collasso, carenza di personale e di materiali, ritmi insostenibili, controllo statale sulle decisioni in materia sanitaria, a detrimento della competenza degli addetti...Il mondo della medicina è in crisi, e questa non è una novità, ma i previsori delle pandemie non prevedono di apportare miglioramenti in questo settore.

Altri scenari futuri

Le esercitazioni pandemiche restano più che mai attuali, quindi Bill Gates ha proposto di farne una ogni cinque anni. Il GAVI, Alleanza Globale per i Vaccini, che incarna la 'componente risolutiva', si è data la missione di classificare tutti i virus emergenti al fine di orientare la ricerca verso i nuovi vaccini: virus della febbre della Rift Valley, hantavirus, altri coronavirus, febbre emorragica della Crimea-Congo, febbre di Lassa, virus Marburg, febbre gialle, influenza H1N1 e H7N9, Chikungunya, Ebola, Nipah.

L'OMS ha riprodotto fedelmente questa lista di *agenti patogeni prioritari* nel novembre 2022.[89] "E' diventata un punto di riferimento per la comunità dei ricercatori per quanto riguarda i punti sui quali è necessario concentrare le energie per gestire la prossima minaccia", afferma la Dr.ssa Soumya Swaminathan, ex capo scienziato dell'OMS.

Vaccini, test e nuove terapie... In questa anticipazione istituzionale delle epidemie c'è, evidentemente, un grande assente, cioè la prevenzione, come mezzo soggettivo per rinforzare il proprio sistema immunitario attraverso una sana alimentazione, l'esercizio fisico regolare e la gestione dello stress. Un buon 'terreno' permette di resistere a molti agenti patogeni (vedi il capitolo *L'immunità naturale e il Covid-19*). Questa soluzione, scientificamente documentata, apparentemente non è prioritaria; forse perché meno redditizia della produzione di vaccini specifici per ogni malattia?

---

89. *ONU Info: L'OMS elenca gli agenti patogeni suscettibili di provocare le future pandemie*, 21 novembre 2022, https://news.un.org/ fr/story/2022/11/1130032.

Per approfondire

– *Simulazioni di pandemie dal 2010: cosa ci insegnano di molto spiacevole sul Covid-19*, 21 febbraio 2021, aimsib.org.

– *Influenze e pandemie* (Marco Pietteur, 2022). Il libro di Michel Cucchi è uno strumento prezioso. Questo dottore in sociologia e in medicina e dirigente del servizio pubblico ospedaliero, si è concentrato sull'influenza delle potenze finanziarie sulle decisioni sanitarie. "Dalla fine degli anni '90, gli Stati Uniti organizzano regolarmente delle esercitazioni che coinvolgono personalità politiche di primo piano di tutte le nazioni, per testare scenari di sicurezza interna incentrati sul controllo delle popolazioni. La pandemia è apparsa come un mezzo per mettere in atto un'azione di controllo sulla popolazione che difficilmente sarebbe stata possibile altrimenti: un comodo mezzo per paralizzare e condizionare una popolazione sottoposta ad uno stato di ansietà e di dipendenza dagli ordini emanati dalle autorità superiori verso le quali nessuna critica è permessa".

Parte seconda

LA MALATTIA COVID-19

Devo ammettere che all'inizio della pandemia, a marzo 2020, ho provato una certa apprensione a causa del virus: lo shock del primo lockdown mi ha angosciata per qualche ora. Dopo aver incontrato alcui amici che avevano contratto una forma moderata di Covid-19, ho avuto una leggera tosse, che è guarita rapidamente senza lasciare strascichi, quindi ho potuto ritrovare molto presto la mia lucidità. Questo 'incidente' non ha influenzato in nessun modo le mie ulteriori ricerche sulla malattia. Dal momento che l'epicentro della malattia era la Cina, è là che ho indirizzato le mie prime ricerche.

Il 28 marzo 2020, un articolo poco lusinghiero apparso su *Asia Times* ricorda ai Francesi che il 13 gennaio 2020, l'idrossiclorochina era stata classificata come sostanza tossica dal Ministero della Salute: *Perché la Francia nasconde un trattamento poco oneroso e già testato contro il virus?*Il 1 marzo 2020 viene pubblicato a Shangai un consenso[90] di esperti che presenta l'epidemiologia della malattia, gli aspetti clinici, i criteri diagnostici e anche le terapie. L'idrossiclorochina e la vitamina C ad alto dosaggio sono suggeriti come prima cura. Al contrario, gli antibiotici ed i corticosteroidi ad alto dosaggio non sono raccomandati. Viene già attribuita una particolare attenzione alla protezione del microbiota intestinale.

Va sottolineato che nella successiva versione di queste raccomandazioni, pubblicata sul *Chinese Medical Journal*,[91] l'idrossiclorochina, che è sempre presente, viene spostata in fondo alla lista, e gli antibiotici continuano ad essere considerati come un trattamento ingiustificato. Queste modifiche riflettono l'omogeneizzazione della biopolitica su scala mondiale, con l'evolversi della pandemia.

---

90. *Consensus and Guide to New Corona Virus Infections,* Expert Group on Clinical Treatment of New Corona Virus Disease in Shanghai, *China Journal of Infectious Diseases*, marzo 2020, https://Covid-19-evidence.paho.org/ handle/20.500.12663/1098 / http://tiny.cc/shanghai-consensus.
91. *Guidance for the management of adult patients with coronavirus disease,* Chinese Thoracic Society and Chinese Association of Chest Physicians. 2019. Chin Med J (Engl). 5 luglio 2020.

Più tardi ho avuto l'occasione di incontrare Jean-Marc Sabatier, Direttore della ricerca al CNRS e specialista delle proteine, che, all'inizio del 2020[92] aveva pubblicato un articolo nel quale spiegava tutte le patologie associate al Covid-19 a partire dal legame della Spike con il recettore umano dell'ACE2. Queste patologie derivano dalla disregolazione del "sistema renina-angiotensina", che coordina numerose funzioni vitali dell'organismo.

Nel mio lavoro di raccolta delle informazioni mi sono concentrata in particolare sulla virologia e sull'immunologia, così come sui test antigenici e la PCR. Ho cercato di comprendere come reagisce il sistema immunitario di fronte a questo virus e come questa reazione possa essere osservata in laboratorio.

Il mio lavoro, dunque, non intendeva produrre un quadro clinico completo della malattia, né elencarne i sintomi, comel'insufficienza respiratoria o la perdita del gusto e dell'odorato; questi sono aspetti largamente studiati dai medici e sono dominio degli esperti. Il mio intento è, piuttosto, quello di condividere il frutto delle mie ricerche personali per offrirvi una visione più chiara della crisi sanitaria.

Il tentativo di capire i fenomeni immunopatologici come la tempesta infiammatoria caratteristica dei casi gravi di Covid-19, mi ha portata a domandarmi perché certe persone non presentino questa grave reazione. Nel 2020 ho attribuito questa protezione all'immunità 'crociata' con i coronavirus del raffreddore comune. In altri termini, il fatto di avere già contratto un virus vicino al virus del SARS-CoV-2 avrebbe allenato il sistema immunitario di un gran numero di persone a rispondere efficacemente a questo nuovo aggressore. In quel momento abbiamo creduto che i bambini non fossero interessati dal Covid-19 proprio grazie a questa reazione crociata.

In ogni caso, nel 2022, a seguito di un nuovo approfondimento sul tema, ho constatato che l'assenza di malattia tra i bambini (ad eccezione di quelli affetti da gravi patologie croniche) si deve, piuttosto, ad un sistema immunitario più primitivo, pre-attivato per reagire ai virus, e non all'immunità crociata (già allenata). Anche il ruolo protettivo del microbiota intestinale è messo in evidenza; gli adulti immuni

---

92. Cao Z, Wu Y, Faucon E, Sabatier, *SARS-CoV-2 & Covid-19: Key-Roles of the 'Renin-Angiotensin' System / Vitamin D Impacting Drug and Vaccine Developments, JM. Infect Disord Drug Targets.* 2020. PMID 32370727.

ai sintomi del Covid-19 potrebbero aver conservato questo sistema immunitario 'giovane' e questo microbiota in buona salute.

Approfondendo ulteriormente, ho cercato di capire perché determinati anticorpi giochino un ruolo sfavorevole, al contrario di quanto prevede la visione classica dell'immunologia, che li considera come dei 'protettori'. In effetti, è stata scoperta una correlazione tra le forme gravi del Covid-19 e un alto tasso di anticorpi. Come spiegarlo?

L'articolo che ho scritto su questo tema è stato largamente ispirato dai lavori rivoluzionari di Pierre Sonigo, che ha lavorato all'Istituto Pasteur negli anni 1980-1990, sull'HIV e sulla ricerca infruttuosa di un vaccino. Partendo dalla teoria dell'evoluzione, Pierre Sonigo ha rimesso in questione la visione finalistica del sistema immunitario, secondo la quale le sue cellule sarebbero *fatte per* proteggerci. Dovremmo considerarle, invece, come degli animali primitivi microscopici che cercano, prima di tutto, di nutrirsi. Secondo questa logica, gli anticorpi diventano degli 'ami' che permettono di catturare i nutrienti, senza preoccuparsi che questo vada o no a beneficio dell'organismo ospite.

Questo ruolo potenzialmente dannoso è riconosciuto sia agli anticorpi naturali (indotti da un'infezione) che a quelli vaccinali. Ho iniziato, dunque, a studiare questo meccanismo in relazione alle vaccinazioni contro la dengue, l'influenza, il morbillo e, naturalmente, al Covid-19 ed ai vaccini anti-Covid-19, e, parallelamente, mi sono occupata dell'evoluzione del virus del Covid-19 relativamente al sistema immunitario e ho pubblicato nel 2021 un articolo su questo tema, durante la prima fase della pandemia (2020).

La teoria dell'evoluzione mi ha aiutata anche a capire la 'competizione' tra il virus dell'influenza e quello del Covid-19 all'inizio della pandemia, che può spiegare perché il virus dell'influenza sia stato meno presente.

Per quanto riguarda la diagnosi pratica della malattia, ho criticato l'utilizzo eccessivo dei test, che hanno sostituito la diagnostica umana. Come biologa, la mia formazione si fonda sull'idea che la clinica viene prima di tutto, quando i risultati di laboratorio sono in contraddizione con gli esami clinici, è sempre la pratica che prevale. Dal punto di vista scientifico, la differenza tra un caso di Covid-19 e una persona malata è fondamentale, ma la biopolitica ha fomentato la confusione.

L'epidemiologo Laurent Toubiana, che ha contribuito all'elaborazione del sistema francese di sorveglianza delle malattie infettive sentinella, un sistema riconosciuto a livello mondiale, ha voluto egli stesso sottolineare questa distinzione, fondamentale per la valutazione delle epidemie influenzali.[93]

Torneremo sul ruolo che ha avuto la biopolitica nella cura della malattia. La decisione politica resta determinante nell'elaborazione della strategia terapeutica contro la malattia, spesso senza nessun rapporto con le prove scientifiche. L'esempio dell'India è molto significativo: nello Stato dell'Uttar Pradesh, si è privilegiato l'uso dell'ivermectina, mentre nel Kerala la strategia si è basata sulla vaccinazione. L'Uttar Pradesh ha presentato tassi di mortalità significativamente più bassi ed ha rapidamente debellato la variante Omicron.[94] La biopolitica non è sempre al servizio della salute pubblica.

Immunità naturale: concetto a doppio senso

La parola *immunità* comprende due concetti, perchè indica rispettivamente il processo e l'esito del processo (la protezione contro un patogeno).

L'immunità naturale indica, dunque, sia il processo attivo di difesa dell'organismo, sia la protezione acquisita che deriva da un'infezione naturale. Si utilizza questa espressione in contrapposizione con l'immunità vaccinale, che definisce il processo di risposta dell'organismo ad un vaccino e la protezione che ne risulta.

---

93. Epidemiologo e ricercatore dell'Istituto Nazionale della Salute e della Ricerca Medica (INSERM). Vedi il suo sito : http://recherche.irsan.fr/ e il suo libro Covid-19 – *Une autre vision de l'épidémie : Les vérités d'un épidémiologiste.*, Ed. L'artilleur, 20 aprile 2022.
94. Retour en Inde, Gérard Maudrux, 9 giugno 2023, www.Covid-19-factuel.fr et Tour du monde des traitements – Inde, interview avec le Dr Chaurasia: « l'ivermectine, ça marche », 24 marzo 2021, Francesoir.fr.

2.1 L'immunità naturale e il Covid-19

Comprendere l'immunità o l'immunizzazione e la sua durata relativamente al Covid-19 non è stato un compito facile. Gran parte delle ricerche su questo argomento tendono a confondere i marcatori immunitari, come gli anticorpi o le cellule immunitarie, con la reale protezione, che si manifesta con l'assenza della ricomparsa dei sintomi a seguito di un nuovo incontro con il virus.

Gli studi che si basano sulle osservazioni cliniche e non soltanto sui test biologici sono rari. Inoltre, essi non specificano la natura della protezione contro le reinfezioni: si tratta di una protezione contro la forma leggera della malattia, o contro una forma più grave? Questi importanti dettagli sono raramente specificati, e questo rende le conclusioni poco chiare. E' difficile, dunque, farsi un'idea precisa circa l'immunità naturale al Covid-19 alla luce della letteratura scientifica.

E' possibile contrarre più volte il SARS-CoV-2?

Quali sono le principali componenti della nostra immunità naturale che intervengono nella risposta a questo nuovo virus?

Perché i bambini non sono stati toccati dal Covid-19?

Sono molte le questioni importanti, per definire l'immunità naturale al Covid-19 e, di conseguenza, valutare l'efficacia della vaccinazione. Di fatto, sono stati prodotti dei vaccini in tempo record, senza conoscere bene la risposta naturale del sistema immunitario all'infezione, e se ne è stabilita l'efficacia sulla base dei marcatori tradizionali dell'immunizzazione vaccinale, i famosi anticorpi, senza domandarsi se essi fossero rilevanti per questa nuova patologia. Come vedremo in seguito, questi anticorpi non sono una panacea, in materia di immunità.

L'ecosistema dell'immunità naturale

Il nostro sistema immunitario è come un coltivatore saggio, che lavora su due fronti per mantenere un buon terreno: l'immunità innata e l'immunità acquisita.

L'immunità innata fa da recinto naturale al nostro campo immunitario assicurando la prima barriera difensiva contro ogni tipo di agente infettivo. Essa è presente a livello delle mucose, soprattutto attraverso il microbiota intestinale, nonché nei tessuti dell'apparato respiratorio e nei tessuti epiteliali. Le cellule dell'immunità innata non sono specifiche e riconoscono i virus grazie ad alcuni motivi proteici e di acidi nucleici che attivano una risposta (fagocitosi e secrezione di una grande quantità di molecole antivirali e pro-infiammatorie, le citochine e gli interferoni).

Nel caso del SARS-CoV-2, il riconoscimento da parte delle cellule immunitarie delle mucose delle vie aeree e dei polmoni fornisce una risposta immunitaria locale, che provoca l'intervento di altre cellule immunitarie, a partire dal sangue: neutrofili, macrofagi, cellule killer (NK), ecc.

L'immunità acquisita indica le capacità del coltivatore esperto, che ha imparato ad osservare il suo ambiente e a distinguere gli elementi che vanno eliminati. Si tratta di un'immunità specifica (capace di colpire un agente particolare) e dotata di memoria. Questa immunità partecipa all'eliminazione dei patogeni secondo due modalità di azione: l'immunità umorale e l'immunità cellulare.

L'immunità umorale produce anticorpi grazie alle cellule B, che neutralizzano i patogeni, li marcano per la distruzione, o attivano un sistema chiamato 'sistema del complemento' per eliminarli.

L'immunità cellulare, costituita dalle cellule T, individua ed elimina direttamente le cellule infette. L'immunità cellulare è cruciale per controllare le infezioni che si producono all'interno delle cellule, come le infezioni virali.

Le cellule di questi due tipi di immunità collaborano continuamente. Il nostro sistema immunitario interagisce con il suo ambiente ed è in continua formazione per essere sempre in grado di identificare gli elementi estranei, siano essi noti o nuovi arrivati. Esso salvaguarda le sue barriere naturali e si adatta a molteplici aggressioni esterne contribuendo alla nostra salute, da cui la necessità di prendersene cura.

Cos'è la tempesta citochinica?

E' una delle principali cause dell'aggravamento della malattia per i pazienti che hanno contratto il Covid-19. La tempesta citochinica indica una reazione eccessiva del sistema immunitario di fronte al SARS-CoV-2, probabilmente dovuta ad alcuni malfunzionamenti del sistema immunitario causati dallo stesso virus. Può essere paragonata ad una tempesta devastante che si abbatte sul nostro campo immunitario, durante la quale l'iperattivazione del sistema immunitario provoca il rilascio massiccio di citochine pro-infiammatorie, quelle sostanze che segnalano l'arrivo di un invasore.

Questo fenomeno, noto anche col nome di tempesta citochinica, inizia con una burrasca localizzata, ma può rapidamente propagarsi a tutti gli organi coinvolgendo le cellule immunitarie dei tessuti infetti.

La liberazione controllata delle citochine gioca normalmente un ruolo chiave nella risoluzione dell'infezione, mentre uno squilibrio a livello di questi mediatori pro-infiammatori e antivirali può accompagnarsi ad una sindrome da distress respiratorio acuto e da una insufficienza organica multipla.

Due parole sui corpi neutralizzanti

Una precisazione semantica è necessaria per chiarire alcune incoerenze tra i risultati di diversi studi scientifici e le osservazioni nella vita reale. Si tratta, qui, della neutralizzazione di un virus e dell'espressione *anticorpi neutralizzanti.* E' importante distinguere tra due concetti: da una parte, la neutralizzazione di un virus *in vivo,* cioè quello che succede quando una persona infetta risponde bene al virus e presenta pochi o nessun sintomo; dall'altra, lo studio *in vitro* della capacità neutralizzante degli anticorpi in contesto laboratoriale.

Il Test di neutralizzazione con riduzione delle placche (PNRT) è riconosciuto come riferimento per misurare gli anticorpi neutralizzanti contro il SARS-CoV-2. Questo test consiste nel prelevare del siero dalle persone guarite (o vaccinate) per valutarne la capacità di bloccare l'entrata di un virus (o di uno pseudovirus) nelle cellule sensibili coltivate in laboratorio.

È importante, però, sottolineare senza entrare nei dettagli tecnici, che le condizioni di laboratorio non possono riprodurre fedelmente quello che avviene *in vivo* sulle mucose o nel sangue. Questa discrepanza potrebbe spiegare perché, a volte, sia possibile trovare in un paziente gravemente malato di Covid-19, una grande quantità di anticorpi neutralizzanti che, evidentemente, non sono riusciti a neutralizzare il virus *in vivo.*

.../...

> Aggiungiamo che questo test *in vitro* viene spesso utilizzato per valutare l'efficacia di un vaccino: se gli anticorpi indotti da vaccino sono sufficientemente neutralizzanti *in vitro,* il vaccino si valuta efficace.

L'immunità naturale al Covid-19: una valutazione complessa

Per promuovere l'immunità vaccinale, un buon numero di studi lasciano intendere che l'immunità naturale non protegge dalle infezioni. Nella maggior parte dei casi, però, questi studi si basano su test PCR che indicano probabilmente un contatto ripetuto col virus, ma in nessun caso una vera reinfezione basata sui sintomi. Ognuno di noi ha potuto constatarlo attraverso la propria esperienza personale nel periodo della follia dei test.

Prendiamo, per esempio, questo studio danese,[95] pubblicato su *The Lancet* a marzo 2021, che afferma che quasi la metà degli ultra sessantacinquenni può essere reinfettata dal virus. Lo studio si basa esclusivamente su test PCR che vengono utilizzati come marcatori di reinfezione, così come avviene per la grande maggioranza degli studi. Gli autori hanno riconosciuto il limite del loro studio: "L'insieme dei nostri dati comprende i risultati dei test di persone che presentavano pochi o nessun sintomo". In altre parole, essi hanno ammesso che le persone testate non erano veramente malate, ciò non di meno, questi casi sono stati considerati come casi di reinfezione. La truffa della *reinfezione asintomatica* tradisce soprattutto una grande imprecisione delle conoscenze in materia di immunità. Nonostante questo, gli autori hanno concluso: "I nostri dati indicano che la vaccinazione delle persone precedentemente infettate deve essere effettuata, perché la protezione naturale non può essere considerata".

La maggior parte di queste reinfezioni non sono, in realtà, tali, poiché sono asintomatiche: non si tratta che di un residuo nasale del virus, o di una parte del virus, senza infezione sistemica. Questo non è strano, trattandosi di un virus del raffreddore che spesso si ritrova nelle mucose nasali, nelle quali gli anticorpi del sangue non circolano. Il naso è un "santuario immunitario", come ricorda il biologo francese

---

95. *Covid-19 : 47 % de réinfections chez les plus de 65 ans, dans une étude danoise, Medscape, 8 aprile 2021.

Pierre Sonigo.[96] "L'infezione provoca un semplice raffreddore, più o meno sintomatico, a volte accompagnato da una sindrome influenzale benigna e l'immunità che protegge le mucose non è altrettanto efficace né durevole come nei polmoni".

In pratica, per molte persone il virus persiste, senza riuscire a penetrare la barriera mucosale né a generare alcun sintomo. Con la generalizzazione dei test PCR non associati alle condizioni cliniche del paziente si sovrastima il tasso d'infezione e di reinfezioni (polmonari) reali e si minimizza la protezione reale conferita dall'immunità acquisita con l'infezione. L'utilizzo dei test PCR come marcatori di reinfezione è tanto più sbagliato, dal momento che questo mezzo diagnostico non è stato calibrato correttamente fin dall'inizio e non è stato sottoposto a controllo regolare della sensibilità, né è stata mai valutata la sua specificità. Torneremo su questo argomento più avanti, nella parte del libro dedicata alla gestione politica della malattia.

Gli studi affidabili hanno dimostrato che le vere reinfezioni sono molto rare.[97] (quanto meno, prima della vaccinazione di massa), essi affermano anche che l'immunità naturale è superiore alla protezione conferita dal vaccino.

96. *Faut-il vacciner contre la détection par PCR ou contre la maladie Covid-19?*, Pierre Sonigo, Caroline Petit, Nathalie Jane Arhel, John Libbey Eurotext, 21 settembre 2021.
97. Hélène Banoun, Covid-19, *immunité naturelle versus immunité vaccinale*, 3 ottobre 2021, Aimsib.org.

Cosa pensare dei test sierologici?

Ho scritto dettagliatamente sull'affidabilità di questi test in un altro articolo pubblicato alla fine di ottobre 2021 sul sito dell'Aimsib, *Evaluer l'immunité naturelle anti-Covid-19: sérologie, immunité cellulaire.* Anche i test sierologici, come i test PCR, presentano numerose criticità. Le loro prestazioni variano considerevolmente; alcuni non rispondono ai criteri di sensibilità ed efficacia indicati dall'FDA, inoltre, sono stati progettati utilizzando gli antigeni del ceppo di riferimento isolato a Wuhan nel 2019. Da allora, il virus è mutato enormemente, di conseguenza alcuni antigeni delle varianti circolanti potrebbero indurre la sintesi di anticorpi non riconosciuti dai test sierologici. Questa eventualità è stata evidenziata molto presto dall'FDA.

Un ultimo problema coi sierologoci che misurano il tasso di anticorpi è che tendono a sottovalutare l'immunità della popolazione, perché esiste un gran numero di persone che non hanno bisogno di secernere anticorpi potendo contare sull'immunità cellulare (crociata) o innata per difendersi dalle malattie. Vedremo più avanti, che nessuno conosce il tasso di anticorpi che corrisponde all'immunità e che non sappiamo neppure se esiste un tasso di anticorpi che possa essere correlato alla protezione contro l'infezione.

Gli anticorpi, insufficienti per valutare l'immunità

Nella serie Info ou intox, i media si occupano delle questioni come "Aver contratto il Covid-19 protegge più del vaccino?".[98] La risposta è sempre a favore della vaccinazione, col grande sostegno del parere degli esperti. Citiamo quello di un membro dell'Accademia nazionale di medicina, che spiega a France Info: "Un'infezione benigna presso un bambino o una persona giovane non presenterà nessuna risposta immunitaria o, al massimo, molto poca. Di conseguenza, una reinfezione è possibile. Sul tasso d'anticorpi, il vaccino offre più garanzie". Alcune persone che hanno avuto il Covid-19 possono non presentare anticorpi rilevabili. In effetti, la protezione contro una reinfezione da SARS-CoV-2 è il risultato della reazione delle diverse parti del sistema

---

98. www.francetvinfo.fr, le 23/11/2021.

immunitario. L'immunità innata non specifica (quella delle mucose) vi partecipa in larga parte e non è misurabile; in seguito entra in gioco l'immunità specifica adattativa (cellulare e umorale). Spesso, gli individui possono essere protetti dalla reazione crociata a virus simili incontrati in precedenza: questo basta per offrire una protezione sufficiente prima che si sviluppino gli anticorpi (o le cellule T) specifici del nuovo virus. In questo caso non potremo individuare una immunità specifica al SARS-CoV-2, sebbene questi individui siano perfettamente protetti. Gli anticorpi (o cellule T specifiche) si troveranno, infine, soltanto su coloro che non saranno riusciti ad eliminare rapidamente il virus. Chiaramente, questo è molto schematico e, inoltre, si possono avere anche delle eccezioni: per esempio, persone che non hanno mai avuto i sintomi del Covid-19 ma che hanno gli anticorpi specifici del SARS-CoV-2.

Le risposte immunitarie delle persone che contraggono il virus sono molto eterogenee e certe possono non produrre anticorpi contro l'uno o l'altro degli antigeni del virus, inoltre le mutazioni del virus sono molteplici. Secondo la variante per la quale è stato testato il paziente, gli anticorpi prodotti potrebbero non venire individuati da alcuni test sierologici.

Riassumendo, gli anticorpi hanno ampiamente dimostrato i loro limiti come marcatori dell'immunità, sia essa naturale o vaccinale. Secondo uno studio francese,[99] del Centro Ospedaliero Universitario di Strasburgo, citato dal CDC americano, la sierologia impiegata per rilevare l'infezione da SARS-CoV-2 non è affidabile, dal momento che è possibile osservare una assenza di anticorpi nonostante una solida immunità cellulare tra le persone che hanno pochi sintomi o sono asintomatiche. Questo è stato dimostrato anche da un altro studio pubblicato nel 2020 (Cox et al.): le persone sieronegative possono disporre di una immunità cellulare,[100] molto buona, con i linfociti B e T. Ho scritto dettagliatamente su questa problematica nei miei articoli.[101]

Per finire, se alcuni lamentano un calo degli anticorpi circolanti nei mesi che seguono la vaccinazione o l'infezione, bisogna sapere che questo calo è assolutamente normale: esso si verifica con tutte le

---

99. Gallais F, Velay A, Nazon C, Wendling M, Partisani M, Sibilia J, et al., France, Emerg Infect Dis., 2021.
100. *Not just antibodies: B Cells and T Cells mediate immunity to Covid-19, Nature Reviews Immunology,* août 2020.
101.In particolare: Covid-19, *immunità naturale contro immunità vaccinale.*

infezioni, altrimenti il sangue risulterebbe addensato da tutti gli anticorpi che si accumulano nel corso della vita. Parallelamente a questo calo si costruisce e si perfeziona la memoria immunitaria.

Per tutte queste ragioni, una percentuale importante della popolazione infettata può presentare una sierologia negativa nei mesi seguenti all'infezione. La ricerca dei marcatori dell'immunità cellulare è più precisa, ma questi test non possono essere fatti di routine e sono molto costosi.

Come spiegare una seconda infezione da Covid-19?

L'infezione naturale da coronavirus in generale non conferisce una protezione completa e durevole: ogni volta che si viene in contatto con un virus del raffreddore comune, esso può svilupparsi nella cavità nasale, senza dar luogo ai sintomi del virus per la maggior parte delle persone.[102] Perché alcuni sviluppano i sintomi del Covid-19 ogni volta che incontrano il SARS-CoV-2? Da quello che ho compreso basandomi sulla letteratura scientifica, questo è dovuto probabilmente ad una risposta inappropriata del sistema immunitario. A seguito di una infezione, per chi non è stato correttamente curato durante una precedente infezione, il sistema immunitario mette in atto un meccanismo di protezione esagerato provocando un'iperinfiammazione che è responsabile dei sintomi della reinfezione. Questo avviene a seguito di ogni nuova esposizione agli antigeni virali (in particolare alla Spike), dovuta ad una infezione o ad una vaccinazione.

A seguito di un secondo incontro col virus, questi fenomeni possono verificarsi anche per coloro che avevano reagito bene la prima volta: il famoso sito furina è un 'super-antigene' in grado di provocarefenomeni immunopatologici gravi.[103] Più il sistema immunitario viene stimolato dal virus (o dal vaccino, che induce la produzione della proteina Spike portatrice di questo super-antigene), più si rischia di scatenare questi fenomeni deleteri. Inoltre, come ha dimostrato Jean-Marc Sabatier,[104] direttore della ricerca al CNRS, il legame del

---

102. Vedi *Vaccini anti Covid-19 e immunità di gregge: è no, e ancora no.* Aimsib.org, 3 maggio 2020.
103. Cheng MH et al. *Superantigenic character of an insert unique to SARS-CoV-2 Spike supported by skewed TCR repertoire in patients with hyperinflammation. Proc Natl Acad Sci U S A.* 2020 Oct., PMID 32989130.
104. Covid-19. Gli *articoli censurati di Jean-Marc Sabatier 2020, 2021, 2022,*

virus con l'ACE2 disregola il sistema renina-angiotensina e, per effetto domino, il sistema immunitario. E' importante, dunque, curare il Covid-19 fin dalla comparsa dei primi sintomi dell'infezione sistemica. Se non viene eliminato dalle vie respiratorie superiori, il virus si propaga in tutto l'organismo.

Long-Covid: quando i sintomi persistono

La persistenza dei sintomi del Covid-19 in maniera cronica o ricorrente è una particolarità del SARS-CoV-2 che lo distingue dagli altri coronavirus. Questo può essere spiegato in diversi modi. Si potrebbe trattare di reinfezioni, come già descritto, con una rinnovata esacerbazione dei fenomeni immunopatologici. Vedremo anche che il genoma del virus ha la capacità di integrarsi nel genoma dei pazienti, quindi di produrre la proteina Spike tossica del virus, provocando le patologie associate al SARS-CoV-2. Affronteremo anche, più avanti, il ruolo degli anticorpi "anti-idiotipo", capaci di riprodurre la tossicità della Spike, in assenza del virus o della Spike. Il long-covid esiste, ed è stato finalmente riconosciuto dalle autorità. Vedremo che la Spike vaccinale può essere altrettanto tossica, o anche più tossica della proteina virale, e che gli effetti del vaccino riproducono la patologia del virus. Sarà quindi difficile distinguere una reazione avversa al vaccino da un long-covid. Le autorità approfittano grandemente di questa somiglianza, per far passare le reazioni avverse al vaccino come long-covid.

Cosa ci insegna la risposta immunitaria dei bambini

Nel corso degli ultimi mesi abbiamo migliorato la nostra comprensione del modo in cui il nostro sistema immunitario reagisce al Covid-19. Una parte di questa comprensione deriva dallo studio di bambini e di adulti che, sorprendentemente, non sono stati toccati dalla malattia.

Nel 2022 ho approfondito questa questione in un articolo,[105] che indaga sul motivo per il quale alcune persone eliminano rapidamente il virus, impedendo che il sistema immunitario scateni una reazione esagerata che potrebbe causare una forma moderata o grave di Covid-19.

---

19 gennaio 2023, presso IDJ.
105. *Pourquoi les enfants et de nombreux adultes ne sont-ils pas touchés par la Covid-19 ? Rôle de la réponse immunitaire de l'hôte, Infectious Diseases Research 2022.*

In questo articolo ho messo a confronto la risposta immunitaria dei bambini e quella degli adulti ed ho esaminato la letteratura scientifica riguardante la differenza tra la risposta degli adulti che non presentano sintomi o che presentano una forma leggera della malattia, e quella dei soggetti che hanno sviluppato una forma severa di Covid-19.

I dati sulla morbilità e mortalità dimostrano che, nell'insieme, i bambini sono poco colpiti dal Covid-19, sono spesso asintomatici e i casi gravi sono rari, salvo per quelli che hanno già problemi di salute. Per gli adulti, circa il 40% dei casi sono asintomatici.

Per spiegare perché alcuni siano meno colpiti dal Covid-19 si considerano diversi fattori, nessuno dei quali, però, sembra costituire il fattore principale. La quantità dei recettori del virus (ACE2) presente nel corpo, per esempio, non sembra essere determinante, inoltre, bambini e adulti infetti hanno cariche virali,[106] simili, le quantità di virus presenti nel loro organismo non mostrano una differenza rilevante. Infine, una preesistente immunità al virus del raffreddore comune (il coronavirus più vicino al SARS-CoV-2) sembra, anch'essa, non offrire una spiegazione del perché i bambini siano meno colpiti, perché non è loro specifica.

Evidentemente, la risposta immunitaria innata, che è la nostra prima linea di difesa contro le infezioni, gioca un ruolo cruciale. Sembra che la chiave di questa resistenza al Covid-19 per i bambini e per la maggior parte degli adulti, risieda nel loro stato infiammatorio di base:[107] più il livello di infiammazione è basso, meno la persona è suscettibile di sviluppare la malattia.

Altri fattori importanti sono le potenziali co-infezioni e lo stato del microbiota – l'insieme dei microrganismi che vivono nel nostro corpo – nelle vie respiratorie e digestive. Diversi studi hanno evidenziato che

---

106. Carica virale: quantità di virioni prodotti dalla persona infetta. La quantità di virioni che infettano un individuo a seguito di un contagio deve essere definita "inoculum". E' questa carica virale, che viene rilevata dal RtPCR.

107. L'infiammazione è una risposta del sistema immunitario ad una ferita, un'infezione o una irritazione. Si tratta di un processo complesso, che coinvolge diversi tipi di cellule e di molecole del corpo. Contrariamente all'infiammazione acuta, che è spesso localizzata e accompagnata da sintomi visibili, l'infiammazione cronica può essere più diffusa e manifestarsi con diversi sintomi cronici. Sul piano biologico, può essere valutata attraverso test ematici: velocità di sedimentazione degli eritrociti, tasso di proteina C-reattiva (CRP), citochine pro-infiammatorie e globuli bianchi.

la salute del nostro microbiota è un fattore cruciale per la prevenzione del Covid-19.

Queste osservazioni ci aiutano a comprendere perché l'età sia stata identificata molto presto come fattore determinante: invecchiando, il nostro sistema immunitario cambia, diventando spesso più pro-infiammatorio ("inflamm-aging"). Questa infiammazione cronica, unita ad una immunità innata carente e ad un malfunzionamento dell'immunità adattativa legato all'età, potrebbe essere la causa principale delle forme gravi di Covid-19.

Al contrario, i bambini e gli adulti poco colpiti dal Covid-19, hanno una risposta immunitaria precoce ed efficace, particolarmente a livello delle mucose. Questa risposta è legata alla presenza dell'IgA mucosale, un tipo di anticorpi presente nelle nostre secrezioni, e ad una produzione controllata di interferoni e di citochine, proteine chiave nella risposta precoce della nostra immunità cellulare innata.

L'interferone, che fa parte della nostra prima linea di difesa immunitaria, contribuisce ad eliminare il virus. D'altro canto, se questa immunità innata non riesce a fare in modo che l'organismo si sbarazzi del virus, questo si moltiplica provocando una eccessiva produzione di interferone che può avere effetti nocivi. L'interferone svolge, dunque, un doppio ruolo: può proteggere, ma anche contribuire ad una forma grave di Covid-19. La tempestività dell'espressione dell'interferone è cruciale: deve essere prodotto prima della comparsa dei primi sintomi. Se si verifica durante la fase sintomatica, la produzione di interferone può accentuare la "tempesta citochinica", una reazione infiammatoria eccessiva responsabile delle forme gravi. Da notare che la quantità di virus (o carica virale) presente nella cavità nasale, ha una corrispondenza diretta con la quantità di interferoni circolanti nell'organismo.

In fin dei conti, l'immunità adattativa, quella specifica al virus del Covid-19, sembra giocare un ruolo minore o nullo e potrebbe persino avere un effetto deleterio. Al contrario, il microbiota delle vie respiratorie (e del tratto intestinale), che interviene in prima linea, svolge un ruolo importante per la protezione contro il Covid-19. Uno squilibrio del microbiota (disbiosi) viene spesso osservato nelle forme gravi della malattia ed è sovente associato alla presenza di co-infezioni che sovraccaricano il nostro sistema immunitario impedendogli di lottare efficacemente contro il virus,[108] e favorendone la crescita.

Cosa ne possiamo dedurre, per le cure?

Queste osservazioni ci permettono di ipotizzare alcune soluzioni terapeutiche. Innanzitutto, per prevenire il Covid-19 è importante contenere lo stato infiammatorio di base che contribuisce all'invecchiamento del sistema immunitario. Questo *inflamm-aging* viene aggravato dall'obesità, dalla mancanza di esercizio fisico, dallo stress cronico e dallo squilibrio del microbiota. Un primo mezzo alla portata di tutti è, dunque, aver cura del proprio igiene di vita dedicando un'attenzione particolare al buono stato di salute della flora orale e intestinale, per esempio assumendo dei probiotici.

Dal punto di vista medico, alcune medicine che modulano la reazione immunitaria, come l'idrossiclorochina e l'ivermectina, possono risultare efficaci. Questi due rimedi hanno suscitato una forte polemica a proposito della loro efficacia e sicurezza, controversia che è, però, piuttosto politica che scientifica; ne riparleremo più avanti.

Fra gli altri rimedi possibili, ritroviamo i cortisonici, che agiscono come antinfiammatori, da assumere sotto il controllo medico. Anche gli antistaminici, generalmente utilizzati per trattare le allergie, sono utili per la cura del Covid-19, essi hanno dimostrato di svolgere un'azione antivirale contro diversi virus e possono inibire la produzione di certe sostanze infiammatorie. Naturalmente anche gli antibiotici, contrariamente a quanto si crede, possono avere un'azione antivirale e combattere le infezioni.

Riassumendo

Evidentemente, la scienza dei vaccini si basa troppo sugli anticorpi come indicatori principali di efficacia. Come abbiamo visto, la realtà è molto più complessa.

L'immunità cellulare, che rappresenta un pilastro del nostro sistema di difesa contro le malattie attraverso l'immunità acquisita, è stata trascurata fin dagli albori dell'immunologia. Questa disciplina si è sviluppata concentrandosi principalmente sullo studio degli anticorpi, al

---

108. Vedi i lavori del Dr Claude Escarguel : *La fin d'un mythe : « Si c'est un virus, pas d'antibiotique ? »*, Francesoir.fr, 14 novembre 2022.

servizio della scienza vaccinale emergente. Lo studio dell'immunità cellulare è stato trascurato, a vantaggio dello studio delle interazioni tra antigeni e anticorpi. Al giorno d'oggi, l'accento viene messo ancora troppo spesso sulla sierologia, che ricerca il tasso di anticorpi circolanti perché è più facilmente automatizzabile e si adatta meglio ai processi industriali. Al contrario, lo studio personalizzato dell'immunità cellulare dei pazienti non lo è ancora.

Inoltre, per lo studio dei vaccini si sta delineando una nuova preoccupante tendenza: la sostituzione delle prove cliniche complete con dei test di *immunobridging* i quali misurano soltanto il livello di anticorpi, presupponendo che essi siano IL correlato di protezione. Questo presupposto, però, è lontano dall'essere dimostrato in letteratura scientifica.

Per approfondire
– *Covid-19, immunité naturelle versus immunité vaccinale,* 3 ottobre 2021, aimsib.org.

– Valutare l'immunità naturale anti-Covid-19: sierologia, immunità cellulare, 24 ottobre 2021, aimsib.org.

– *Covid-19 : immunité croisée avec les autres coronavirus, phénomènes immunopathologiques,* agosto 2020, https://hal.science/hal-02914300.

– *Pourquoi les enfants et beaucoup d'adultes ne sont pas atteints par la Covid-19 ? Rôle de la réponse immunitaire de l'hôte.* https://hal.science/hal-03762891. Traduzione della pubblicazione originale *Why are children and many adults not affected by Covid-19? Role of the host immune response, Infect Dis Res.*, 2022.

2.2 Quegli anticorpi che possono facilitare le infezioni

Gli anticorpi vengono spesso percepiti come protettivi. Di fatto, alcune risposte del nostro sistema immunitario che coinvolgono questi anticorpi possono avere conseguenze negative per l'organismo, facilitando le infezioni virali.

In questo capitolo affronteremo nel dettaglio due fenomeni legati agli anticorpi che, benché imparentati, non devono essere confusi:
– da una parte, l'imprinting immunitario o antigenico, descritto per la prima volta con il nome di "peccato originale antigenico" (OAS, Original Antigenic Sin);
– dall'altra, la facilitazione delle infezioni per azione degli anticorpi (ADE, Antibody Dependent Enhancement).

Nelle mie ricerche, ho dedicato molto tempo alla comprensione di questi processi immunitari. Esploreremo, dunque, il modo in cui questi due fenomeni si possono combinare provocando una maggiore sensibilità nei confronti di diverse infezioni, incluso il Covid-19. Questi fenomeni offrono anche una spiegazione di come alcuni vaccini, compresi quelli tradizionali, possano, a volte, provocare un effetto contrario a quello voluto favorendo l'infezione.

Vedremo che la *facilitazione dell'infezione per azione degli anticorpi* permette di spiegare in parte la gravità di certe malattie Covid-19 e l'eccesso di Covid-19 post-vaccinale.

Lo stesso *imprinting immunitario* potrebbe essere implicato nell'inefficacia dei vaccini sulle varianti successive.

Questo capitolo è senza dubbio uno dei più complessi di questo libro perché è difficile semplificare oltre un certo limite le osservazioni che testimoniano che il sistema immunitario non gioca sempre un ruolo benefico, così come la teoria che spiega questo fenomeno. Questa sarà l'occasione giusta per dimostrare la pertinenza dell'aforisma così poco applicato di Theodosius Dobzhansky: "Nulla ha senso in biologia, se non alla luce dell'evoluzione".

Prima di entrare el dettaglio, riassumiamo in maniera semplice due nozioni complesse:
– nell'imprinting immunitario (OAS), esiste un bloccaggio parziale o totale della produzione di anticorpi specifici verso un nuovo virus

imparentato con un virus (naturale o contenuto in un vaccino) già incontrato in precedenza. L'OAS impedisce la produzione di anticorpi specifici contro il "nuovo" virus che l'organismo deve affrontare;

– nel caso dell'aggravamento delle infezioni dovuto agli anticorpi (ADE), un primo contatto con il virus, sia esso dovuto ad un vaccino o ad una infezione naturale, può provocare la produzione di anticorpi che non sono perfettamente adatti per combattere le diverse versioni del virus. A seguito di un nuovo contatto, legandosi al virus, questi anticorpi imperfetti possono aiutarlo a penetrare nelle nostre cellule e moltiplicarsi.

Il "peccato originale" dell'infezione primaria

Il concetto di *imprinting immunitario* fu elaborato meno di un secolo fa. Negli anni 1940, il Dr. Thomas Francis, medico ed epidemiologo, durante un test clinico su un vaccino contro l'influenza fece una scoperta sorprendente: a seguito di una nuova infezione i vaccinati hanno un tasso di anticorpi più debole dei non vaccinati. Questa infezione era causata da un virus circolante prossimo al virus inattivato utilizzato nel vaccino, ma che si era evoluto (dunque, una variante). Il Dr. Th. Francis osservò lo stesso fenomeno per le successive infezioni naturali.

Nel 1960 descrisse questo fenomeno paradossale e lo definì "peccato antigenico originale".[109] Bisogna ricordare che era figlio di un pastore...Non si tratta di criticare i ricercatori seguaci di una religione, qualunque essa sia, ma non dovrebbero sempre tenere separata la loro fede dai loro lavori scientifici?

Il peccato originale antigenico definisce la tendenza del sistema immunitario a fare affidamento sulla memoria di un'infezione precedente, quando incontra di nuovo lo stesso agente infettante o una sua versione leggermente modificata. Questo 'imprinting' provoca una risposta rapida, ma male adattata che può anche, paradossalmente, ostacolare il sistema immunitario, rendendolo incapace di sviluppare risposte più efficaci a seguito di infezioni ulteriori dovute ad un agente patogeno leggermente diverso. Questo fenomeno verrà poi definito 'imprinting antigenico' o 'imprinting immunitario', per eliminare la connotazione religiosa.

---

109. Thomas Francis, *On the Doctrine of Original Antigenic Sin, Proceedings of the American Philosophical Society*, vol. 104, no 6, 1960.

Per evitare questo imprinting immunitario, Thomas Francis suggerisce una soluzione: vaccinare i bambini molto presto contro tutti i ceppi dei virus influenzali che sono circolati in passato. Così dichiara: "In questo modo, il peccato originale dell'infezione potrebbe venire sostituito con la benedizione iniziatica della vaccinazione". E' così, che l'ideologia della vaccinazione inizia a sostituire la scienza immunologica. I ricercatori hanno continuato a raccomandare vaccinazioni con dosi sempre maggiori o richiami più frequenti, per evitare questo famoso peccato originale dell'infezione o vaccinazione primaria.

Decifrare il meccanismo biologico dell'imprinting immunitario

Sull' "imprinting antigenico" esistono nella letteratura scientifica molte interpretazioni poco convincenti. Una spiegazione coerente, compatibile con la teoria dell'evoluzione, l'ho trovata in alcuni studi, precisamente in Kim JH et al., 2009 e Taylor et al., 2015. Potrebbe trattarsi di una competizione tra due sottotipi di cellule B, linfociti che producono gli anticorpi: i linfociti "della memoria" e i linfociti originari. I linfociti della memoria, che hanno già incontrato il virus naturale o vaccinale, sono in grado di riconoscerlo nel caso di un nuovo contatto, grazie ai loro anticorpi, che non sono perfettamente adattati, ma sufficientemente capaci di legarsi ad essi; i linfociti originari, destinati alla produzione di anticorpi specifici, cioè adattati alla nuova versione del virus, non hanno il tempo di entrare in contatto col virus, poiché i linfociti della memoria, che sono più rapidi, hanno già attaccato gli antigeni virali impedendo ai linfociti originari di entrarne in contatto per produrre gli anticorpi specifici che sono necessari. Di conseguenza, i linfociti originari non possono passare attraverso le tappe di maturazione che permetterebbero loro di produrre gli anticorpi specifici più adattati alle varianti successive.

Un ostacolo inaspettato per l'efficacia dei vaccini

Il fenomeno dell'imprinting antigenico potrebbe spiegare la scarsa efficacia dei vaccini antinfluenzali, ormai ben documentata.[110]

110. Uno studio dei casi, pubblicato dal CDC, mostra uno 0% di efficacia ne 2021. *Influenza A (H3N2) Outbreak on a University Campus* — Michigan, October–November 2021, https://www.cdc.gov/mmwr/volumes/70/wr/pdfs/mm7049e1-H.pdf. Vedi anche la meta-analisi su Cochrane.org: Demicheli V, Jefferson T, Ferroni E, Rivetti A, Di Pietrantonj C, *Les vaccins pour prévenir la grippe chez les adultes en bonne santé,* 1 febbraio 2018.

A seguito di ricerche sulle cavie sottoposte ad immunizzazioni multiple con virus dell'influenza inattivati, si è potuto constatare che la carica virale (numero di particelle virali) nei polmoni delle cavie vaccinate era molto superiore a quella delle cavie non vaccinate.[111] Indubbiamente, le cavie vaccinate non hanno prodotto anticorpi specifici al nuovo virus a causa del fenomeno dell'imprinting immunitario, che favorisce i linfociti della memoria, a svantaggio dei linfociti originari.

Si può concludere che, nel caso di una vaccinazione antinfluenzale, se il vaccino si basa su una versione del virus troppo diversa dal ceppo circolante, gli anticorpi prodotti dal vaccino non riconosceranno il virus in maniera efficace. Questo significa che il vaccino non sarà in grado di prevenire l'infezione.

Nel caso, invece, che il vaccino si basi su una versione molto vicina al virus in circolazione, gli anticorpi prodotti grazie a quel vaccino impediranno ai linfociti originari di produrre gli anticorpi specifici del nuovo virus, diminuendo l'efficacia del vaccino. Quindi, in entrambi i casi, avremo una spiegazione plausibile sul piano biologico della scarsa efficacia dei vaccini antinfluenzali.

La reazione delle cellule immunitarie è imprevedibile e dipende strettamente dall'immunità individuale, si tratta, in qualche modo, di una roulette russa.

Il concetto di imprinting immunitario è stato documentato in letteratura scientifica, soprattutto in relazione al virus dell'influenza, ma si può ugualmente applicare ad altri virus stagionali, come i coronavirus, che subiscono frequenti mutazioni provocando nell'uomo infezioni ripetute. Dobbiamo imparare ancora molto sull'OAS, soprattutto sulle condizioni precise che scatenano questo fenomeno e sul modo in cui esso condiziona la risposta del sistema immunitario, in special modo relativamente alla vaccinazione.

Scoperta degli anticorpi facilitanti con la dengue

Mettiamo da parte la nozione di imprinting immunitario per andare alla scoperta degli anticorpi facilitanti, che risale agli anni 1960. Questo ci permetterà di capire perché molte persone hanno contratto il Covid-19 subito dopo essere state vaccinate..., un fenomeno che non è sfuggito al grande pubblico.

---

111. JH Kim et al., 2009.

Negli anni 1960, alcuni medici thailandesi notarono che alcune persone che avevano contratto il virus della dengue in passato, presentavano una forma più grave della malattia a seguito di una nuova infezione con una versione del virus leggermente diversa dal punto di vista antigenico. A partire da questo, il medico Scott Halstead, coinvolto nelle prime osservazioni,[112] propose una spiegazione attraverso gli *anticorpi facilitanti*: la presenza di anticorpi legati ad una precedente infezione può facilitare l'entrata del virus nelle cellule ospiti ed aggravare la malattia.

Una delle caratteristiche di questa facilitazione dell'infezione, è che essa si verifica generalmente a seguito del secondo incontro con un agente infettivo; la prima infezione non provoca alcuna reazione particolare o, tutt'al più, provoca una reazione normale. Attualmente, la crisi del coronavirus dimostra che le cose non vanno sempre così: nel caso del Covid-19, il fenomeno dell'ADE viene rilevato già con le prime infezioni. Questo è molto diverso da quello che era stato documentato precedentemente!

Ho dedicato molte ore, durante la crisi sanitaria, a studiare la letteratura scientifica, per comprendere il fenomeno degli anticorpi facilitanti. Spesso i ricercatori si concentrano sulle interazioni molecolari complesse, anche in maniera eccessiva e anche per uno scienziato, questo diventa indigesto. Ciò nonostante, dietro questa complessità esiste una logica soggiacente che semplifica molto la nostra comprensione: la teoria dell'evoluzione. Scopriremo, alla fine di questo capitolo, attraverso quali processi biologici gli anticorpi possono facilitare l'entrata del virus nelle cellule. Senza perderci nei dettagli, metteremo in luce i meccanismi della logica evoluzionista che sono all'opera. Bisogna ricordare che questo fenomeno rappresenta una grande sfida per lo sviluppo dei vaccini, che non sono immuni a questo effetto paradossale: invece di prevenire la malattia, quando incontra il virus bersaglio, il vaccino può facilitarla o persino aggravarla per effetto dell'ADE.

---

112. Vedi questo studio che riunisce le prime osservazioni e pubblicazioni di Halstead: Nakayama E.E., Shioda T., *SARS-CoV-2 Related Antibody-Dependent Enhancement Phenomena In Vitro and In Vivo, Microorganisms*, 2023.

La tragica esperienza delle Filippine

Sanofi affrontò questo fenomeno a seguito di una campagna di vaccinazione di massa contro la dengue, nelle Filippine. Il rischio degli anticorpi facilitanti era già ben documentato da decenni quando i laboratori francesi hanno iniziato la produzione di un nuovo vaccino. Non è un caso che essi abbiano cercato di valutare questo rischio attraverso alcuni studi clinici. Infatti, nel 2015, Sanofi aveva osservato un'incidenza più elevata di dengue grave tra le persone vaccinate, in particolare tra i bambini dai 2 ai 5 anni. Malgrado queste osservazioni preliminari e gli avvertimenti degli esperti, nel 2016 venne promossa nelle Filippine una grande campagna di vaccinazione, sostenuta da una massiccia campagna pubblicitaria governativa. Le conseguenze furono tragiche: più di cento bambini deceduti (ufficialmente, secondo la stampa locale) a causa di una forma grave di dengue, dopo aver ricevuto il vaccino. Il Presidente, e diversi alti responsabili di Sanofi venero accusati di omicidio dal governo filippino.

Questo disastro è imputabile alla presenza di anticorpi vaccinali poco affini al virus circolante e, soprattutto, prodotti in quantità troppo scarsa nei bambini vaccinati. Quando ci sono molti anticorpi, questi si legano in massa attorno al virus e lo bloccano. Se ce ne sono troppo pochi, non sono sufficienti per bloccare il virus, soprattutto se sono male adattati al sotto-tipo virale circolante. Per i bambini non vaccinati dai 6 ai 12 mesi, le cui madri erano state vaccinate, la scarsità degli anticorpi materni trasmessi ai bambini, provocò similmente un gran numero di casi gravi di dengue dei neonati.

L'ADE confermata con il morbillo

Dopo le prime constatazioni intorno alla dengue, la ricerca ha scoperto che il fenomeno degli anticorpi facilitanti si verifica anche per altre infezioni.[113] Mi concentrerò soprattutto sul morbillo, che ho studiato in maniera approfondita. Si tratta di un caso emblematico, ma

---

113. In special modo i Flavivirus: virus della dengue (DENV), virus Zika (ZIKV), virus dell'encefalite giapponese (JEV), virus della febbre gialla (YFV), virus del Nilo occidentale (WNV), virus dell'encefalite della Murray Valley (MVEV); i coronavirus: virus della sindrome respiratoria acuta grave (SARSCoV), coronavirus della sindrome respiratoria del Medio Oriente /MERS-CoV), virus della peritonite infettiva felina (FIPV); i retrovirus: virus dell'anemia infettiva equina (EIAV), HIV; gli arterivirus: virus della sindrome riproduttiva e respiratoria suina (PRRSV); i pneumovirus: virus respiratorio sinciziale (RSV) Yang et al.,

anche particolarmente controverso, dal momento che il vaccino è fortemente raccomandato dall'OMS e ormai obbligatorio per i neonati, in Francia, dal 2018. (in Italia, dal 2017, ndt.).

Il morbillo è un'infezione che, una volta contratta, conferisce una protezione a vita contro una nuova infezione. Un solo contagio con il virus selvaggio sembra sufficiente per sviluppare un'immunità sicura e robusta, senza che siano necessarie altre esposizioni ripetute al virus. Questo non succede con la vaccinazione, che può produrre una prima infezione 'silenziosa', quindi provocare, in seguito, un morbillo detto 'atipico', o un morbillo grave.

Il morbillo atipico si sviluppa nelle persone parzialmente immunizzate contro il virus, come può succedere dopo una vaccinazione con un virus vaccinale che non è identico al virus selvaggio in circolazione. I sintomi del morbillo atipico possono essere diversi da quelli del morbillo classico; questa forma di morbillo è molto meno frequente della versione classica.

Questo è stato documentato già nel 1965, per i primi vaccini a virus inattivati. Si riconosce che questi vaccini sono suscettibili di provocare un morbillo atipico, probabilmente legato all'ADE, che coinvolge diversi tipi di anticorpi indotti dall'immunizzazione vaccinale. Per questo motivo i ricercatori hanno provato a produrre un nuovo tipo di vaccino orientandosi verso un vaccino a virus vivo attenuato (capace di replicarsi) e non più inattivato (morto).

Nonostante ciò, nel 1970, con il vaccino vivo attenuato, simile a quello impiegato attualmente, vengono segnalati diversi casi di morbillo atipico e di aggravamento della malattia. In una pubblicazione del 2006 della Clinica Mayo,[114] gli autori dimostrano *in vitro*, su cellule umane e di cavia, che gli anticorpi indotti dal vaccino vivo attenuato contro il morbillo hanno la capacità di indurre l'ADE. A seguito di una infezione con il virus selvaggio circolante che si verifichi dopo la vaccinazione (con virus attenuato), gli anticorpi indotti possono facilitare la malattia aiutando il virus ad entrare nelle cellule, anzichè ostacolarlo. Questo fenomeno viene attribuito ad un disequilibrio tra i due tipi di anticorpi

Antibody-Potenziamento Dipendente "Evil" Antibodies Favorable for Viral Infections, Viruses, 2022.

114. Iankov et al., *Immunoglobulin g antibody-mediated enhancement of measles virus infection can bypass the protective antiviral immune response, J Virol, 2006.* PMID 16912303.

prodotti dal vaccino: gli anticorpi facilitatori e gli anticorpi neutralizzanti, che mirano ai diversi antigeni del virus.

Si può, dunque, affermare che l'ADE potrebbe essere il meccanismo che spiega i casi di morbillo 'atipico' che si verificano dopo la vaccinazione con un vaccino vivo attenuato di tipo ROR (vaccino combinato Morbillo-parotite-rosolia). Ho affrontato la questione e l'ho esposta in un articolo che si concentra specialmente sulla questione degli anticorpi facilitanti nei casi di morbillo post-vaccinale.[115]

I casi gravi di morbillo si potrebbero spiegare allo stesso modo, con il fenomeno della facilitazione dell'infezione dovuta agli anticorpi vaccinali, il cui tasso diminuisce col tempo e che presenterebbero una minore affinità con i ceppi selvaggi circolanti dal momento che il vaccino è stato sviluppato su un ceppo virale isolato negli anni 1960. I virus selvaggi circolano sempre e sono antigenicamente lontani dal virus vaccinale iniziale: i ceppi circolanti del virus del morbillo selvaggio possono dunque rivelarsi parzialmente resistenti agli anticorpi indotti dal vaccino vivo attenuato.

Focolaio pandemico post-vaccinale alle isole Samoa

Il fenomeno dell'aggravamento dell'infezione a seguito della vaccinazione può spiegare la disastrosa epidemia del 2019 alle isole Samoa? OMS e Unicef avevano deciso di vaccinare tutta la popolazione di questo piccolo Stato insulare che, di conseguenza, subì un'epidemia di morbillo. I dati epidemiologici hanno dimostrato che il vero focolaio si era verificato a partire dall'inizio della campagna vaccinale, come ho spiegato nel mio primo articolo su questo tema, per il sito dell'Aimsib.

Su 200.000 abitanti si registrarono più di 5000 casi di morbillo, con 79 decessi, soprattutto fra i bambini con meno di 4 anni. E' possibile che scarsi livelli di anticorpi materni (legati ai vaccini o ad una precedente infezione) dei bambini, abbiano aggravato l'infezione da virus vaccinale vivo, sempre a causa del fenomeno dell'ADE. Quello che è stato osservato per la dengue con gli anticorpi materni potrebbe, dunque, riprodursi col morbillo.

---

115. *Measles and Antibody-Dependent Enhancement (ADE): History and Mechanisms, Exploratory Research and Hypothesis in Medicine*, 2022. In francese: *Rougeole et facilitation dépendante des anticorps (ADE) : historique et mécanismes,* https://hal.archives-ouvertes.fr/hal-03668214.

E' anche possibile, che si sia verificata una ricombinazione tra il virus vaccinale (vivo) e il virus selvaggio circolante, che ha potuto dare vita ad un virus più patogeno. Tutte queste ipotesi possono rimettere in causa il fatto di vaccinare in periodo epidemico.

Anticorpi facilitanti e Covid-19 in forma grave

Veniamo adesso al tema principale del libro. Ho affrontato l'ipotesi della facilitazione dell'infezione dovuta agli anticorpi nei casi di Covid-19 dal 2020, studiando la letteratura disponibile sul tema.[116] Prima di tutto è stato stabilito e confermato un legame tra la severità della malattia Covid-19 e la quantità di anticorpi nel sangue: la presenza degli anticorpi, dunque, non protegge dalla forma grave di Covid-19. Benché non si possa affermare che la quantità di anticorpi sia la causa della malattia, ecco come possiamo interpretare questa osservazione, alla luce delle conoscenze di cui disponiamo nel 2023.

Le persone esposte al virus (che lo contraggono) e che hanno pochi o nessun sintomo del Covid-19, reagiscono al virus SARS-CoV-2 attraverso la loro immunità crociata (cellulare e umorale). Esse beneficiano delle loro precedenti esposizioni ai coronavirus comuni, quelli che sono responsabili del raffreddore. Per le persone in buona salute, l'immunità innata è, a volte, in grado di limitare fortemente la moltiplicazione del virus e di evitare il secondo stadio della malattia (lo stadio infiammatorio). Questa immunità innata è dovuta a cellule non specifiche di un antigene particolare, prima che intervenga la risposta adattativa che produce gli anticorpi. In questo caso, le persone restano sieronegative, cioè non presentano anticorpi rilevabili nel sangue. Nonostante questo, sono ben protette, perché non si ammalano. Questo è ciò che è stato dimostrato con gli studi sui casi dei contatti che sono stati vicini a malati gravi di Covid-19.

Le persone colpite da una forma grave di Covid-19 hanno un sistema immunitario indebolito – per esempio, le persone anziane, le persone immunocompromesse, i diabetici, le persone in sovrappeso, ecc. In particolare, la risposta innata non riesce a controllare il virus, che, così, invade l'organismo, provocando una produzione abbondante di anticopri specifici del SARS-CoV-2. E' a questo punto che può inter-

---

116. *Covid-19 : immunité croisée avec les autres coronavirus, phénomènes immunopathologiques,* agosto 2020,
https://hal.archives-ouvertes.fr/hal02914300.

venire l'ADE. Certi anticorpi hanno un ruolo facilitante dell'infezione: essi aiutano il virus a penetrare nelle cellule e contribuiscono ad una reazione infiammatoria eccessiva, la tempesta citochinica. Esistono molte pubblicazioni,[117] che dimostrano l'effetto deleterio degli anticorpi facilitanti nelle forme gravi di Covid-19.

Secondo gli studi sull'argomento, gli anticorpi derivati da una precedente infezione da coronavirus del raffreddore comune non sono presenti; le precedenti infezioni da raffreddore non svolgono un ruolo facilitante per l'infezione da SARS-CoV-2, per la quale gli anticopri facilitanti sono proprio quelli prodotti da un'infezione da SARS-CoV-2, e questo fenomeno si verifica dal primo contatto. E' la prima volta che questo viene osservato. In precedenza, la facilitazione era stata osservata in occasione di una reinfezione o di un'infezione post vaccinale.

Anticorpi facilitanti dopo la vaccinazione Covid-19?
"Da quando alcuni immunologi hanno iniziato a parlare di ricerca vaccinale contro il coronavirus, lo spettro degli anticorpi 'facilitanti' ha suscitato un brivido d'ansia. [...]Diversi anticorpi facilitanti sono già stati identificati, tra gli altri, nella dengue, nell'influenza, nell'HIV, nell'Ebola e…nella SARS. Nella SARS, questi anticorpi sono stati rilevati soltanto otto anni dopo l'epidemia del 2003". Così affermava nel 2020 Stéphane Korsia-Meffre sul sito Vidal.fr, in un articolo,[118] dedicato alla ricerca di un vaccino anti-Covid-19. All'inizio del 2020 era ancora permesso parlare dell'ADE post-vaccinale…

---

117. Hoepel W et al., *High titers and low fucosylation of early human anti-SARS-CoV-2 IgG promote inflammation by alveolar macrophages, Sci Transl Med.* 2021. PMID 33979301.
Jennifer K et al., *At the Intersection Between SARS-CoV-2, Macrophages and the Adaptive Immune Response: A Key Role for Antibody-Dependent Pathogenesis But Not Enhancement of Infection in Covid-19, bioRxiv* 2021. Maemura T et al., *Antibody-Dependent Enhancement of SARS-CoV-2 Infection Is Mediated by the IgG Receptors FcγRIIA and FcγRIIIA but Does Not Contribute to Aberrant Cytokine Production by Macrophages, mBio.* 2021. PMID 34579572. Adeniji OS, et al., *Covid-19 Severity Is Associated with Differential Antibody Fc-Mediated Innate Immune Functions, mBio.* 2021. PMID 33879594.
118. *Vers un vaccin Covid-19 : les leçons du SRAS, du MERS et des données récentes sur la réponse immunitaire au SARS-CoV-2,*14 avril 2020.

Vedremo che queste paure erano fondate e dedicheremo al tema un intero capitolo. Come per l'influenza ed il morbillo, i vaccini anti-Covid-19 possono provocare questo fenomeno di facilitazione attraverso gli anticorpi che producono. Questo ci permette anche di capire meglio perché molte persone hanno contratto il Covid-19 poco dopo la vaccinazione.

Non si poteva prevedere l'OAS, l'imprinting antigenico di cui abbiamo parlato in precedenza, perché prima dell'arrivo del vaccino nessuno avrebbe potuto immaginare che ci stavamo avviando verso una serie infinita di richiami... Questo accumulo di stimolazioni antigeniche, contro la Spike di Wuhan, poi contro quella delle varianti successive, dal momento che i vaccini sono stati 'adattati' alle varianti Omicron, potrebbe aver provocato una compromissione del sistema immunitario che così, non reagisce ai nuovi virus.

Gli anticorpi materni facilitano il Covid-19 nei neonti?

Abbiamo visto che gli anticorpi materni possono essere responsabili della facilitazione della dengue e dell'influenza; potrebbe essere così anche per il Covid-19? Teoricamente si, ma gli studi dimostrano che i neonati sono resistenti alla malattia e che gli anticorpi materni trasmessi attraverso il latte non provocano alcuna facilitazione. Il motivo è, indubbiamente, che essi sono associati ad altri fattori protettivi che non troviamo nel latte: immunità cellulare, fattori protettivi non specifici? La questione è aperta. Di fatto, la trasmissione del SARS-CoV-2 dalla madre al neonato è rara.

Quando la teoria evolutiva fa luce sugli anticorpi facilitanti

L'azione degli anticorpi facilitanti sembra contraddire la teoria immuno-logica secondo la quale il 'ruolo' degli anticorpi è quello di proteggere gli organismi contro i patogeni, tra i quali, i virus. Per capire questo fenomeno, possiamo orientarci con la teoria dell'evoluzione.

Seguendo Pierre Sonigo e la sua visione evoluzionista dell'immuno-logia, che ha illustrato in *Ni Dieu ni gène* a fianco di Jean-Jacques Kupiec, ho cercato di comprendere il ruolo degli anticorpi. Ho pubbli-cato il frutto di questa ricerca in un articolo apparso nel 2021 su una rivista scientifica.[119] Si tratta di un tema particolarmente tecnico del quale propongo, qui, un piccolo riassunto.

Le cellule del nostro corpo, comprese quelle immunitarie, devono essere considerate come delle entità microscopiche autonome che cercano, prima di tutto, di nutrirsi. E' molto più pratico considerare le nostre cellule immunitarie come degli animali primitivi in cerca di cibo, che non hanno la particolare intenzione di proteggerci.

Gli antigeni che sono presenti sulla superficie dei virus, dei batteri o delle proteine, vengono percepiti dalle cellule immunitarie come fonti alimentari e fagocitati (ingeriti). A seguito di ciò, le cellule rigurgitano i *metaboliti* , cioè i prodotti della loro digestione. Questi metaboliti, o 'prodotti di scarto', si definiscono 'segnali', secondo l'immunologia classica, e costituiscono, a loro volta, una fonte di nutrimento per altre cellule. Questa catena metabolica riflette la cooperazione tra le cellule, che è un'altra costante dell'evoluzione biologica sulla quale insiste Darwin.

In questo contesto, quale sarà il ruolo degli anticorpi? Potremmo considerarli come degli 'ami', che le cellule immunitarie utilizzano per catturare il loro cibo. I linfociti B liberano gli anticorpi nell'ambiente extracellulare, mentre i linfociti T li trasportano verso la loro superficie. In questo caso, vengono definiti recettori delle cellule T, ma si trat-ta esattamente delle stesse molecole degli anticorpi circolanti. Fino a qui, comprendiamo che gli 'ami' hanno un ruolo benefico, perché permettono ai linfociti di fagocitare gli agenti patogeni: gli anticorpi specifici si attaccano ai virus, ai batteri, alle cellule, ecc. e permettono ai linfociti di nutrirsene.

---

119. *The role of antibodies in the light of the theory of evolution, African Jour-nal of Biological Sciences*, July 2021. In francese : https://hal.archivesouver-tes.fr/hal-03311831.

Come gli anticorpi facilitano l'entrata del virus

Quando gli anticorpi si legano agli antigeni di un agente patogeno, lo fanno attraverso la loro componente variabile, capace di riconoscere e legarsi ad elementi particolari presenti sugli antigeni. Contemporaneamente, all'altra estremità della molecola degli anticorpi, si trova una parte non variabile, *chiamata frammento* Fc, che può legarsi a degli uncini (recettori del Fc) presenti sulla superficie di numerosi tipi di cellule. Queste cellule hanno la capacità di inglobare sia gli anticorpi legati agli antigeni sia gli antigeni stessi. Se l'antigene è un virus, la cellula ingloba il virus (di taglia molto piccola). Di conseguenza, se la cellula non è in grado di distruggere il virus, quest'ultimo può moltiplicarsi al suo interno e distruggerla a sua volta. E' in questo modo che alcuni anticorpi possono facilitare le infezioni, anziché combatterle.

Questa realtà ci invita ad abbandonare l'idea che gli anticorpi abbiano sempre un ruolo protettivo. In certi casi, essi possono semplicemente testimoniare l'incontro tra il sistema immunitario ed un patogeno. Integrare questa dualità nella nostra comprensione dell'immunologia è molto importante. Un approccio informato dalla teoria dell'evoluzione potrebbe anche guidarci verso un nuovo orientamento nella ricerca immunologica e nei suoi insegnamenti.

Per approfondire

– *Flambée de rougeole aux Samoa, prévenez l'OMS et l'UNICEF,* Aimsib.org, 5 gennaio 2020.

– *Vaccin anti-Covid-19 et immunité de groupe, c'est non... et encore non,* Aimsib.org, 3 maggio 2020.

– *Covid-19 : immunité croisée avec les autres coronavirus, phénomènes immunopathologiques,* 11 agosto 2020, https://hal.science/hal-02914300.

– *Vaccin anti-grippal et facilitation de l'infection par les anticorps,* Aimsib.org, 27 settembre 2020.

– *Covid graves, admettre l'existence des anticorps facilitateurs,* Aimsib.org, 23 agosto 2020.

– *Facilitation par les anticorps : la dengue et le Dengvaxia,* Aimsib.org, 27 agosto 2021

– Rougeole et facilitation par les anticorps, Aimsib.org, 6 febbraio 2022.

– *Comment expliquer biologiquement l'excès de Covid-19 post-vaccinaux,* Aimsib.org, 30 luglio 2021

– *Le rôle des anticorps à la lumière de la théorie de l'évolution, AFJBS,* 2021. In francese: https://hal.archives-ouvertes.fr/hal-03311831.

Anticorpi su misura: il potere adattativo del sistema immunitario

Come riescono, i linfociti, a produrre anticorpi adattati per riconoscere un nuovo agente patogeno mai incontrato prima?

La teoria della selezione clonale di Niels Jerne, elaborata nel 1955, offre una spiegazione a questo fenomeno. Secondo questo immunologo danese, i linfociti producono una larga gamma di anticorpi in piccola quantità, anche in assenza di un'infezione. Le cellule immunitarie possiedono una regione specifica del loro genoma che presenta una grande capacità ricombinante; questa ricombinazione permette ad un piccolo numero di geni, di generare un grande numero di parti variabili degli anticorpi. In questo modo, anche prima di essere esposte ad un antigene specifico, queste cellule producono costantemente nuovi anticorpi che presentano tutta una gamma di specificità.

Quando compare un nuovo antigene, questo non induce la formazione di anticorpi a partire da zero. Compaiono (sempre per caso) delle cellule che portano anticorpi capaci di legarsi al nuovo antigene. Queste cellule vengono poi selezionate ed il processo procede concludendosi con la produzione di un gran numero di cellule che producono anticorpi altamente affini ad un antigene particolare. Perché vengono selezionate le cellule che casualmente portano gli anticorpi giusti? Semplicemente perché esse sono in grado di utilizzare questo nuovo nutrimento, riproducendosi, dunque, più facilmente.

Grazie alla ricombinazione genetica e ad un processo di selezione, i linfociti sono, così, in grado di generare una risposta immunitaria adatta alle minacce impreviste.

2.3 L'evoluzione del virus nel corso della pandemia

Dall'inizio del 2020, L'Istituto Ospedaliero-Universitario (IHU) di Marsiglia e il Professor Raoult hanno parlato dell'evoluzione del SARS-CoV-2 e dell'emergenza delle varianti o delle mutazioni. In seguito Didier Raoult, ascoltato dalla Commissione del Senato nel settembre 2020, ha confermato questa caratteristica comune dei virus, in particolare dei virus a RNA: " Tutto muta, continuamente".

Tuttavia, le autorità sanitarie e i media si sono impegnati per convincerci del contrario, assicurandoci che il virus non muta, con l'appoggio degli esperti che intervenivano in televisione. Perché? Sembrerebbe che la stampa allineata abbia ricevuto l'ordine di attaccare il Pr. Raoult, a causa delle sue proposte terapeutiche contro il Covid-19 e delle sue critiche alla politica sanitaria. Inoltre, molti di questi 'esperti' ospitati dai media non erano per niente esperti e non sapevano nulla di microbiologia. In seguito, la narrazione dell'immutabilità del virus ha permesso che si potesse evitare qualsiasi dibattito sull'efficacia di un futuro vaccino contro un virus che muta continuamente...Allo stesso modo, il pubblico non doveva immaginare che l'epidemia potesse diventare sempre meno pericolosa con le future varianti, che avrebbe invalidato la necessità di una vaccinazione di massa, soprattutto in presenza di terapie efficaci.

Mutazione = evoluzione
Un buon esempio di divulgazione scientifica falsa proviene dalla trasmissione radiofonica *La Question du Jour,* che pretende di correggere le conclusioni di Didier Raoult apparse su France Culture il 25 settembre 2020.[120] Questa trasmissione riunisce tutti gli elementi della disinformazione che abbiamo subito per tre anni: incompetenza degli esperti, arroganza dei giornalisti, denigrazione delle voci scientifiche critiche, accusa di estremismo ed antisemitismo...

Il giornalista, autoproclamato esperto, dichiara perentoriamente che il Prof. Raoult si sbaglia quando afferma che il virus SARS-CoV-2 muta. "Non è corretto dire che oggi la versione che circola e che ci colpisce

---

120. France Culture, 25 septembre 2020, *Radiographie du coronavirus : le SARS-CoV2 a-t-il muté ?*

è una versione meno virulenta di quella che avevamo nel mese di marzo. In linea di principio, è esattamente la stessa cosa".

Secondo lui, tutto ciò che afferma Didier Raoult è "o completamente falso, o approssimativo". Anche ammettendo che i coronavirus mutano, secondo il cronista essi sono stabili e mutano molto meno di quelli dell'influenza. E' abbastanza divertente sentire nella stessa frase che il SARS-CoV-2, pur molto stabile grazie ad un "mezzo per la correzione degli errori", presenta delle "continue mutazioni, una o due volte al mese", che è un paradosso in sé. In realtà, se queste mutazioni non si stabilizzassero, noi non saremmo in grado di individuarle. Il giornalista rivela, così, la sua totale incomprensione della materia.

Fra le altre affermazioni arbitrarie, "Mutazione non significa evoluzione", dichiarazione perfettamente insensata. Anche le mutazioni sinonime,[121] quelle che, apparentemente, cambiano molto poco il genoma, possono influire sull'espressione genomica del virus, quindi prendere parte alla sua evoluzione. Se queste mutazioni sono conservate e, soprattutto, correlate ad altre mutazioni non sinonime, questo indica che esse non sono neutrali, ma interagiscono in maniera epistatica, cioè, con effetti cumulativi.

Il giornalista tende a minimizzare il ruolo della mutazione D614G, comparsa sulla proteina Spike del SARS-CoV-2 all'inizio della diffusione mondiale del virus. Secondo lui, questa mutazione avrebbe attribuito un vantaggio evolutivo al virus *in vitro,* ma questo non sarebbe stato confermato *in vivo.* Dunque, secondo questo signore, ci sarebbe un vantaggio evolutivo nelle colture di laboratorio, ma non nella vita reale. Il virus muterebbe, dunque, solo per far piacere ai ricercatori? In realtà, questa mutazione D614G ha probabilmente svolto un ruolo chiave, conferendo alla variante una maggiore infettività,[122] che le ha permesso di diffondersi in ogni angolo del pianeta. Di fatto, essa ha attribuito al virus un vantaggio evolutivo.

Al termine dell'intervento, il giornalista scivola nell'ideologia per tentare di screditare Didier Raoult. Insinua, dunque, che il ricercatore

---

121. Una mutazione sinonima, chiamata anche "mutazione silente", non muta l'aminoacido prodotto dalla traduzione dell'mRNA in proteine. Queste mutazioni venivano considerate come prive di effetti, da cui il termine "silenzioso", ma la ricerca ha dimostrato che esse possono, in effetti, condizionare la struttura finale della proteina.
122. Korber et al., *Tracking Changes in SARS-CoV-2 Spike: Evidence that D614G Increases Infectivity of the Covid-19 Virus*, Cell., 2020, PMID 32697968.

sarebbe più o meno razzista, basandosi su una dichiarazione della fine dell'estate 2020, nella quale quest'ultimo imputava l'aumento dei casi di Covid-19 ad un virus proveniente dall'Africa del Nord. Questa insinuazione non soltanto è priva di senso, ma è in contraddizione con la stima che il Prof. Didier Raoult ha dell'Africa, che, per altro, è reciproca.

In realtà, la frase del Prof. Raoult afferma esattamente l'opposto: questa variante non si è propagata, perché è probabilmente meno contagiosa e meno competitiva del virus già presente a Marsiglia. Secondo Raoult, le varianti più pericolose provenivano dagli allevamenti intensivi di visoni,[123] in Francia, osservazione confermata da diversi esperti internazionali di coronavirus relativamente agli allevamenti olandesi.[124]

L'evoluzione virale: fra mutazioni aleatorie e selezione naturale

Quando un virus si trasmette da una persona malata ad una persona sana, per sopravvivere e riprodursi deve superare diversi ostacoli. Il primo ambiente con il quale si confronta è la prima linea di difesa del nostro sistema immunitario, che è costituita dalle cellule di superficie delle mucose del naso e dei bronchi, fornite di ciglia in grado di eliminare il virus. Il muco respiratorio prodotto da queste cellule combatte anch'esso contro il virus ed i batteri. Inoltre, esistono delle cellule, come i macrofagi, che svolgono il ruolo di 'spazzini', fagocitando gli elementi estranei ed eliminando gli scarti che provengono dal virus distrutto. Anche alcune molecole solubili, come l'interferone, fanno parte dell'immunità innata.

Se riesce a resistere a questa prima difesa, il virus si moltiplica ed entra in gioco, dunque, l'immunità adattativa specifica dell'ospite.

---

123. Video bollettino di informazione scientifica dell'IHU del 15 settembre 2020.
124. Bas B. Oude Munnink et al.,*Transmission of SARS-CoV-2 on mink farms between humans and mink and back to humans*, Science, 2021.

Ci vogliono, normalmente, dai cinque ai quindici giorni, perché si attivino i linfociti, cellule che attaccano specificamente le cellule infette dal virus e le distruggono. Esse collaborano con altre cellule per produrre anticorpi specifici al virus.

E' in questo contesto che i virus, come il SARS-CoV-2, subiscono delle mutazioni. Ad ogni ciclo riproduttivo del virus e del suo genoma a RNA, possono verificarsi degli errori di copiatura. Questi errori, se non vengono riparati, sfociano in alcune mutazioni. Queste mutazioni, dunque, avvengono per caso e vengono selezionate sotto la pressione dell'ambiente, che è il sistema immunitario dell'ospite. Per sopravvivere, il virus deve essere contagioso e sfuggire al sistema immunitario, di conseguenza, sono le varianti meglio adattate, apparse con mutazioni casuali, che sopravviveranno grazie alla selezione naturale.

Il lungo iter di una pubblicazione

Le circostanze mi hanno spinta a scrivere un articolo sull'evoluzione del virus, che è stato pubblicato ad aprile 2021 e sul quale avevo iniziato a lavorare dal giugno 2020. Mi ci è voluto più di un anno per completare il processo di pubblicazione, che è particolarmente lungo quando si tratta di riviste peer-review internazionali. L'articolo *Evolution du SARS-CoV-2 : Revue des mutations, rôle du système immunitaire de l'hôte* (Evoluzione del SARS-CoV-2, analisi delle mutazioni, ruolo del sistema immunitario dell'ospite, ndt.) pubblicato su *Nephron*,[125] una rivista referenziata su Pubmed, che fa parte del catalogo Karger, a Basilea. Questa casa editrice, fondata a Berlino nel 1890 e specializzata in biologia ha una solida reputazione.

La tesi di questo articolo è che il virus non evolve in maniera aleatoria, ma sotto l'influenza del suo ambiente, cioè del nostro sistema immunitario. Questo può sembrare scontato, ma sono poche le pubblicazioni che si sono focalizzate su questo tema. Nel caso del SARS-CoV-2, molti ricercatori hanno notato un'attenuazione della virulenza del virus, ma pochi hanno provato a mettere in prospettiva questa osservazione inserendola nel quadro di una spiegazione biologica. Lo scopo di questo articolo è spiegare perché questa attenuazione sia coerente con la teoria dell'evoluzione, che ho tenuto in considerazione per la mia analisi.

---

125. PMID 33910211.

La comprensione di questo fenomeno può essere utile al grande pubblico nell'eventualità di una nuova crisi epidemica. Abbiamo visto come i media abbiano cercato di convincerci che il virus non mutava. Col tempo, di fronte all'evidenza delle varianti, hanno trovato una nuova opportunità per mantenere la paura affermando che ogni nuova mutazione era potenzialmente più pericolosa della precedente, cosa che, dal punto di vista evoluzionistico, non regge, perché, in realtà, l'evoluzione delle nuove varianti avrebbe dovuto rassicurarci.

Nel giugno 2020 ho redatto la prima versione del mio articolo, che ho inviato a dieci Professori di medicina italiani che da marzo avevano trattato diversi pazienti colpiti dal Covid-19, i quali avevano riscontrato un'attenuazione del virus. Secondo questi medici, la crisi è praticamente finita già a giugno 2020, ma l'informazione passata ai media,[126] ha scatenato una polemica simile a quella che si era sollevata intorno a *Fin de Partie,* il video in cui Didier Raoult aveva annunciato la fine della pandemia a seguito dei risultati ottenuti con l'impiego dell'idrossiclorochina.

A settembre 2020 ho terminato il mio manoscritto e l'ho inviato di nuovo a uno di questi professori, il nefrologo Giuseppe Remuzzi, direttore dell'Istituto Farmacologico Mario Negri di Milano, editore capo della rivista *Nephron,* il quale mi ha proposto di pubblicare l'articolo, senza chiedermi costi di pubblicazione, in quanto autore incaricato della 'revisione' della letteratura. Qui, il termine 'revisione' indica un tipo di articolo nel quale si fa il punto su una questione scientifica facendo riferimento a tutti gli studi sul tema pubblicati in precedenza.

Varianti sempre meno pericolose
Ho iniziato, dunque, il mio articolo riferendo le osservazioni dei medici che avevano curato il malati di Covid-19 e che avevano constatato l'attenuazione del virus. Con i dati disponibili nell'estate 2020, ho dimostrato che questa attenuazione era reale: all'IHU di Marsiglia, dove la strategia delle analisi e delle cure non era cambiata dall'inizio di marzo 2020, la mortalità dei pazienti risultava più bassa a giugno 2020 rispetto ai mesi di marzo-aprile. Lo stesso accadeva a Philadelphia (Pennsylvania, Stati Uniti), inoltre, in un articolo pubblicato (riferimenti nel mio articolo originale) risultava anche un abbassamento generale

---

126. *I dieci scienziati coraggiosi: "Prove cliniche. La crisi è finita" Il Giornale,* 24 giugno 2020.

del tasso di letalità del virus. L'attenuazione del virus, dunque, era già nota da tempo.

All'interno del mio studio, ho presentato un panorama delle mutazioni individuate sul virus dalla sua comparsa 'ufficiale'. Specifico 'ufficiale', perché nel mio articolo ho messo in evidenza una serie di indizi che suggeriscono una comparsa precoce del virus nell'estate del 2019. In quel momento avevo ipotizzato che il virus provenisse dalla Cina, in mancanza di prove su una eventuale origine americana o altra. Comunque sia, non disponiamo del codice genetico della prima versione del virus risalente all'estate 2019. Ci siamo basati, dunque, sulla pubblicazione della prima sequenza del dicembre 2019, e su quelle che sono seguite attraverso le varie mutazioni.

E' sufficiente che un solo elemento del codice genetico del virus cambi, perché si verifichi un grande cambiamento in una delle proteine che esso produce, quello che è avvenuto con la mutazione D614G sulla proteina Spike del virus. Questa mutazione si è diffusa in ogni parte del mondo all'inizio della pandemia, diventando predominante. Essa rende il virus più trasmissibile da persona a persona, ma non provoca una malattia più grave. Questa mutazione della proteina Spike è sempre unita ad un'altra mutazione su un'altra parte del virus chiamata la polimerasi (RdRp323). La polimerasi è come il motore del virus: gli permette di copiare il suo codice genetico e, grazie a questo, di moltiplicarsi nelle cellule ospiti. Grazie a questa mutazione, la polimerasi è più rapida. Queste due mutazioni offrono al virus un vantaggio, perché gli permettono di infettare le cellule più facilmente (D614G) e di riprodursi più rapidamente (RdRp323). C'è un rovescio della medaglia: quando la polimerasi lavora più velocemente, compie più errori, quindi crea più mutazioni.

Il sistema immunitario dell'ospite obbliga il virus a mutare

Il punto chiave del mio articolo si concentra sulle mutazioni in rapporto al sistema immunitario dell'ospite, cioè la popolazione umana. Un buon esempio sta nel meccanismo di difesa del virus, che lo obbliga a mutare rendendolo meno aggressivo. E' il sistema Apobec. Di cosa si tratta?

Il virus non può riprodursi da solo, ha bisogno del nostro apparato cellulare. Questo apparato lo obbliga a mutare verso una minore stabilità, dalla base C (citosina), verso la base T (timidina): questo è il meccanismo Apobec. Il virus reagisce a questo Apobec mutando in senso contrario, da T verso C. Questa corsa contro il tempo tra il virus e il suo ospite, è la conferma dell'ipotesi della Regina Rossa di *Alice nel paese delle meraviglie* proposta nel 1973 da Leigh Van Valen. Per conservare la loro efficacia gli organismi devono evolvere continuamente alla stessa velocità degli organismi coi quali interagiscono. Nel Paese delle Meraviglie, bisogna correre il più velocemente possibile, per sopravvivere nello stesso ambiente.

E' difficile attribuire una maggiore trasmissibilità e una maggiore patogenicità ad una sola mutazione: il fenotipo del virus (la sua contagiosità e la sua patogenicità) non si definiscono con una sola mutazione, ma con l'insieme delle mutazioni. Ho insistito sull' *epistasi,* l'interazione fra più mutazioni. Le varianti che si producono, cioè i lignaggi del virus che prendono il sopravvento sugli altri, possiedono sempre più mutazioni stabili, poi bisogna considerare l'associazione delle mutazioni fra loro: studiare le mutazioni in modo isolato testando degli pseudo-virus che mostrano una sola mutazione è illogico. L'avevo contestato in precedenza, in un articolo apparso come pre-print su Qeios.[127]

Lo stato delle conoscenze nel 2021, quando ho pubblicato il mio articolo, tende a dimostrare l'evoluzione del virus secondo due direttive:

– aumento della contagiosità (per le mutazioni sulla Spike);

– attenuazione (indubbiamente, per la perdita di geni codificanti delle proteine aggressive)

Ci sono due meccanismi di selezione distinti. Il primo agisce sulla trasmissibilità: saranno selezionati i virus più veloci e con la maggiore affinità coi recettori cellulari ; l'altro agisce sull'interazione con il sistema immunitario dell'ospite, in particolare l'immunità innata e l'immunità adattativa preesistente. Ecco cosa ho scritto:

> Le persone gravemente malate hanno combattuto il virus in modo inefficace, mentre le persone esposte ma non malate hanno distrutto la maggior parte del virus infettante e hanno potuto selezionare le forme meno virulente (che si replicano meno efficacemente), non toccate dal sistema immunitario innato. In effetti, alcuni fenomeni immunopatologici sembrano essere responsabili della severità della malattia…I virus che stimolano di

127. *Esame di: Neutralisation de la Spike portant la délétion 69/70 du SARS-CoV-2, des variants E484K et N501Y par les sérums induits par le vaccin BN-T162b2,* Hélène Banoun, Qeios, 2021, https://www.qeios.com/ read/HGI4LE.

meno questi fenomeni interagendo di meno con l'immunità innata, verranno selezionati, ed il virus evolverà verso un fenotipo benigno.

Per i pazienti asintomatici (che sono la maggioranza degli individui infetti), poche sequenze complete vengono isolate, quindi si conosce poco sulle mutazioni responsabili di questa attenuazione. Possiamo supporre che questi virus "meno aggressivi" siano quelli che attualmente circolano di più fra la popolazione, fino al punto di soppiantare completamente i "più aggressivi"?

L'accumulazione delle mutazioni giustifica il declino dell'epidemia.

E' questa la spiegazione di una cosa che si osserva spesso in biologia: più un virus è contagioso, meno è pericoloso. Al contrario, più un virus è pericoloso, meno è contagioso.

Tutto questo è stato confermato, anche se non ho più potuto seguire approfonditamente la letteratura sull'argomento (poiché adesso devo dedicarmi ai vaccini). Tra le conferme, il Prof. Raoult suggerisce che un lignaggio virale perde efficacia accumulando mutazioni e viene, dunque, sostituito da nuove varianti nel giro di qualche settimana.

Per riassumere, nel 2023 è stato confermato che il virus SARS-CoV-2 si è evoluto verso una contagiosità sempre maggiore ed una attenuazione del suo effetto patogeno.

Il Covid-19 ha fatto sparire l'influenza?

L'approccio concettuale ai virus come microrganismi che si evolvono continuamente per adattarsi al loro ambiente, in accordo con la teoria dell'evoluzione, mi ha permesso di decifrare alcuni elementi misteriosi, come l'improvvisa scomparsa di molti virus respiratori, a partire da quello dell'influenza. E' in questa prospettiva, che ho scritto l'articolo: *La Covid-19 a-t-elle fait disparaître les autres virus respiratoires en 2020 ? (Il Covid-19 ha fatto sparire gli altri virus respiratori nel 2020?, ndt.)*, pubblicato a novembre 2020 sul sito dell'Aimsib.

Sulle piattaforme social, abbiamo visto circolare affermazioni secondo le quali il Covid-19 non era, in realtà, nient'altro che l'influenza stagionale sotto un altro nome... Questa convinzione si è largamente diffusa tra il grande pubblico. L'obiettivo del mio articolo non è stato quello di focalizzarsi sui sintomi della malattia, che i medici hanno chiaramente identificato come diversi da quelli dell'influenza, piuttosto, ho voluto concentrarmi sulla scomparsa delle statistiche.

I "surfisti" e i "fabbri"

La metafora della chiave e della serratura viene spesso utilizzata per spiegare le interazioni molecolari, in particolare le modalità in cui i virus penetrano nelle cellule ospiti. Il virus (la chiave) si lega ad un recettore specifico che si trova sulla cellula ospite (la serratura), per entrare nella cellula; se la chiave non corrisponde alla serratura, il virus non può entrare. Questa visione è facilmente comprensibile, ma non riflette la complessità delle interazioni biologiche.

Il biochimico marsigliese Jacques Fantini e la sua equipe hanno elaborato una descrizione più precisa del processo infettivo. In un articolo del 2023, i ricercatori hanno paragonato le modalità di azione dell'HIV e del SARS-CoV-2. Questi virus individuano prima di tutto le zattere lipidiche sulla superficie della cellula ospite, 'microdomini' costituiti soprattutto da colesterolo, che sono come una specie di pista di atterraggio per le particelle virali che possono così scivolare sulla superficie delle cellule. I virus utilizzano queste zattere per cercare un recettore in grado di attivare il processo di entrata nella cellula. Nel caso del SARS-CoV-2 questo recettore è l'ACE2.

Quindi, non si tratta soltanto di trovare la serratura giusta, ma anche di scivolare correttamente sulla superficie della cellula per trovare questa serratura. Le proteine dell'involucro virale devono essere geometricamente ed elettricamente compatibili con la superficie cellulare.

Concentrandosi sull'interazione con le zattere lipidiche, questa interpretazione permette di valutare farmaci attivi contro tutti i virus e non specifici soltanto per alcuni, come si cerca di fare nel caso delle 'serrature'.

In effetti, dal mese di marzo 2020, l'influenza è scomparsa dai grafici ufficiali dell'OMS. La questione consiste, dunque, nel sapere se questa scomparsa è reale o se è semplicemente il risultato di una mancanza di interesse per questo virus, che si considera comune, e, di conseguenza, dalla mancanza di raccolta dei dati ad esso relativi.

Dopotutto, se non si cerca, non si trova. Questa spiegazione sembra quella più evidente, ma lo studio della biologia mi ha dimostrato spesso che la realtà è ben più complessa.

Queste sono le ipotesi che ho formulato a novembre 2020 circa questo fenomeno: la maggiore contagiosità del SARS-CoV-2 (come è stata valutata nella primavera del 2020) potrebbe essere dovuta alla competizione dei due virus per la stessa nicchia ecologica, che lascia il posto al più efficace. Inoltre, le misure di distanziamento fisico imposte dalla metà di marzo in tutto il mondo, avrebbero agevolato la prevalenza del virus più contagioso. Potrebbe anche essere che il virus dell'influenza non sia scomparso (così come altri virus respiratori meno noti e meno ricercati), ma che la concentrazione della sorveglianza virologica sul SARS-CoV-2 da marzo 2020 l'abbia lasciato privo di tracciamento. Le due ipotesi non si escludono reciprocamente.

Secondo i bollettini ufficiali di Sanità pubblica di Francia, l'influenza è presente da ottobre 2019, ed il virus influenzale si ritrova nella metà dei prelievi testati per l'IRA (infezione respiratoria acuta), fino al 15 marzo 2020. In seguito, la percentuale è diminuita progressivamente e il virus è scomparso a partire dal 30 marzo 2020. Nessun virus influenzale viene individuato fino al 18 maggio, poi la sorveglianza si interrompe per riprendere il 14 settembre 2020 e, nell'autunno 2020 nessun virus influenzale viene individuato.

All'inizio dell'autunno 2020 (secondo la rete 'Sentinelle'), vengono ritrovati, nel contesto delle cure primarie, molti più rhinovirus che SARS-CoV-2. Secondo i dati ospitalo-universitari di questo periodo (la fonte desidera restare anonima), l'influenza non circola più neppure tra i pazienti che giungono in ospedale: si individuano il SARS-CoV-2 e il rhinovirus. Secondo i CDC americani, la percentuale di virus influenzale ritrovata sui prelievi per infezione respiratoria acuta (IRA) ha iniziato a diminuire prima dei lockdown (questo, nel periodo in cui l'epidemia influenzale calava fortemente, in generale, negli Stati Uniti negli anni precedenti). Per i dati dell'OMS possiamo dire la stessa cosa: l'epidemia di influenza si estingue come al solito nel momento in cui inizia la pandemia, con una cesura netta nel marzo 2020. Vorrei ricordare, che in un paese nel quale il Covid-19 non è ancora arrivato, la Cambogia, l'influenza è diffusa, nel 2020.

Con l'esperienza dei tre anni che sono trascorsi, direi che si sono intrecciati diversi fattori: il SARS-CoV-2 deve sicuramente aver avuto un vantaggio, in termini di trasmissibilità, sul virus dell'influenza, grazie a tutte le caratteristiche molecolari sintetiche che abbiamo visto; esso era in partenza già ben adattato all'uomo. Dall'inizio della sua diffusione, tra l'estate del 2019 e il febbraio-marzo 2020, ha potuto aumentare la sua capacità di infettare le vie respiratorie superiori. Inoltre, la mancanza di interesse per l'influenza ha causato il calo della ricerca specifica: un qualsiasi test positivo o sospetto di Covid-19 ha avuto la precedenza sulla comune influenza.

Per approfondire
– *Evolution of SARS-CoV-2: Review of Mutations, Role of the Host Immune System, Nephron*, aprile 2021. PMID 33910211 (*Évolution du SARS-CoV-2 : Revue des mutations, rôle du système immunitaire de l'hôte*).
– *La Covid-19 fait-elle disparaître les autres virus ?*, Aimsib.org, 8 novembre 2020.

Nicchia ecologica e virus

Una nicchia ecologica è l'insieme delle condizioni ambientali nelle quali una specie può sopravvivere e riprodursi. Per i virus, una nicchia ecologica si potrebbe identificare con l'ospite che essi infettano, il tipo di cellule che colpiscono, il loro modo di trasmettersi ed altri fattori ambientali che possono condizionare la loro sopravvivenza e la loro riproduzione. Alcuni virus, per esempio, possono avere una nicchia ecologica specifica presso alcune popolazioni, come gli esseri umani, gli animali o le piante, ed essere incapaci di sopravvivere o riprodursi al di fuori di questi ospiti.

Due specie non possono coesistere indefinitamente occupando esattamente la stessa nicchia, secondo il concetto di 'esclusione competitiva'. Parlando di virus, due virus che colpiscono esattamente lo stesso tipo di cellule nello stesso ospite non possono coesistere a lungo, uno dei due virus finisce per prevalere, infettando le cellule più efficacemente oppure riproducendosi più rapidamente.

2.4 Il trattamento politico della malattia

Nel capitolo precedente abbiamo parlato dell'immunità naturale rispetto al Covid-19, mettendo in luce la complessità della sua valutazione, che va ben al di là dei soli anticorpi. Abbiamo anche sottolineato che la stessa OMS ha trascurato l'immunità naturale, privilegiando l'immunità vaccinale, che ha ritenuto più affidabile sulla base degli anticorpi più facilmente quantificabili, alimentando una narrazione ufficiale ed una politica orientata alla vaccinazione.

Abbiamo anche affrontato il fenomeno degli anticorpi facilitanti e dell'imprinting immunitario che può contrastare l'efficacia della vaccinazione o renderla negativa favorendo le infezioni. Alla luce di tutto questo è evidente che l'approccio scientista delle autorità politiche si è tradotto nella deliberata ignoranza dei rischi descritti nella letteratura scientifica, a vantaggio di decisioni prese secondo una logica biopolitica estranea a quella che dovrebbe essere una politica di salute pubblica.

Gli strumenti di laboratorio hanno amplificato la gravità dell'epidemia e minimizzato l'immunità naturale: i test PCR o antigenici hanno gonfiato il numero dei casi contro il numero dei malati, al punto di dichiarare "malati Covid-19" anche i pazienti affetti da altre patologie che risultavano positivi al test PCR. Contemporaneamente, i test sierologici hanno largamente sottostimato il numero degli individui immunizzati naturalmente, i quali godono di un'immunità innata o crociata e non hanno bisogno di sviluppare anticorpi specifici. Questo ha generato una paura diffusa che ha agevolato una maggiore accettazione delle misure di isolamento e del lockdown.

Abbiamo anche ricordato di come i media e le autorità sanitarie abbiano occultato il fenomeno delle mutazioni del virus e della comparsa di nuove varianti, malgrado le prove scientifiche. Questa omissione, almeno nella prima fase della pandemia, ha contribuito alle esigenze della narrazione ufficiale sulla gravità dell'epidemia e sulla necessità assoluta di una vaccinazione di massa.

Tutte queste contraddizioni traggono la loro origine dalla logica biopolitica che ha lo scopo di controllare le popolazioni attraverso la salute. Questo è il filo conduttore di questo libro, che intende trovare un senso ai non-sensi scientifici che abbiamo affrontato negli ultimi anni.

L'obiettivo biopolitico di mantenere la popolazione in uno stato di paura nell'attesa del vaccino esagerando la gravità dell'epidemia, è stato evidente. Tutto lo schema corrisponde alle 'simulazioni di pandemie' che abbiamo descritto. Coloro che diffondevano certe affermazioni dai vertici dello Stato, infatti, non potevano essere all'oscuro dei dati provenienti dalle attività ospedaliere ai quali avevano accesso in tempo reale. La pericolosità del virus è stata esagerata dai governi a livello generale. Lo statista Pierre Chaillot l'ha dimostrato nelle sue analisi sulla morbilità e sulla mortalità reali del virus, basandosi sulle statistiche ufficiali francesi.[128] Queste informazioni, pubblicate dall'Agenzia tecnica dell'informazione sull'ospedalizzazione, hanno confermato che, nell'insieme, gli ospedali non sono mai stati sovraccarichi. Naturalmente, esiste qualche eccezione, soprattutto per alcuni ospedali di Parigi o per i reparti riservati ai casi di Covid-19, ma la maggior parte degli ospedali hanno registrato un calo dell'attività. All'apice della crisi, nell'aprile 2020, il Covid-19 non rappresentava che il 7,5% dell'attività ospedaliera. Era, dunque, sbagliato affermare che gli ospedali erano sovraffollati, e che non si potevano ricoverare le persone anziane...

Possiamo citare un esempio particolarmente evidente di questa esagerazione: i rischi di AVC causato dal Covid-19 (AVC, incidente vascolare cerebrale, ndt.) Il *Journal International del Médecine* (JIM), una rivista francese generalmente allineata alla dottrina ufficiale, rileva una notevole sovrastima: le stime iniziali, spesso basate su studi osservazionali distorti, indicavano un tasso di AVC post-Covid-19 da 1% a 5%. In realtà, esso è di meno dello 0,2%.[129] Questo esempio è illustrativo della necessità di una analisi precisa dei dati ufficiali.

Si deve parlare, poi, anche della follia dei test, che sono stati uno strumento fondamentale per la messa in scena. Ho avuto modo di approfondire questo tema nei miei contributi per il Consiglio Scientifico Indipendente (CSI), per questo motivo mi concentrerò in modo particolare su questo punto. Per il resto, daremo uno sguardo d'insieme ai restanti contesti nei quali la gestione della malattia è stata sovvertita dalla biopolitica. Potremo osservare, così, come lo scientismo abbia

---

128. Covid-19, *ce que révèlent les chiffres officiels*. L'artilleur, 2023.
129. *L'incidence des AVC dans la Covid-19 a certainement été surestimée, JIM.fr,* 6 décembre 2022 ; *Nagraj S et coll. Incidence of Stroke in Randomized Trials of Covid-19 Therapeutics: A Systematic Review and MetaAnalysis, Stroke,* 2022.

soppiantato la vera scienza. Sarò più succinta sui temi che non ho trattato personalmente, per i quali mi appoggerò ai lavori ed alle ricerche degli altri partecipanti al Consiglio Scientifico Indipendente, che si sono sempre impegnati per trovare le fonti più affidabili.

Questa visione d'insieme permetterà di valutare più chiaramente la deriva biopolitica e di dimostrare come questo concetto permetta di capire ciò che è veramente accaduto. La biopolitica si è rivelata particolarmente nociva per la salute dei popoli, causando un aumento della mortalità generale attraverso diversi meccanismi, iniziando dalla mancanza di cure.

La follia dei test

Mai, in precedenza, intere popolazioni erano state sottoposte ad un simile depistaggio di massa e ad una tale concentrazione mediatica sul numero dei casi. Prima del Covid-19, l'osservazione clinica aveva sempre avuto la precedenza sui test di laboratorio. Era stato fermamente stabilito che soltanto il numero delle persone realmente malate dovesse essere tenuto in considerazione in caso di epidemia. Si tratta di un assunto che dobbiamo sempre tenere ben presente. Nonostante questo, la confusione tra le definizioni di 'caso' e di 'malato' è stata la pietra angolare della gestione della crisi sanitaria.

All'inizio dell'epidemia, i test erano riservati esclusivamènte agli individui sintomatici, conformamente alle pratiche abituali. In seguito, abbiamo assistito alla somministrazione dei test a tutta la popolazione, su decisione politica. Questo ha portato ad aberrazioni statistiche nelle quali il conteggio dei casi ha sostituito il conteggio dei malati. In breve tempo, questa anomalia si è trasformata in una fonte di preoccupazione maggiore in seno al Consiglio Scientifico Indipendente per il quale ho esplorato a fondo questo tema presentando le mie conclusioni nella trasmissione del 15 aprile 2021 e del 20 maggio 2021. La prima trasmissione è stata censurata da YouTube, verosimilmente a causa del mio intervento che dimostrava l'inflazione arbitraria delle cifre dell'epidemia da parte delle autorità sanitarie.

Dall'inizio dell'epidemia disponiamo di dati ufficiali affidabili. In Francia, i dati settimanali sulle infezioni respiratorie acute (IRA) dovute a tutte le cause vengono raccolti dalla rete Sentinelles, che si basa sulle consultazioni di medicina generale. Nello stesso tempo, Santé publique France (Istituto Nazionale di Sanità pubblica, corrispondente al nostro ISS, ndt.), raccoglie i dati sulle ospedalizzazioni, le rianimazioni e le urgenze. In Belgio, le statistiche di Sciensano sono consultabili, mentre, per la Germania, abbiamo quelle del Robert Koch Institut.

Nell'aprile 2021, la rete Sentinelle,[130] ha pubblicato delle stime sul numero dei malati nettamente diverse dalle cifre dei 'casi' riferiti da Santé publique France. Basandosi sui consulti dei medici generici, le stime indicano un numero di malati 100 volte inferiore a quello dei 'casi' (cifre risultanti dai test PCR e antigenici somministrati su scala nazionale). I dati tedeschi e belgi confermano le stime di Sentinelles, suggerendo che non siamo più in fase epidemica. In questo momento, il virus SARS-CoV-2 è superato da altri virus responsabili della maggior parte delle infezioni respiratorie acute, come i rhinovirus, normalmente associati al raffreddore.

Come farmacista biologa, sono consapevole che l'aspetto clinico prevale sulla biologia: se un esame biologico (come il test PCR) dà un esito che non è congruo con l'osservazione clinica, la validità del test di laboratorio deve essere rimessa in questione. Ogni test clinico ha lo scopo di aiutare il medico a fare una diagnosi su un paziente sintomatico e non è destinato a far parte delle statistiche degli studi di salute pubblica, semplicemente perché non riflette la realtà di un'epidemia.

Quando ho nuovamente preso la parola, in occasione del Consiglio Scientifico Indipendente, a maggio 2021, Santé publique France aveva dichiarato un numero di 'casi' 20 volte maggiore di quello dei malati Covid-19, secondo i dati di Sentinelles. Da metà 2020, abbiamo assistito ad una manipolazione politica della malattia: la maggior parte dei positivi ai test PCR (o antigenici) non presentava alcun sintomo, dunque non avrebbe dovuto essere conteggiata.

Per una analisi completa del tema si può far riferimento ai lavori dell'epidemiologo Laurent Toubiana. Direttore della Ricerca all'Inserm e autore di *Covid-19, une autre vision de l'épidémie;*[131] questo specialista in epidemiologia e malattie respiratorie è uno dei principali artefici dello sviluppo dei sistemi di sorveglianza delle epidemie stagionali, dunque, in grado di valutare l'ampiezza e l'evoluzione di un'epidemia stagionale. L'11 marzo 2020,[132] Toubiana aveva predetto che l'epide-

---

130. www.sentiweb.fr.
131. Apparso il 19 aprile 2022, Ed. L'Artilleur.
132. In un articolo sul sito internet del suo istituto di ricerca: « *Covid-19 : Une épidémie déconcertante* », Covid-19.irsan.eu.

mia di coronavirus sarebbe terminata probabilmente verso la fine di aprile 2020 e, infatti, è finita una settimana prima!

Laurent Toubiana ha riconosciuto ben presto questo 'inganno', basandosi sulla sua conoscenza della valutazione dei dati delle epidemie di influenza nel quadro della reti di monitoraggio Sentinelles. Il 23 dicembre 2021, su *CNews,*[133] ha parlato di 40 malati su 100.000 abitanti, secondo la rete dei medici generici, mentre la corsa ai test in vista del Natale, fa salire il conteggio ufficiale a 90.000 casi positivi … al giorno.

Un'epidemia di falsi positivi?

I test che vengono utilizzati sono di qualità variabile e la loro lettura può diversificarsi da laboratorio a laboratorio, secondo criteri che non sono sempre trasparenti ed uniformi. Inoltre, i reagenti di questi test non sono cambiati di molto, sebbene il virus sia mutato in modo considerevole. Nonostante sia stato presentato come il Graal della diagnostica, il test PCR è suscettibile di rendere di volta in volta falsi positivi o falsi negativi, senza alcun rapporto con la malattia. Lo statistico Pierre Chaillot ne ha parlato in *Covid-19, ce que révèlent les chiffres officiels.*[134] Questo ha contribuito a falsare la realtà dell'epidemia, soprattutto negli ospedali, dove un semplice test positivo era sufficiente per classificare un decesso (o una malattia) come imputabile al Covid-19.

Il test PCR (reazione di polimerizzazione a catena) mira ad identificare una porzione del materiale genetico di un organismo o di un virus. Per fare questo, utilizza l'amplificazione, grazie a delle sonde DNA specifiche che ricercano queste sequenze all'interno di un frammento biologico (in questo caso, un campione nasofaringeo). La quantità minima di materiale genetico presente deve essere amplificata per poter essere rilevata.

Per quanto incredibile possa apparire, la Società francese di microbiologia ha affermato che la valutazione della specificità dei test in commercio non è stata effettuata.[135] Inoltre, per quantificare il virus presente in un campione, si sarebbero dovuti "calibrare" precedentemente i risultati del PCR in funzione del numero di cicli necessari per

133. Trasmissione mattinale di 90 minuti.
134. Ed. L'Artilleur, gennaio 2023.
135. Covid-19 *Réactifs/Evaluations,* sfm-microbiologie.org.

ottenere una positività. Per il SARS-CoV-2, per esempio, è stato dimostrato che oltre i 24-30 cicli (secondo i reagenti e gli operatori), non c'è più alcun virus osservabile, cioè coltivabile su cellule. Nonostante ciò, senza alcuna ragione scientifica, le autorità francesi raccomandano di effettuare fino a 40 cicli! Una simile amplificazione moltiplica considerevolmente i rischi di falso positivo, aumentando, così, il numero dei casi ed intensificando l'effetto paura sulla popolazione, di fronte ad un'epidemia che sembra infinita. Si potrebbe anche dire che con questo sistema è possibile provocare un'epidemia on-demand in qualsiasi momento: sarebbe sufficiente testare qualche milione di persone per un qualsivoglia patogeno noto, applicando 40 o più cicli di amplificazione. Il tasso dei falsi positivi (generalmente dall'1 al 4%) produrrebbe automaticamente centinaia di migliaia di 'casi' e questo permetterebbe l'applicazione di misure coercitive (mascherine, distanziamento fisico, lockdown, pass sanitario, vaccinazione, ecc.). Solo in Francia, non meno di 18 milioni di persone sono passate dalla prova del tampone fra marzo e ottobre 2020, come ricorda il giornale *Les Echos*[136]. Testare 18 milioni di persone può generare da 180.000 a 720.000 falsi positivi. Si capisce molto bene perché sia costoso ed inutile testare le persone asintomatiche fra la popolazione generale.

Evidentemente siamo stati testimoni della perversione di questo strumento di analisi, utilizzato per fare pressione sulla popolazione al fine di spingerla a farsi vaccinare per evitare test a ripetizione. Questa politica, per altro, costa molto alle finanze pubbliche: non meno di un miliardo di euro soltanto a dicembre 2022.[137]

L'abuso degli scovolini

Perché preferire la tecnica del prelievo nasofaringeo con uno scovolino lungo 18 cm.? Secondo i dati disponibili dal 2020, i test salivari erano altrettanto affidabili, se non di più.[138] Sputare in un contenitore è molto meno invasivo ed umiliante dello sfregamento delle cavità nasali, ed è anche meno pericoloso. I rischi del prelievo in profondità e

---

136. *Covid-19 : le nombre de tests PCR en nette accélération en France, Les Échos*, 23 ottobre 2020.
137. Covid-19 : *la ruée sur les tests a coûté 1 milliard d'euros en décembre, Les Échos,* 4 gennaio 2022.
138. *Vaccine Breakthrough Infections with SARS-CoV-2 Variants, The New England Journal of Medicine, 2021. Vaccine Breakthrough Infections with SARS-CoV-2 Variants, The New England Journal of Medicine, 2021.*

delle sue eventuali complicazioni sono stati evidenziati dall' Academie de Médécine in un comunicato di aprile 2021,[139] nel quale si raccomanda anche di utilizzare i test salivari per i bambini.

In realtà, il prelievo nasofaringeo non è mai stato oggetto di consenso scientifico; prelievi nasali meno profondi sarebbero stati altrettanto efficaci. Una buona sintesi dello stato delle conoscenze sull'efficacia dei diversi tipi di prelievo è stata fatta dall'Istituto nazionale d'Eccellenza per la Salute ed i Servizi Sociali canadese (INESSS),[140] i dati degli studi sono contrastanti, e nessun metodo di prelievo si è dimostrato realmente superiore.

Benché imposto sotto pressione psicologica, la possibilità di fare un tampone meno invasivo restava aperta in numerosi paesi, anche in Francia (insistendo molto…), dove la Haute Autorité de Santé (Alta autorità per la Salute) aveva emanato un parere favorevole il 20 settembre 2020:[141] "I tamponi salivari rappresentano un'alternativa, ma soltanto per i pazienti sintomatici. Oggi, la HAS ha approvato il ricorso al tampone orofaringeo (in gola, ndlr) per i test RT-PCR delle persone asintomatiche per le quali il prelievo nasofaringeo è controindicato". La HAS avrebbe dovuto, almeno, proteggere i bambini, che sono stati martirizzati senza alcun motivo con lo scovolino.

La negazione della cura

Da marzo 2020, le autorità sanitarie hanno affermato categoricamente che il Covid-19 non può essere curato. Questa affermazione non solo è in contraddizione con la pratica abituale dei medici generici, prima linea di difesa contro le epidemie di malattie virali respiratorie, ma è anche priva di senso: il virus SARS-CoV-2, responsabile del Covid-19, è molto simile al SARS-CoV-1, che era curabile, benché più pericoloso. E' sconcertante, dunque, che il Covid-19 venga presen-

139. *Les prélèvements nasopharyngés ne sont pas sans risque,* (I prelievi nasofaringei non sono privi di rischi) comunicato dell'Académie Nationale de Médécine, 8 aprile 2021.
140. Covid-19 et pénurie d'écouvillons, 27 mai 2020, www.inesss.qc.ca. "Due studi americani, Kojima et al. (2020), Tu et al. (2020) hanno testato un metodo diverso, l'autoprelievo, ed hanno concluso che il tasso di positività ottenuto con i prelievi orali (saliva) e nasali effettuati dagli stessi pazienti sono simili ai tassi di positività ottenuti coi prelievi nasofaringei effettuati dagli operatori sanitari".
141. Covid-19 : *avis favorable au prélèvement oropharyngé en cas de contre-indication au nasopharyngé,* comunicato stampa del 25 settembre 2020 su www.has-sante.fr.

tato come una malattia incurabile. Il mondo medico avrebbe dovuto essere allertato ed avrebbe dovuto interpellare il pubblico.

Secondo le direttive del Ministero della Salute francese del marzo 2020,[142] in caso di sintomi Covid-19, come tosse e febbre, i pazienti erano invitati ad isolarsi a domicilio e ad assumere un trattamento sintomatico, generalmente, il paracetamolo. Nello stesso modo li si invitava a ricorrere al teleconsulto e, nel caso di aggravamento delle difficoltà respiratorie, a chiamare l'ambulanza per farsi portare all'ospedale.

Le cure primarie saranno poi aggiornate dalla HAS a maggio 2022,[143] con qualche piccolo aggiornamento terapeutico. I pazienti colpiti dal Covid-19 devono ancora isolarsi a domicilio e prendere del paracetamolo per alleviare i sintomi, gli antibiotici non sono ancora raccomandati, salvo nel caso di infezione batterica accertata e anche i cortisonici sono sconsigliati, mentre si raccomanda un anticoagulante se il paziente è allettato. L'ossigenoterapia a domicilio è prevista per i casi eccezionali e per i pazienti immunodepressi si raccomanda il Paxlovid. Le autorità sanitarie non hanno mai riconosciuto che si potessero curare i pazienti in modo efficace.

Il vaccino prima della cura

Questo atteggiamento si spiega con un obiettivo biopolitico: se si fosse riconosciuto un trattamento efficace, l'autorizzazione in emergenza dei vaccini prima dei trial clinici sarebbe stata impossibile. Infatti, come premessa di tutte le autorizzazioni d'emergenza dei vaccini anti-Covid-19 concesse dalle agenzie per la salute (europee o americane) si trova la seguente giustificazione: l'autorizzazione è concessa "in assenza di qualsiasi cura per la malattia". Comprendiamo, dunque, perché il biopotere, noto per il suo sostegno alla vaccinazione, dovesse negare l'esistenza di potenziali cure. Bisogna anche tenere presente che i conflitti d'interesse sono sempre presenti ai più alti livelli politici, e che i vaccini generano guadagni molto maggiori rispetto alle cure classiche che, ormai, sono di dominio pubblico (medicinali generici).

---

142. *2020 Lignes directrices pour la prise en charge en ville des patients symptomatiques en phase épidémiques de Covid-19 (2020, linee guida per la presa in carico dei pazienti sintomatici in fase epidemica di Covid-19)*, sante.gouv.fr, 20 marzo 2020.
143. http://tiny.cc/HAS-MAI2022.

Il caso idrossiclorochina

La molecola più discussa, almeno in Francia, è stata l'idrossicloro-china, che era stata già presa di mira dalle autorità sanitarie prima dell'inizio della crisi, quando, il 13 gennaio 2020, con un decreto del Ministero della Salute l'idrossiclorochina viene inserita nella lista II delle sostanze velenose.[144] Molte persone si sono meravigliate di questo improvviso cambiamento di categoria per un medicinale utilizzato da moltissimo tempo, soprattutto perché questo cambiamento interveniva poco tempo prima dell'inizio dell'epidemia..

L'esempio di disinformazione più evidente circa l'idrossiclorochina è quello del famoso studio fraudolento pubblicato su *The Lancet* il 22 maggio 2020, che intendeva dimostrare la tossicità del medicinale e la sua inefficacia contro il Covid-19. Gli osservatori più attenti hanno dimostrato da subito che lo studio si fondava su dati falsati e questo ha creato una frattura nel mondo della ricerca e ha compromesso la reputazione del *Lancet*. Lo studio è stato ritirato poco dopo, dal 5 giugno 2020, dagli stessi autori. Tutta la questione è passata sotto il silenzio dei media e il Ministero della Salute francese ne ha approfittato per vietare l'utilizzo di questo medicinale in uso da molti anni e ben noto per essere sicuro.[145] Il decreto è apparso sulla Gazzetta Ufficiale del 27 maggio 2020 che abrogava le disposizioni derogatorie che autorizzavano la prescrizione dell'idrossiclorochina contro il Covid-19 negli ospedali francesi, al di fuori degli studi clinici.[146] Malgrado lo studio sia stato ritrattato, l'idrossiclorochina resta fortemente sconsigliata.[147]

Nonostante le difficoltà, l'IHU di Marsiglia, diretto all'epoca dal Prof. Didier Raoult, ha continuato a somministrare l'idrossiclorochina nel quadro di un preciso protocollo (associata all'azitromicina e allo zinco, in dosi minime). Questa perseveranza ha permesso all'Istituto di pubblicare, dal 2020, tutta una serie di studi che hanno dimostrato sia la sicurezza che l'efficacia di questo farmaco. Nel tempo, questi studi hanno coinvolto un numero sempre maggiore di pazienti e nel 2023,

---

144. *Decreto del 13 Gennaio 2020 che ne stabilisce la classificazione tra le sostanze velenose*

145. Jean-Paul Bourdineaud (Université de Bordeaux), *De l'hydroxychloroquine à la Spike, les controverses sur la toxicité des médicaments*, International Covid-19 Summit 2022, IHU Marsiglia, 31 marzo 2022.

146. Comunicato stampa del 27 maggio 2020, Sante.gouv.fr.

147. Comunicato dell' ANSM del 5 aprile 2023, Ansm.sante.fr.

l'ultimo di essi comprende più di 30.000 malati, le cui cartelle saranno verificate da un ufficiale giudiziario. Questo studio, difficilmente contestabile, è stato ritirato a seguito della pressione del governo su uno dei firmatari.[148] L'esecutivo preferisce ignorare i fatti, piuttosto che accettarli.

Tuttavia, l'IHU di Marsiglia non è l'unico ad aver utilizzato questo farmaco ed aver pubblicato sull'argomento, anzi! Il sito internet *Covid-19 early treatment* contiene più di 500 studi. Secondo una meta-analisi, i risultati sono grandemente a favore di questo farmaco, soprattutto per la riduzione della mortalità e delle forme gravi, purché esso venga somministrato nel momento giusto e con un dosaggio corretto.[149]

Il sito *Covid-19 early treatment* è una miniera di informazioni. Vi si trova una sintesi in tempo reale di tutti gli studi realizzati sui trattamenti utilizzati per la lotta al Covid-19; esplorando il sito ci rendiamo conto che molti medici in tutto il mondo hanno lavorato senza sosta per curare, con risultati positivi. Questo rende ancora più incongrua la versione ufficiale, secondo la quale non esiste alcun trattamento. E' evidente che esistevano possibilità concrete percurare efficacemente i pazienti, come hanno fatto molti medici in Francia, affrontando le rigide posizioni delle autorità sanitarie.

Il caso ivermectina

Fra i trattamenti sottoposti a valutazione c'è l'ivermectina.[150] Gli studi, realizzati da 54 equipes in 24 paesi, dimostrano la sua efficacia sia per la prevenzione (profilassi) che per il trattamento del Covid-19, con miglioramenti significativi in termini di mortalità, di ricorso alla ventilazione, di ricorso alle cure intensive, di ospedalizzazione, di guarigione e di eliminazione del virus. Più di venti paesi la utilizzano per trattare il Covid-19.

Nonostante questo, il percorso dell'ivermectina non è privo di ostacoli. Questo farmaco, inizialmente prescritto contro la scabbia in Occidente, e che si è rivelato molto utile per il trattamento del Covid-19, ha suscitato numerose controversie. Da gennaio 2021, l'avvocato A. Teissedre, sostenuto dall'associazione BonSens.org, ha presentato

148. *Early Treatment with Hydroxychloroquine and Azithromycin: A 'RealLife' Monocentric Retrospective Cohort Study of 30,423 Covid-19 Patients,* medRxiv, 2023.
149. https://c19hcq.org.
150. https://c19ivm.org.

all' ANSM (equivalente francese di AIFA, ndt.) per conto di medici ed associazioni mediche, la richiesta per l'autorizzazione temporanea all'utilizzo dell'ivermectina sui pazienti Covid-19.[151] Dopo aver ricevuto un rifiuto, l'associazione ha presentato una denuncia penale per frode contro l'ivermectina.

Un ricercatore incaricato dall'OMS per la valutazione dell'efficacia dell'ivermectina sul Covid-19 ha cambiato improvvisamente opinione sotto pressione, concludendo per l'inefficacia del farmaco, dopo aver dichiarato il contrario qualche giorno prima. Il Dr. Gérard Maudroux, sul suo blog *Covid-19 factuel,*[152] mette sotto esame questa operazione biopolitica su larga scala.

Gérard Maudroux ha avuto un ruolo importante, in Francia, per la difesa dell'ivermectina. Dobbiamo a lui un articolo interessante sulle differenze dei risultati provenienti dall'Uttar Pradesh, uno degli Stati pro-ivermectina, con il minore tasso di vaccinazione, e il Kerala, lo Stato più povero dell'India, con il maggior tasso di vaccinazione. Nel Kerala, la vaccinazione ha portato a risultati disastrosi, mentre nell'Uttar Pradesh, lo Stato più popoloso dell'India, l'ivermectina ha fermato l'epidemia in pochi giorni. Anche l'OMS lo riconosce.[153]

E molti altri rimedi...

In uno dei miei articoli già citati sull'immunità dei bambini, ho ricordato brevemente le cure per il Covid-19 che si manifesta con una reazione infiammatoria eccessiva. E' logico, dunque, che gli immunomodulanti come l'idrossiclorochina e l'ivermectina, così come gli antistaminici ed i glucocorticoidi si rivelino efficaci.

Inoltre, lo squilibrio del microbiota è un fattore aggravante della malattia, considerando che il microbiota intestinale influisce direttamente sul microbiota polmonare. Diversi ricercatori cinesi hanno raccomandato quasi da subito, il ripristino dell'equilibrio del microbiota attraverso l'assunzione di probiotici. Dal canto loro, altri ricercatori occidentali

---

151. *L'ivermectine enfin examinée par l'ANSM comme traitement contre la Covid-19,* Bonsens.info, 27 gennaio 2021.
152. *Ivermectine/Andrew Hill : le plus gros scandale sanitaire de l'histoire ?,* 24 febbraio 2023. Per la storia dell'opposizione dell'FDA, vedi *Ivermectine, mea culpa surréaliste dell' FDA,* agosto 2023, covid-factuel.fr.
153. *Uttar Pradesh Going the last mile to stop Covid-19,* 7 maggio 2020, www.who.int.

hanno testato con successo una molecola in grado di ridurre la permeabilità intestinale.

Attualmente si stanno effettuando delle prove, per studiare trattamenti in grado di rallentare l'invecchiamento del sistema immunitario e di stimolare l'immunità innata. In termini di prevenzione, sarebbe opportuno mantenere basso il livello infiammatorio di base, per questo si raccomanda di contrastare l'*inflamm-aging,* un fenomeno favorito dall'obesità, dalla mancanza di esercizio fisico e dallo squilibrio del microbiota.

Fra le soluzioni ed i rimedi ignorati si deve menzionare, prima di tutto, la vitamina D, che sarebbe stata senz'altro utile, soprattutto per la prevenzione in vista della lunga durata della crisi sanitaria. Non è, comunque, mai troppo tardi per assumerla, perché questa vitamina/ormone riveste un ruolo importante nella regolazione della risposta del sistema immunitario. Il ricercatore Jen-Marc Sabatier ha appena presentato alcuni studi che dimostrano l'efficacia preventiva della vitamina D durante le trasmissioni del Consiglio Scientifico Indipendente, visionabili sul sito del CSI.[154]

Diversi studi, confermati dalle meta-analisi, hanno dimostrato molto presto che i decessi e le forme gravi del Covid-19 erano legati ad una carenza di vitamina D.[155] Infatti, le persone maggiormente carenti (anziani, obesi, diabetici o ipertesi), sono anche quelle che rischiano maggiormente di ammalarsi gravemente di Covid-19. Nel mese di maggio 2020, l'Académie de Médecine ha pubblicato un comunicato che raccomanda "di dosare rapidamente il tasso di 25(OH)D per le persone di più di 60 anni e di somministrare, in caso di carenza, una dose di carico da 50.000 a 100.000 UI, che potrebbe contribuire a limitare le complicazioni respiratorie".[156] Si raccomanda anche "di assumere un supplemento di vitamina D da 800 a 1000 UI al giorno per le persone che hanno meno di 60 anni con una diagnosi Covid-19 confermata".

Sul piano internazionale, nel dicembre 2020, un collettivo di 210 personalità rinmate, tra le quali 127 professionisti della salute, si è unito

154. https://www.conseil-scientifique-independant.org/categorie/intervenants/jean-marc-sabatier.
155. Fausto Petrelli et al., *Therapeutic and prognostic role of vitamin D for Covid-19 infection: A systematic review and meta-analysis of 43 observational studies, The Journal of Steroid Biochemistry and Molecular Biology,* 2021.
156. *Vitamine D et Covid-19 : la supplémentation présente-t-elle un intérêt ?,* Vidal.fr.

nell'iniziativa #VitaminD4all (vitamina D per tutti) per raccomandare a tutta la popolazione l'assunzione quotidiana di 10.000 UI (250milligrammi)di vitamina D per due o tre settimane, fino al raggiungimento di un valore di 30 ng/mL. Nello stesso tempo, in Francia, l'8 gennaio 2021, sulla *La Revue du Practicien,*[157] è stato pubblicato un appello; malgrado questo, la reazione delle autorità sanitarie si è distinta per un sorprendente silenzio.

La vitamina C, nota per le sue proprietà antiossidanti e per il suo ruolo nel rafforzamento del sistema immunitario, è stata individuata da diversi ricercatori e medici, come un potenziale trattamento complementare. I cinesi sono stati i primi ad includere delle flebo di vitamina C in alte dosi in un protocollo di trattamento del Covid-19.[158] In seguito, alcuni gruppi di medici in Francia,[159] e negli Stati Uniti,[160] hanno inserito la vitamina C nei loro protocolli come misura preventiva e curativa. Questi professionisti della salute hanno indicato tre composti naturali – vitamina D, vitamina C e zinco – come complementari ai medicinali. Per onestà, niente, che io sappia, è stato pubblicato sull'efficacia della vitamina C contro il Covid-19.

Maltrattamento degli anziani

La gestione delle cure alle persone anziane durante la crisi sanitaria ha sollevato gravi questioni etiche. L'ipotesi secondo la quale "non esiste nessun trattamento" ha avuto, soprattutto per queste ultime, conseguenze particolarmente funeste. I protocolli delle cure palliative sono stati utilizzati in maniera eccessiva, spesso a scapito di trattamenti più convenzionali (come i classici antibiotici), e questo ha provocato un aumento della mortalità fra i pazienti più vulnerabili. Questo è stato reso possibile dal decreto "Rivotril", emanato a marzo 2020,[161] che ha

---

157. Questo appello è firmato dall'Associazione francese per la lotta contro l'Artrite reumatoide (AFLAR), dalla Società francese di Endocrinologia (SFE), dalla Società francese di Geriatria e Gerontologia (SFGG), dalla Società francese di Pediatria (SFP), dalla Società francese di Endocrinologia e Diabetologia pediatrica (SFEDP), e dalla Società francofona di Nefrologia, Dialisi e Trapianto (SFNDT; *Effet bénéfique de la vitamine D dans la Covid-19*
158. Vedi l'introduzione al capitolo 2, http://tiny.cc/shanghai-consensus.
159. https://stopCovid19.today/coordination-sante-libre/
160. La Front Line Covid-19 Critical Care Alliance (FLCCC). https://Covid19criticalcare.com/treatment-protocols/
161. Decreto n. 2020-360 del 28 marzo 2020 che integra il decreto n. 2020-293 del 23 marzo 2020, che indica le misure necessarie per affrontare l'epidemia di Covid-19 nel quadro dell'emergenza sanitaria.

autorizzato un medicinale antiepilettico normalmente controindicato nei casi di grave insufficienza respiratoria, condizione comune nei pazienti affetti da Covid-19.

Lo statisico Pierre Chaillot, ha spiegato che l'Assistance Publique-Hopitaux de Parigi (Assistenza Ospedaliera degli ospedali di Parigi, ndt.) aveva organizzato dei gruppi di intervento rapido (GIR) per somministrare il Rivotril, non per salvare i pazienti in difficoltà, ma per evitare il sovraffollamento degli ospedali. Sappiamo, però, che gli ospedali francesi non sono mai stati sovraccarichi nel 2020, bensì piuttosto disorganizzati, specialmente le unità di rianimazione.

Pierre Chaillot ha messo in luce, in Francia, lo scarso utilizzo degli antibiotici e l'eccessivo ricorso al Rivotril e al Valium nella primavera del 2020 e alla fine del 2020, periodi che corrispondono ad una forte mortalità attribuita al covid-19. Nel regno Unito (e in Svezia), sono state raccomandate benzodiazepine e morfina per i pazienti in fin di vita, nonostante queste sostanze non vengano normalmente somministrate in caso di difficoltà respiratorie. Anche in questi casi, l'utilizzo di questi medicinali coincide con i picchi di mortalità per Covid-19.[162]

Questo solleva parecchi interrogativi circa il numero dei decessi realmente attribuibili al Covid-19 rispetto a quelli che sono iatrogeni, cioè provocati dallo stesso trattamento medico. E' legittimo porsi domande sull'impatto delle scelte terapeutiche per le persone anziane, che hanno potenzialmente reso il Covid-19 più mortale di quanto non sia in realtà, e sul modo in cui queste statistiche sulla mortalità, verosimilmente sovrastimate, abbiano influenzato le decisioni politiche nazionali.

L'effetto deleterio dell'intubazione
In Francia, all'inizio della pandemia di Covid-19, il Dr. Louis Fouché, anestesista-rianimatore all'ospedale della Conception di Marsiglia, ha osservato già dal suo secondo paziente che l'intubazione delle persone colpite dal Covid-19 poteva aggravare il loro stato. L'intubazione è, in effetti, una procedura invasiva che necessita del coma artificiale e può provocare ulteriori danni. I rianimatori di tutto il mondo hanno iniziato fin da subito a discutere su questa questione ed hanno concluso

---

162. Video del Dr. John Campbell (sul suo canale YouTube), 14 febbraio 2023. *Pandemic unnecessary deaths, the data.*

che era preferibile fornire ai pazienti una grande quantità di ossigeno, piuttosto che intubarli.

Da marzo 2020, diversi medici e ricercatori italiani e tedeschi hanno confermato questo sospetto rilevando la natura atipica della sindrome da distress respiratorio acuto (SDRA) osservata nei pazienti colpiti dal Covid-19.[163] E' necessario evitare danni ai polmoni lasciando al corpo il tempo di combattere il virus.

E' difficile capire perché le autorità sanitarie abbiano continuato a sostenere l'intubazione, malgrado le prove del suo impatto negativo sulla sopravvivenza dei pazienti. Allo stesso modo, è sorprendente che molti medici abbiano continuato con questa pratica, nonostante i loro colleghi ne avessero messi in luce gli effetti deleteri.

Le autorità sanitarie hanno seguito una logica biopolitica il cui scopo consisteva nell'impressionare gli animi. L'alto tasso di mortalità nei reparti di rianimazione fa parte di questa pratica, perché contribuisce a rafforzare la narrazione della pericolosità della malattia, alimentando la paura della gente. Quanto ai medici, i più si sono rivelati conformisti, privilegiando le direttive ufficiali, senza tenere conto dell'osservazione clinica.

Isolamento inutile
Dal punto di vista scientifico, le misure di quarantena ed isolamento sono apparse come le decisioni sanitarie più sconcertanti. Il solo modo per giustificare l'isolamento su scala mondiale è di considerarlo come una strategia biopolitica. L'obiettivo è quello di provocare uno shock a livello internazionale per agevolare l'adozione di misure già previste negli scenari delle simulazioni pandemiche.

In realtà, l'isolamento come mezzo per gestire le pandemie è stato escluso da molto tempo. L'esperienza ha mostrato che esso si rivela completamente inutile se non contro producente, perché prevede che si mettano insieme persone sane con altre persone potenzialmente infette.[164] In ogni caso, nessuna ricerca scientifica giustifica la reintroduzione della strategia dell'isolamento così come è stata applicata

---

163. Gattinoni et al., *Covid-19 Does Not Lead to a "Typical" Acute Respiratory Distress Syndrome, American Journal of Respiratory and Critical Care Medicine,* 2020.
164. CSI del 29 aprile, con Jean-Dominique Michel. Leggi anche: *Depuis 600 ans, « la quarantaine n'est absolument pas une solution », France Culture,* Pierre Ropert, 4 marzo 2020.

durante la crisi sanitaria, soprattutto dal momento che esistevano potenziali cure.

Diversi studi internazionali,[165] specialmente quelli condotti dagli epidemiologi più noti (almeno, prima della pandemia, perché in seguito sono stati denigrati e marginalizzati...), hanno confermato l'inutilità dell'isolamento e della chiusura delle aziende e degli uffici. Fra i più importanti, ricordiamo la meta-analisi,[166] realizzata sotto la direzione del Johns Hopkins Institute nel 2022.

La farsa delle mascherine

La storia delle mascherine durante questa crisi sanitaria è stata un caso esemplare delle indicazioni contraddittorie e discutibili alle quali siamo stati sottoposti. All'inizio della crisi, le autorità francesi ci avevano assicurato, con giusta ragione, che indossare le mascherine era inutile. Alcune settimane più tardi, sono improvvisamente indispensabili. Questa contraddizione ha contribuito alla diffidenza nei confronti del governo, almeno da parte degli spiriti più critici; per gli altri, questi messaggi contraddittori hanno creato confusione ed impedito ogni ragionamento razionale.

Eric Loridan, un chirurgo francese, è stato uno dei primi a mettere in questione l'efficacia delle mascherine per la popolazione generale. Secondo la sua revisione della letteratura, indossare una mascherina in polipropilene non offre nessuna protezione contro la trasmissione dei virus e può anche costituire una minaccia per la sicurezza di chi la indossa. L'obbligo di indossare una mascherina ha il solo scopo di rammentare a tutti che esiste un'epidemia. Queste affermazioni gli sono costate parecchie noie.[167]

Secondo uno studio dei CDC americani pubblicato a maggio 2020 e dedicato all'influenza, l'utilizzo delle mascherine chirurgiche non

165. Bendavid E, Oh C, Bhattacharya J, Ioannidis JPA., *Assessing mandatory stay-at-home and business closure effects on the spread of Covid-19, Eur J Clin Invest.*, 2021, PMID 33400268. Takaku, R., Yokoyama, I., Tabuchi, T. et al., *SARS-CoV-2 suppression and early closure of bars and restaurants: a longitudinal natural experiment, Sci Rep.*, 2022.

166. Herby, J., Jonung, L., & Hanke, S. H. (2021), *A Literature Review and Meta-Analysis of the Effects of Lockdowns on Covid-19 Mortality, Studies in Applied Economics*, janvier 2022, Johns Hopkins Institute for Applied Economics, Global Health, and the Study of Business Enterprise.

167. *L'Ordre des médecins va juger le Docteur Loridan parce qu'il a entièrement raison sur les masques*, Aimsib.org, 27 novembre 2022.

mostra nessuna efficacia rilevante per la riduzione del contagio. Lo studio sottolinea anche che la modalità di trasmissione dei virus respiratori è ancora poco chiara.[168]

L'OMS si occupa delle "misure non farmaceutiche" per il controllo delle epidemie influenzali. Questo genere di misure comprende generalmente l'igiene delle mani, la pulizia delle superfici, la ventilazione, il tracciamento dei contatti, l'isolamento dei malati, la riduzione dei viaggi e la chiusura delle frontiere...Questo rapporto di 120 pagine,[169] è tanto più interessante, perché risale al 2019. Cosa dice l'OMS aproposito delle mascherine? La loro efficacia nella prevenzione della trasmissione dell'influenza è relativamente limitata. Infatti, l'utilizzo fuori dalle strutture mediche non testimonia alcuna efficacia significativa. L'OMS nota altresì che indossare una mascherina può conferire un falso senso di sicurezza portando a trascurare altre misure di prevenzione essenziali come l'igiene delle mani e il distanziamento sociale. Inoltre, l'utilizzo inappropriato delle mascherine può aumentare il rischio d'infezione!

Non si può evitare di pensare che le raccomandazioni dell'OMS per il Covid-19 si sono molto evolute, dal momento che adesso viene raccomandato l'utilizzo delle mascherine per aiutare a prevenire la diffusione del virus del Covid-19, senza che la letteratura scientifica abbia apportato, da allora, alcuna novità...

Tom Jefferson e gli esperti internazionali dell'organizzazione Cochrane hanno prodotto una meta-analisi,[170] che conferma l'inutilità delle mascherine per interrompere o ridurre la diffusione dei virus respiratori. Questo studio mette insieme 78 studi randomizzati sugli operatori sanitari e sulla popolazione generale. In entrambi i casi non si osserva alcuna riduzione significativa dei casi di influenza o di altre malattie simili, inoltre, non viene rilevata alcuna differenza tra le mascherine chirurgiche e gli altri dispositivi più elaborati, come le mascherine N95, destinate a filtrare almeno il 95% delle particelle in sospensione nell'atmosfera.

---

168. Xiao J. et al., *Nonpharmaceutical Measures for Pandemic Influenza in Nonhealthcare Settings—Personal Protective and Environmental Measures, Emerging Infectious Diseases*, 2020.
169. World Health Organization, 2019, *Non-pharmaceutical public health measures for mitigating the risk and impact of epidemic and pandemic influenza.*
170. Jefferson T et al., *Physical interventions to interrupt or reduce the spread of respiratory viruses, Cochrane Database of Systematic Reviews*, setembre. 2023.

Per concludere

E' importante tenere presenti gli scenari delle simulazioni di pandemia precedenti il Covid-19. E' stato necessario fare in modo che la malattia sembrasse più grave di quanto non fosse realmente, facendo crescere il numero dei malati e dei decessi, e bisognava anche terrorizzare la popolazione per mantenere il più alto livello di angoscia fino all'arrivo dei vaccini, presentati fin dall'inizio come sola e definitiva soluzione.

Nella primavera 2021, le autorità ci hanno assicurato che il pass sanitario avrebbe rispettato le libertà individuali.[171] Nonostante ciò, i governi hanno optato per una vaccinazione sotto pressione, di fatto obbligatoria, per numerosi settori. Il ministro della Salute francese ha finalmente calato la maschera nel dicembre 2021: "E' semplice, è chiaro, è limpido ed è scontato: vogliamo che i Francesi si facciano vaccinare".

Anche fare affermazioni contraddittorie fa parte della strategia, per destabilizzare la riflessione in seno alla popolazione. Questo permette di far passare le misure decise, non sulla base di prove scientifiche, ma piuttosto, con lo scopo di controllare la popolazione e di mantenere un certo livello di paura.

E', dunque, fondamentale restare vigili e continuare a mettere in questione le decisioni prese dalle autorità. La gestione di questa crisi ha generato conseguenze devastanti ed onerose per la salute di tutti. Come abbiamo visto, diversi trattamenti si sono rivelati efficaci molto rapidamente, ed avrebbero potuto contribuire a rinforzare la salute immunitaria della popolazione, rendendola meno vulnerabile, non soltanto verso il Covid-19, ma anche verso altre infezioni respiratorie. Purtroppo, le misure preventive che permettono di combattere simultaneamente numerosi patogeni non sono quelle preferite dalle autorità sanitarie, né, ancora meno, dalle aziende farmaceutiche. le quali preferiscono promuovere rimedi specifici per ciascun virus, moltiplicando le loro fonti di guadagno. Fra questi rimedi specifici, la vaccinazione occupa un posto d'onore.

---

171. *Passeport sanitaire : le « oui, mais » du CCNE, La Croix,* 29 marzo 2021.

Terza parte

I VACCINI AL SERVIZIO DEL BIOPOTERE

I vaccini sono universalmente riconosciuti come strumenti essenziali per la salute pubblica. La loro importanza è tale che numerosi vaccino sono stati resi obbligatori per i bambini, mentre altri sono oggetto di campagne ricorrenti per aumentare la copertura vaccinale contro diverse malattie di origine virale, come nel caso del vaccino contro l'influenza, che ogni anno, in Francia, viene raccomandato agli over 65. Nel 2023 la Francia ha iniziato anche una campagna di sensibilizzazione per la vaccinazione contro il papillomavirus rivolta agli studenti.

Durante la crisi Covid-19 siamo stati testimoni e attori, a volte, contro la nostra volontà, della più grande campagna vaccinale su scala mondiale mai messa in atto. L'invito a farsi vaccinare, accompagnato da forti pressioni e dal ricatto del green-pass, ha dato vita ad un dibattito molto vivace anche tra i ferventi sostenitori della vaccinazione. Uno dei punti centrali della controversia è stata la stessa definizione di 'vaccino' per quella che sembra, piuttosto, una terapia genica. Questo gioco semantico ha permesso di bypassare i vincoli normativi in termini di sicurezza ed efficacia prima della commercializzazione di questi nuovi farmaci.

Bisogna sapere che i vaccini tradizionali beneficiano già di agevolazioni che hanno lo scopo di non ostacolare il loro sviluppo, permettendo una produzione più rapida. Nel suo libro *Le dernier langage de la médecine : histoire de l'immunologie, de Pasteur au Sida*,[172] Anne Marie Moulin direttore emerito della ricerca al CNRS, ci ricorda la mancanza di fondatezza scientifica della vaccinazione: "Le teorie sull'immunità erano inizialmente un semplice commento alle tecniche della vaccinazione", e "Il proseguimento della storia della vaccinazione dopo il 1885 non è quello di un empirismo vittorioso, ma quello di un empirismo spesso sprovveduto". L'autrice sottolinea anche che la vaccinazione è sempre stata uno strumento del potere.[173]

---

172. 1991, PUF, prefazione di Niels K. Jerne, premio Nobel per la fisiologia e la medicina.
173. *La medicina plebiscitaria? Vaccini e democrazia,* Medicina/scienze 2016

Allo stesso moso, la collana *Vaccini e società* del Dr. Michel de Lorgeril sostiene che la scienza vaccinale manca di precisione e non segue i principi della *medicina basata sulle prove.* Non esiste quasi nessun trial clinico in doppio cieco che mostri l'efficacia e la sicurezza dei vaccini classici.

Dalla crisi dell'influenza H1N1, prima 'pandemia' mondiale per la quale è stato sviluppato un vaccino in emergenza, la sfida principale è stata quella di migliorare la velocità di produzione. L'esigenza di produrre vaccini antinfluenzali più adattati alle diverse varianti è stata soltanto secondaria.

La produzione di vaccini antinfluenzali a base d'uovo è un metodo utilizzato da decenni, ma necessita di circa sei mesi per la produzione di una quantità sufficiente di vaccini per una stagione influenzale. Bisogna essere in grado di prevedere quali saranno i ceppi dominanti molti mesi prima, e questo può causare errori di corrispondenza tra il vaccino ed il ceppo virale circolante. Inoltre, essa necessita di un gran numero di uova di gallina appositamente preparate, e questo può presentare dei problemi in caso di penuria di uova o di malattia aviaria. La piattaforma mRNA è, a priori, meno pesante dal punto di vista tecnico e, agli occhi degli esperti, offre il vantaggio di potersi adattare rapidamente alle nuove varianti.

Durante il summit sul futuro della sanità del Milken Institute di Washington nell'ottobre 2019, nel contesto di un dibattito sul "vaccino universale contro l'influenza", alcune personalità di spicco, tra le quali Anthony Fauci e Margaret Hamburg, ex commissario della FDA, hanno velatamente suggerito di bypassare gli studi clinici sui vaccini a mRNA e hanno sottolineato la necessità di una grande crisi sanitaria che permetterebbe di evitare una decina di anni di test. La crisi Covid-19 è iniziata meno di due mesi dopo: questi responsabili erano indubbiamente già al corrente della comparsa del SARS-CoV-2 e, forse, contavano di poterne approfittare al massimo per realizzare i loro obiettivi. La crisi del coronavirus è stata un'occasione ideale per far progredire queste terapie che, fino ad allora, avevano dovuto affrontare grandi ostacoli etici e scientifici.

Questa terza parte, la più grande del libro, si occupa dei nuovi approcci vaccinali realizzati durante la crisi e che hanno sollevato molti problemi. Esamineremo le ripercussioni sanitarie della politica della vaccinazione contro il Covid-19, che è un caso esemplare di cattiva gestione. Lungi dal produrre i risultati attesi, la vaccinazione generalizzata ha provocato effetti avversi considerevoli sulla salute pubblica dei quali stiamo soltanto iniziando a comprendere il meccanismo e l'ampiezza.

Nel capitolo precedente abbiamo accennato alla possibilità che i vaccini tradizionali agevolino certe infezioni; vedremo che l'efficacia dei 'vaccini' a mRNA è stata compromessa da un fenomeno simile. E' chiaro, ormai, che questa tecnologia non è una soluzione miracolosa e non evita i problemi che sono associati ai vaccini tradizionali. D'altro canto offre la prospettiva di guadagni molto maggiori grazie a costi di produzione ridotti.

I punti chiave

La maggior parte delle ricerche sull'immunità post-vaccinale si concentra sugli anticorpi detti 'neutralizzanti' misurati *in vitro*. Questo tasso di anticorpi, però, potrebbe non corrispondere ad una reale protezione. Infatti, benché il tasso di anticorpi risulti spesso più elevato a seguito della vaccinazione piuttosto che dopo l'infezione, i casi di reinfezione ricorrono in quantità nettamente maggiore tra gli individui vaccinati che tra quelli guariti.

L'immunità naturale contro il Covid-19 acquisita dopo l'infezione da virus è più solida e duratura. E' possibile che la reale protezione contro il Covid-19 derivi prima di tutto dalla memoria immunitaria. Questa memoria, garantita dalle cellule T e B, che rimangono a lungo dopo l'infezione, sembra offrire una difesa migliore di quella conferita dai vaccini.

E' importante anche notare che vaccinare le persone che sono già state infettate precedentemente potrebbe comportare dei rischi. Infatti, gli effetti avversi sistemici sembrano più frequenti su questi individui, piuttosto che su quelli che non sono mai stati infettati, soprattutto dopo la prima dose del vaccino.

Inoltre, la vaccinazione potrebbe avere conseguenze impreviste, tra cui la riduzione della capacità dell'organismo di affrontare le future varianti. Allo stesso modo potrebbe rimodellare la risposta immunitaria innata, diminuendo così la capacità dell'organismo di combattere altri virus o il cancro, ed influire sull'evoluzione delle malattie infiammatorie e autoimmuni.

3.1 Immunità naturale contro immunità vaccinale

Nel 2021, quando la campagna di vaccinazione era già ben avviata, abbiamo assistito all'intensificazione della promozione dell'immunità vaccinale a svantaggio dell'immunità naturale, contemporaneamente si raccomandava la vaccinazione di coloro che avevano già avuto il Covid-19, nonostante esistessero già diversi studi che affermavano quanto questo potesse essere pericoloso.

Ho deciso, dunque, di riprendere la penna per il sito dell'Aimsib, per fare una comparazione tra l'immunità vaccinale e l'immunità naturale. Ricordiamo che la validità dell'immunità naturale era stata amministrativamente ridotta a sei mesi, nel quadro del pass sanitario, quindi a quattro, per avere diritto al green-pass da guarigione...Realtà scientifica o manipolazione politica per fare in modo che l'immunità naturale non sembrasse più efficace dell'immunità vaccinale? Si tratta, chiaramente, di politica, perché sappiamo che l'immunità naturale dura di più di sei mesi (fino a diciotto anni, per il SARS-CoV del 2003).

Quando l'OMS fa sparire l'immunità naturale

La posizione dell'OMS e il suo voltafaccia mi hanno impressionata: fino al giugno 2020 l'OMS riconosceva l'immunità naturale come un elemento chiave dell'immunità collettiva contro i nuovi agenti patogeni. Dopo il 13 novembre 2020, però, l'OMS ha affermato che l'immunità collettiva di una popolazione non può essere ottenuta che con la vaccinazione, e non con l'infezione naturale...Questo è stato riaffermato il 31 dicembre 2020 per il Covid-19, riconoscendo che non era nota la soglia di copertura vaccinale auspicabile per ottenere questa 'immunità collettiva', nozione che ancora oggi rimane vaga per gli scienziati in buona fede.[174] Su quale base l'OMS dichiara che l'immunizzazione artificiale è più valida di quella naturale se non sull'esigenza politica di mettere in atto una vaccinazione mondiale? Da quando la vita è apparsa sulla Terra, l'immunità naturale non ha mai smesso di svilupparsi ed adattarsi, per tutti gli esseri viventi, come risposta ai microbi, e tutto questo senza vaccini.

---

174. Vedi i lavori di Vincent Pavan al CSI n. 32 del 18 novembre 2021.

Anche i CDC americani, che sono favorevoli all'immunità vaccinale, che ritengono superiore all'immunità naturale, nel 2021 hanno affermato che: "I dati sono attualmente insufficienti per determinare una soglia di titolo anticorpale che indichi quando un individuo è protetto contro l'infezione. Non esiste, al momento, nessun test autorizzato o approvato dalla FDA, che i fornitori o il pubblico possano utilizzare per valutare in modo affidabile se una persona è protetta contro l'infezione". Nel linguaggio ufficiale, questo conferma che non si conosce il "correlato di protezione", come già indicato per la protezione da infezione. La questione che emerge, dunque, è la seguente: su quale base scientifica le autorità sanitarie hanno valutato, indipendentemente dalle affermazioni dei produttori, l'efficacia vaccinale dei prodotti che hanno acquistato per miliardi di euro o di dollari?

Gli anticorpi vaccinali, testimoni poco affidabili

Abbiamo già visto, nella parte precedente, che gli anticorpi non sono sempre il marker giusto per valutare l'immunizzazione contro un agente patogeno. Gli studi clinici delle ditte farmaceutiche si basano soltanto sul tasso di anticorpi per 'dimostrare' che i loro vaccini sono efficaci, ma questo tasso rappresenta soltanto, nella migliore delle ipotesi, la quantità di anticorpi detti 'neutralizzanti', cioè la quantità di anticorpi in grado di neutralizzare il virus *in vitro* (in laboratorio). E' sufficiente, a volte, che il produttore dimostri un forte tasso di anticorpi che si legano ad un virus *in vitro* (senza neppure 'neutralizzarlo') perché il suo vaccino venga approvato. Ci stiamo dirigendo verso autorizzazioni che si fonderanno soltanto su questo criterio di efficacia. Gli studi clinici non valutano le capacità della risposta cellulare e, ancora meno, quella della risposta dell'immunità innata, ben più difficile da valutare.

La vaccinazione dei soggetti convalescenti potrebbe comportare dei rischi: si osservano più effetti avversi sistemici sui soggetti convalescenti rispetto ai soggetti 'naif', (cioè che non sono mai stati infettati) dopo la prima dose di vaccino.[175]

Nel caso del vaccino Pfizer contro il Covid-19, uno studio del 2022 ha dimostrato che un forte tasso anticorpale può essere associato

---

175. PMID 33691060, PMID 33803014, PMID 34062184, PMID 34400714, PMID 33930320.

ad effetti collaterali più gravi. Nonostante questo, il calcolo del tasso anticorpale è stato utilizzato dall'Agenzia Europea del farmaco (EMA), per convalidare una terza dose del vaccino Pfizer. Poco importa che questa terza dose aggravi il rischio di effetti avversi, gli anticorpi hanno parlato!

Nel febbraio 2022, la Haute Autorité de Santé (HAS, equivalente dell' ISS italiano) ha raggiunto il massimo dell'incoerenza nelle sue direttive: in un annuncio speciale, ha ridotto la validità del green-pass da guarigione da sei a quattro mesi per la Francia, pur sottolineando che tale validità restava di sei mesi a livello internazionale.[176] Senza alcun fondamento scientifico, l'agenzia ha convalidato la "regola dei tre" imposta dal Ministero della Salute, secondo la quale un'infezione equivale ad una iniezione, e che il programma di vaccinazione primaria deve sempre includere almeno una dose di vaccino. Questa logica è intrinsecamente contraddittoria: se un'infezione equivale realmente ad una iniezione, allora tre infezioni dovrebbero logicamente equivalere a tre iniezioni.

La terminologia utilizzata dalla HAS è, anch'essa, fonte di confusione: si utilizza l'espressione 'programma di vaccinazione primaria', anziché fare riferimento all'acquisizione di una protezione contro l'infezione Covid-19. E' chiaro, dunque, che non si tratta più di protezione o immunità, ma di iniezione. In più, la HAS, sempre in contraddizione, ricorda che una seconda dose non è raccomandabile per una persona che è già stata infettata. Come giustificare, allora, questa "regola dei tre" per quelle persone già infettate che hanno ricevuto una dose? Logicamente, queste non dovrebbero fare una terza dose.

Un'immunità eccessivamente mirata

Uno dei principali difetti della vaccinazione è che questa non induce un'immunità a largo spettro, come avviene per l'immunizzazione naturale. L'infezione naturale stimola l'immunità delle mucose, contrariamente al vaccino iniettato per via intramuscolare. La vaccinazione induce soltanto gli anticorpi contro una sola proteina, la Spike, mentre il virus ne presenta anche altre. I vaccini a virus intero inattivato sviluppati in seguito hanno potuto fornire anticorpi contro altre proteine virali, ma non per questo sono stati più efficaci.[177]

---

176. HAS, Avis n°2022.0012/SESPEV, 14 febbraio 2022.
177. Hélène Banoun, *Vaccins à virus inactivé anti-Covid-19 (Valneva et autres): décevants !,* ResearchGate, gennaio 2022.

L'immunità conferita dall'infezione può proteggere contro le future varianti perché copre anche parti del virus non variabili; al contrario, gli anticorpi vaccinali sono diretti contro la Spike, che subisce diverse mutazioni nelle varianti successive. Vedremo anche che la vaccinazione può indurre anticorpi che facilitano l'infezione.

Inoltre sembrerebbe che la vaccinazione indebolisca la risposta immunitaria contro una futura infezione e, ancora più grave, che modifichi la risposta immunitaria dei convalescenti non necessariamente in senso positivo: essa potrebbe ridurre la loro capacità di reagire contro le future varianti.

Soppressione immunitaria

Nel corso delle mie ricerche ho trovato diversi studi che documentano un altro fatto preoccupante: l'indebolimento della risposta immunitaria a seguito della vaccinazione. Questo è legato al fenomeno dell'imprinting immunitario (o OAS) di cui abbiamo già parlato a proposito dell'influenza. Ho riassunto le mie conclusioni nell'articolo *Covid-19, immunità naturale contro immunità vaccinale* e, da allora, numerosi articoli hanno confermato questo fenomeno indotto dalle ripetute iniezioni. Sembra che le conseguenze siano più gravi per gli individui che hanno contratto il virus SARS-CoV-2 prima di essere vaccinati.

La vaccinazione accresce il livello di anticorpi diretti contro la proteina Spike, ma questi anticorpi restano specifici contro il primo 'imprinting', cioè la Spike del ceppo originario di Wuhan. La vaccinazione restringe lo spettro del sistema immunitario impedendogli di reagire alla Spike delle nuove varianti e agli altri antigeni (non Spike) dei virus che si contraggono. Per esempio, la concentrazione degli anticorpi contro la proteina N è ridotta nei vaccinati, in paragone ai guariti. La proteina N muta meno frequentemente della Spike e rende gli anticorpi anti-N particolarmente efficaci contro le varianti successive. Questo fenomeno di imprinting immunitario è più sviluppato negli anziani, che, come abbiamo visto, hanno meno linfociti originari (o naif), nonostante siano proprio le persone anziane ad aver bisogno di una protezione contro il Covid-19, e non i giovani.

Elencare tutti i riferimenti agli studi che si occupano di questo argomento è impossibile, bisogna, però, sottolineare che quelli che lo affrontano tendono spesso ad attribuire ad una precedente infezione questo problema dovuto ai vaccini. E' questo il caso di un articolo su

Science,[178] che esamina soltanto i trivaccinati e pretende che l'OAS sia dovuto alle precedenti infezioni e non ai vaccini.

Il vaccino protegge dalla forma grave del Covid-19?

Per valutare in modo preciso l'immunità conferita da un vaccino è fondamentale misurare la protezione contro le forme gravi della malattia basandosi, per esempio, sul tasso di ospedalizzazione o di mortalità. Gli studi clinici dei vaccini non sono riusciti a dimostrarla per la mancanza di significatività statistica. In effetti, è difficile osservare forme gravi fra partecipanti prescelti in base al loro buono stato di salute. L'affermazione secondo la quale il vaccino protegge dalle forme gravi è un pregiudizio che, fino ad oggi, non è stato provato. Malgrado ciò, questa nozione è stata largamente diffusa come una verità incontestabile dai media allineati agli interessi del biopotere. A sostegno di questa affermazione, si possono consultare le ricerche della biostatistica Christine Cotton, autrice di *Tous vaccinés, tous protégés.*

Secondo uno studio,[179] retrospettivo (Gazit et al., 2021, su 700.000 israeliani), i vaccinati presentano un rischio di ospedalizzazione per Covid-19 più elevato rispetto alle persone che hanno contratto il Covid-19 (6,7 volte più alto). Le persone che sono già state infettate dal SARS-CoV-2 sono 27 volte meno suscettibili di sviluppare una seconda infezione sintomatica rispetto a quelle vaccinate.

Per approfondire

– *Covid-19, immunité naturelle versus immunité vaccinale,* Aimsib. org, 3 ottobre 2021.

– *Pourquoi les enfants sont moins atteints,* Banoun H., Infect Dis Res, 2022, https://hal.archives-ouvertes.fr/hal-03754848.

– *Évaluer l'immunité naturelle anti-Covid-19 : sérologie, immunité cellulaire,* Aimsib.org, 24 ottobre 2021.

– *Une troisième dose pour que ça marche enfin ?*, Aimsib.org, 26 novembre 2021.

---

178. Reynolds CJ,et al., *Immune boosting by B.1.1.529 (Omicron) depends on previous SARS-CoV-2 exposure, Science,* 2022. PMID 35699621.
179. Sivan Gazit et al., *Comparing SARS-CoV-2 natural immunity to vaccineinduced immunity: reinfections versus breakthrough infections,* medRxiv, 25 agosto 2021.

3.2 Quando i vaccini anti-Covid-19 facilitano l'infezione invece ci impedirla

Abbiamo già parlato dei due meccanismi immunitari che facilitano le infezioni: gli anticorpi facilitanti (ADE) e l'imprinting antigenico (OAS). Nonostante la tecnologia a mRNA sia diversa da quella dei vaccini classici, questi due fenomeni si osservano anche per i vaccini contro il Covid-19. Ho avvisato circa il rischio ADE nei due articoli pubblicati nel 2020,[180] ancora prima della distribuzione dei vaccini, sulla base delle osservazioni anteriori che erano state oggetto di alcuni studi sui vaccini contro il SARS-CoV del 2003. Purtroppo, queste ipotesi si sono rivelate esatte. Dall'inizio della campagna vaccinale sono stati riportati diversi casi di Covid-19 post-vaccinale.

Avvertimenti ignorati
All'inizio del 2020, tutti gli esperti di coronavirus temono l'emersione di questo fenomeno deleterio e temibile, ben noto fin dalla sperimentazione animale dei vaccini contro il SARS-CoV-1 nel 2003.[181] E' noto che l'ADE viene provocata dagli anticorpi diretti contro la proteina Spike del virus e questo effetto è considerato inevitabile.[182]

Si impone, dunque, una domanda d'obbligo: perché tutti i produttori dei vaccini hanno scelto la proteina Spike come antigene? Questa è presente in grande quantità sulla membrana del virus, e la scienza vaccinale si è concentrata principalmente sulla produzione di anticorpi, considerati come agenti benefici del nostro sistema immunitario. Era dunque logico scegliere questa proteina come bersaglio, perché essa poteva indurre la produzione di una grande quantità di anticorpi neutralizzanti capaci di legarsi alla membrana virale impedendo al virus di entrare nelle nostre cellule.

---

180. *Covid-19 graves, admettre l'existence des anticorps facilitateurs et Vaccin anti-Covid-19 et immunité de groupe, c'est non... et encore non,* Aimsib.org.
181. Kulkarni, R. et al., *Antibody-Dependent Enhancement of Viral Infections, In: Dynamics of Immune Activation in Viral Diseases, Springer,* Singapore, 2020. Wang SF et al., *Antibody-dependent SARS coronavirus infection is mediated by antibodies against Spike proteins,* Biochem Biophys Res Commun, Agosto 2014. PMID 25073113.
182. Xu L et al., *Antibody dependent enhancement: Unavoidable problems in vaccine development,* Adv Immunol, 2021.

Questo approccio, però, è restrittivo e riduttivo, perché "dimentica" l'eventualità dell'ADE. Questo fenomeno, secondo il quale certi anticorpi potrebbero, in realtà, facilitare l'infezione anziché combatterla, avrebbe dovuto essere considerato prima della produzione dei vaccini. Tuttavia, il Piano di Gestione del Rischio (Risk Management Plan) compreso nei resoconti degli studi clinici dei vaccini Pfizer, afferma che l'ADE è un fenomeno che deve essere sorvegliato, senza, però, ulteriori precisazioni (questo rischio è stato poi soppresso, senza giustificazioni)[183].

Infezioni che si verificano subito dopo la vaccinazione negli studi clinici

Peter Doshi, professore all'Università di Baltimora specializzato nella sicurezza dei farmaci ed editore del *BMJ*, afferma che questa valutazione, purtroppo, non è stata fatta in modo completo.[184] Le infezioni Covid-19 che si sono verificate subito dopo l'iniezione delle dosi di vaccino non sono state prese in considerazione nei resoconti degli studi clinici, e si può anche affermare che tutto è stato fatto per farle sparire sia dai risultati di efficacia che di tossicità. Non si può distinguere una manifestazione di ADE da un'infezione virale senza ADE. Perciò, quando si verificano dei casi di malattia o di decessi poco tempo dopo la vaccinazione, non si può escludere il vaccino come probabile causa. Per valutare precisamente l'ADE, è essenziale studiare con attenzione i casi di Covid-19 che si verificano i giorni seguenti la vaccinazione, ma in tutti gli studi clinici, questo periodo viene escluso. I produttori escludono le infezioni sopravvenute dai sette a quindici giorni dopo l'iniezione, col pretesto che i pazienti non sono ancora protetti. Anche se questa può essere una motivazione legittima, nulla vieta di analizzare il numero di infezioni che si verificano nei giorni seguenti la vaccinazione.

Evidentemente, l'efficacia dei vaccini è falsata da un pregiudizio fondamentale: vengono considerati soltanto i casi di Covid-19 che si verificano più di quattordici giorni dopo l'iniezione. Avendo analizzato qualcuno di questi studi clinici in diversi articoli per il sito di Aimsib,

183. EMA_EPAR-Pfizer juin 2023, RMP Version number: 10.0, risk-management-plan_en.pdf.
184. *Pfizer and Moderna's 95% effective vaccines? Let's be cautious and first see the full data,* 26 novembre 2020, sul blig del BMJ

ho rilevato sempre la stessa incongruenza nelle cifre relative al periodo di quindici giorni dopo l'iniezione.

In breve, è fondamentale riconoscere che l'ADE è un fenomeno preoccupante nel contesto della vaccinazione contro il Covid-19. Sarebbe stato essenziale sorvegliare ed analizzare con attenzione i casi di Covid-19 post-vaccinali.

L'ADE, osservata in tutti gli studi clinici dei vaccini anti-Covid-19, compresi quelli 'classici'

La comparsa dell'ADE nel caso dei vaccini a mRNA dimostra che questi nuovi approcci non sono in grado di evitare questo fenomeno già ben osservato in passato per tutti i vaccini concentrati sulla proteina Spike dei coronavirus. Per il SARS-CoV-2, i vaccini classici non riescono a superare l'ostacolo dell'ADE.

Con il vaccino cinese a virus inattivato CoronaVac, del laboratorio Sinovac, è stato osservato che le persone che avevano ricevuto una dose avevano un rischio molto più elevato di contrarre il Covid-19 rispetto a coloro che non erano vaccinati.[185]

Il vaccino 'classico' Novavax (a base di proteina Spike ricombinante), sviluppato da un'azienda americana e destinato ai 'diffidenti' della vaccinazione a mRNA, dà lo stesso tipo di risultato. Secondo un'analisi approfondita,[186] non si tratta di un vaccino così classico, perché la proteina Spike è modificata come per gli altri vaccini ed è prodotta su cellule di insetti. Si tratta, dunque, di iniettare la proteina 'Spike' completa del virus che , quindi, è altrettanto tossica. Inoltre, questa Spike è stata modificata per renderla più stabile…La preparazione finale è adiuvata con il Matrix-M®, un nuovo adiuvante che è stato testato in saggi clinici per vaccini antinfluenzali. Come tutti gli adiuvanti, esso aumenta le reazioni infiammatorie e permette una maggiore produzione di anticorpi rispetto ad un vaccino non adiuvato.

Negli studi clinici del Novavax vengono presi in considerazione solo i casi di Covid-19 che compaiono oltre i quattordici giorni dopo la seconda dose, per valutare l'efficacia vaccinale. Quindi, i sintomi del Covid-19 che compaiono nei primi sette giorni dopo la prima dose non

---

185. *Les vaccins à virus inactivés, une solution ?*, 1er agosto 2021.
186. *Novavax: Bientôt un vaccin classique contre la Covid-19 ?*, H. Banoun, 11 luglio 2021.

vengono confermati con il test PCR, e questo impedisce che vengano riconosciuti come casi Covid-19 confermati! In questi studi, come in altri, la manipolazione dei dati può portare ad esiti che, se esaminati attentamente, risultano incongrui, ma questo attento esame è stato fatto molto raramente dall'uscita dei primi risultati. Io stessa sono stata fortemente criticata nell'estate 2021, quando ho iniziato questa analisi.

Questa differenza solleva dei dubbi circa la definizione dell'infezione Covid-19 nello studio clinico sul gruppo placebo. E' possibile che questa divergenza nasconda una manipolazione dei dati per nascondere l'ADE (antibody dependent enhancement) (potenziamento anticorpo-dipendente)?

Per minimizzare l'eccesso dei casi Covid-19 post-vaccinale nei giorni successivi all'iniezione, i produttori hanno gonfiato artificialmente il tasso di Covid-19 nei soggetti che hanno ricevuto il placebo nello stesso periodo. Questo si è ottenuto testando diversamente i partecipanti di questo gruppo rispetto a quelli del gruppo dei vaccinati (sappiamo quanto sia facile ottenere un risultato PCR positivo aumentando il numero dei cicli di amplificazione). In seguito, dopo questo periodo critico, i casi di Covid-19 post-vaccinale diminuiscono, quindi non è più necessario aumentare artificialmente questo numero di cicli per i soggetti che hanno ricevuto il placebo. Si osserva, in seguito, un tasso di Covid-19 più basso tra i soggetti che hanno ricevuto il placebo, oltre i sette giorni dopo la seconda dose di soluzione salina, come se quest'ultima avesse offerto una protezione contro il Covid-19!

Ho osservato la stessa incongruenza nei trial di Pfizer sugli adolescenti e sugli adulti[187]. La comparazione del tasso d'incidenza della malattia nella popolazione generale e nei partecipanti agli studi clinici (in particolare quelli del gruppo placebo), rivela una manipolazione. Per esempio, mentre negli Stati Uniti l'incidenza del Covid-19 è dello 0,61 % nella popolazione generale, nel periodo che corrisponde ai trials clinici Pfizer, essa è del 3,1 % nel gruppo placebo. La manipolazione dei dati fa apparire la soluzione salina del placebo come protettiva contro il Covid-19, una volta trascorso il periodo tra la prima dose e quindici giorni prima della seconda. Si ritrova lo stesso problema (seppure meno pronunciato) nello studio di Moderna, ma è importan-

---

187. *Essais cliniques des vaccins anti-Covid-19 sur les adolescents : l'EMA et la FDA ont-elles accès aux mêmes données ?,* Aimsib.org, agosto 2021.

te sottolineare che un grande numero di partecipanti vaccinati è stato escluso nel corso del trial fra le due dosi, senza spiegazione.

Ho presentato tutte le informazioni in occasione di diverse trasmissioni del Consiglio Scientifico Indipendente a luglio e agosto 2021. Nel frattempo, i risultati sono stati pubblicati dalla fine del 2020: chi, al di là di qualche scienziato 'critico' si è interessato a questi risultati? Fra i milioni di ricercatori biologi del mondo, nessuno, prima di me, li ha letti nell'estate 2021?

Se ho atteso qualche mese prima di esaminarli, è perché pensavo che questo fosse già stato fatto dagli esperti delle agenzie ufficiali (EMA e FDA in particolare), ma anche dai ricercatori delle altre istituzioni. Sappiamo, ora, che diversi esperti dell'FDA hanno dato le dimissioni in quel periodo, e che quelli dell'EMA hanno subito delle pressioni per approvare i vaccini malgrado queste evidenti incongruenze rilevate nei documenti.[188]

I ricercatori degli organismi statali francesi, come quelli dell'Inserm e del CNRS si sono auto-censurati o hanno subito delle pressioni? E' una questione che emerge chiaramente dall'intervista tra Juliette Rouchier e Toby Green, professore di storia al King's College.[189]

Il mondo accademico potrà evitare ancora per molto di fare un'auto-critica sul suo comportamento durante la pandemia Covid-19?

In tutti i saggi clinici, la rarità dei casi gravi di Covid-19 conferma che la pandemia probabilmente non era così pericolosa come era stata annunciata. La maggior parte dei partecipanti agli studi clinici erano giovani e in buona salute, individui che, in genere, non avevano motivo di temere il virus. Dunque, perché vaccinarli? Per fare un esempio, negli studi di Novavax, il rischio di contrarre il Covid-19 era di circa l'1% durante il periodo di studio. Abbiamo molto sentito parlare della protezione offerta da un vaccino cosiddetto 'altruista', per riconoscere alla fine, dopo che la maggior parte della popolazione mondiale era stata vaccinata, che non impediva la trasmissione. Non c'era, dunque, alcun motivo per vaccinare i giovani in buona salute.

---

188. *Adam Cancryn, Sarah Owermohle, Biden's top-down booster plan sparks anger at FDA,* Politico, 31 agosto 2021.
Children's Health Defense Team, Government Officials Pressured EU Regulators to Rush Authorization of Pfizer Vaccine, Leaked Documents Reveal, Children's Health Defense, 11 luglio 2023.
189. *Réflexions sur la soumission du monde académique durant la crise du Covid-19,* entretien avec Toby Green, 23 giugno 2023

Nel 2023, queste manipolazioni non ci meravigliano più perché sappiamo, ormai, che Pfizer ha prodotto studi clinici fraudolenti. Un'informatrice, Brook Jackson, ha rivelato che le procedure legali dello studio clinico non erano state rispettate. In particolare, il personale che conduceva lo studio sapeva chi era stato vaccinato e chi apparteneva al gruppo placebo; era facile, dunque, manipolare i risultati dei test PCR per questo ultimo gruppo e trascurare i sintomi di Covid-19 nel gruppo dei vaccinati.[190] Brook Jackson è stata licenziata subito dopo le sue dichiarazioni, e il suo ricorso è stato rifiutato. Nel frattempo, l'esame dei documenti pubblicati in seguito ad una richiesta FOIA ha mostrato numerose irregolarità.[191]

Si è accertato anche che la tossicità dei vaccini era evidente fin dalla pubblicazione degli studi alla fine del 2020, ma, di fronte a questo, tutti si sono girati dall'altra parte.

L'osservazione del Covid-19 post-vaccinale

Dalle prime campagne vaccinali, molte persone hanno riferito di aver preso il Covid-19 poco tempo dopo l'iniezione. L'osservazione dei casi di Covid-19 post-vaccinali è stata confermata dalle cifre ufficiali, anche se le autorità hanno fatto di tutto per negare il fenomeno affermando il contrario. Il sito *ourworldindata.org*,[192] e i dati del Johns Hopkins Institute,[193] dimostrano un forte aumento dei casi di Covid-19 in concomitanza con le campagne di vaccinazione in paesi nei quali, in precedenza, non ve ne erano stati (per esempio, la Cambogia, Cuba, la Mongolia, la Nuova Caledonia, il Vietnam) o dove se ne erano verificati pochi (come l'Ungheria, l'India, la Palestina e le Filippine).

Le autorità non hanno voluto riconoscere questo effetto ADE e ne hanno attribuito la causa ad un cambiamento dei comportamenti dei vaccinati i quali, dopo le iniezioni, non avrebbero rispettato i protocolli di sicurezza. Tuttavia, le epidemie di Covid-19 nelle case di riposo del Regno Unito che si sono verificate dal dicembre 2020 non possono essere attribuite ad una modifica del comportamento.[194]

---

190. Thacker P D, *Covid-19: Researcher blows the whistle on data integrity issues in Pfizer's vaccine trial,* BMJ, 2021.
191. *Pfizer/BioNTech C4591001 Trial,* OpenVAET, aprile 2022.
192. https://ourworldindata.org/Covid-19-vaccinations.
193. https://coronavirus.jhu.edu/map.html.
194. *Rapid Response to: Thinking beyond behavioural change as an explanation for increased Covid-19 post vaccination",* Clare Craig, BMJ, marzo 2021

Quando le statistiche dimostrano l'ADE

Esistono numerose pubblicazioni che tentano di dimostrare l'efficacia dei vaccini, ma, come ha sottolineato Norman Fenton, matematico e statistico britannico, ritroviamo lo stesso pregiudizio già negli studi clinici: i decessi delle persone vaccinate da meno di una settimana (o quindici giorni, secondo le pubblicazioni) vengono compresi fra i decessi dei non vaccinati. E' sufficiente correggere questo errore, per evidenziare l'eccesso di mortalità dovuta al Covid-19 subito dopo la vaccinazione. Questo, evidentemente, solo per gli anziani, suscettibili di morire a causa del Covid-19.[195]

Negli studi di efficacia "nella vita reale", lo stesso pregiudizio è sufficiente per nascondere l'ADE e aumentare artificialmente l'efficacia dei vaccini.

Tutto questo è stato confermato da uno studio indiano,[196] che dimostra, a partire da uno studio sul personale sanitario, la totale inefficacia di due dosi di vaccino, all'arrivo di una nuova ondata del virus in India, così come il potenziamento che si produce subito dopo la prima o la seconda dose di vaccino.

Quando i casi clinici confermano l'ADE

Diverse pubblicazioni attestano forme gravi di Covid-19 subito dopo la vaccinazione: Sridhar et al.[197] hanno riferito il caso di una donna vaccinata da poco (sette giorni) con il vaccino a mRNA di Pfizer, deceduta a causa di una sindrome da distress respiratorio acuto. Non è stata trovata traccia dell'infezione Covid-19, ma gli anticorpi anti-Spike sono stati ritrovati tredici giorni dopo l'iniezione!

In Giappone, Bando et al.[198] descrivono due pazienti affetti da Covid-19 in fase acuta che sono stati vaccinati col prodotto Pfizer.

---

195. Martin Neil et al., *Latest statistics on England mortality data suggest systematic mis-categorisation of vaccine status and uncertain effectiveness of Covid-19 vaccination*, ResearchGate, 2021.
196. Kaur U et al., *Persistent Health Issues, Adverse Events, and Effectiveness of Vaccines during the Second Wave of Covid-19: A Cohort Study from a Tertiary Hospital in North India*, Vaccines (Basel), 2022, PMID 35891317.
197. Sridhar P, et al., *Vaccine-Induced Antibody Dependent Enhancement in Covid-19*, Chest, 2022.
198. Bando, T, et al., *Two cases of acute respiratory failure following SARSCoV-2 vaccination in post-Covid-19 pneumonia*, Respirology Case Reports, 2022.

Queste due persone presentano una sindrome respiratoria acuta non imputabile al virus SARS-CoV-2, gli esami radiografici mostrano una malattia polmonare interstiziale. Gli autori suggeriscono che la reazione immunitaria al Covid-19 è stata riattivata dalla vaccinazione, ma non menzionano probabili ADE o VAERD (Vaccine-associated enhanced respiratory disease).

Hirschbul et al.[199] hanno effettuato l'autopsia su 170 persone decedute a causa del Covid-19, (o portatrici del virus nel momento del decesso) e hanno trovato che quelle completamente vaccinate avevano una carica virale polmonare di molto superiore a quella dei non vaccinati. Questa constatazione è accentuata per i parzialmente vaccinati. Gli autori non escludono che questo fenomeno possa essere dovuto all'ADE.

Spiegazione biologica dell'ADE post-vaccinale

Ricordiamo che l'ADE si manifesta quando gli anticorpi vengono prodotti in debole quantità e con una affinità ridotta a seguito dell'iniezione, creando così condizioni simili a quelle osservate con la scoperta dell'ADE associata alla dengue.

Diversi studi del 2021 e 2022 hanno descritto dettagliatamente il meccanismo biologico dell'ADE post-vaccino Covid-19. Queste sono le sue caratteristiche principali:

Uno studio americano ha dimostrato che il rapporto tra gli anticorpi leganti e gli anticorpi neutralizzanti dopo la vaccinazione è più alto che dopo l'infezione. La maggioranza degli anticorpi indotti dalla vaccinazione non hanno attività neutralizzante.[200]

Un'equipe giapponese ha dimostrato che gli anticorpi del siero delle persone vaccinate con mRNA anti-Covid-19 facilitano l'entrata del virus *in vitro*. Si tratta di uno squilibrio tra la concentrazione di anticorpi neutralizzanti (benefici) e facilitanti (deleteri), simile a quella che è stata osservata con la vaccinazione anti morbillosa.[201] Un'altra ri-

199. Hirschbühl K, et al., *High viral loads: what drives fatal cases of Covid-19 in vaccinees? an autopsy study, Modern Pathology,* 2022.
200. Amanat, F. et al., *The plasmablast response to SARS-CoV-2 mRNA vaccination is dominated by non-neutralizing antibodies that target both the NTD and the RBD,* medRxiv, 2021.
201. Shimizu J, et al., *Reevaluation of antibody-dependent enhancement of infection in anti-SARS-CoV-2 therapeutic antibodies and mRNA-vaccine antisera using FcRand ACE2-positive cells, Scientific Reports,* 2022.

cerca suggerisce che questo squilibrio può variare secondo i vaccini Moderna o Pfizer.[202]

L'equipe del Professor Jacques Fantini dimostra anche che, per alcune varianti, gli anticorpi neutralizzanti hanno un'affinità ridotta per la proteina Spike, mentre gli anticorpi facilitatori presentano una sorprendente affinità aumentata.[203]

Il fenomeno della facilitazione avviene a livello degli 'epitopi', chiamati 'siti antigenici', che sono le parti specifiche di un antigene alle quali gli anticorpi possono legarsi. Un epitopo è, per così dire, il 'bersaglio' riconosciuto dal sistema immunitario. Con l'evoluzione del virus e l'apparizione delle successive varianti del SARS-CoV-2, gli epitopi facilitanti vengono conservati e gli epitopi neutralizzanti mutano e permettono alle varianti di sfuggire agli anticorpi neutralizzanti, aumentando la possibilità di ADE dopo l'infezione o la vaccinazione contro il ceppo originale.[204]

Gli anticorpi che facilitano l'entrata del virus nelle cellule possono avere un effetto benefico permettendo ai 'Natural Killers' (NK) di riparare le cellule infette. Gli anticorpi aiutano allora le NK a fagocitare le cellule, ma è stato dimostrato che questi anticorpi benefici per la protezione, sono meno efficaci quando vengono indotti dalla vaccinazione, rispetto all'infezione.[205]

Nel panorama complesso dei meccanismi biologici, esistono altri fenomeni che contribuiscono all'effetto deleterio degli anticorpi indotti dalla vaccinazione. Uno dei più evidenti, osservato durante gli studi clinici dei vaccini a mRNA, è la riduzione transitoria dei linfociti nel

202. Kaplonek P, et al., *Subtle immunological differences in mRNA-1273 and BNT162b2 Covid-19 vaccine induced Fc-functional profiles,* bioRxiv, 2021; Update in: *Sci Transl Med*, 2022.

203. Yahi N, Chahinian H, Fantini J, *Infection-enhancing anti-SARS-CoV-2 antibodies recognize both the original Wuhan/D614G strain and Delta variants. A potential risk for mass vaccination?, J Infect.*, 2021.

204. Guérin P, Yahi N, Azzaz F, Chahinian H, Sabatier JM, Fantini J, *Structural Dynamics of the SARS-CoV-2 Spike Protein: A 2-Year Retrospective Analysis of SARS-CoV-2 Variants (from Alpha to Omicron) Reveals an Early Divergence between Conserved and Variable Epitopes, Molecules*, 2022.

205. Rieke GJ et al., *Natural Killer Cell-Mediated Antibody-Dependent Cellular Cytotoxicity Against SARS-CoV-2 After Natural Infection Is More Potent Than After Vaccination, J. Infect. Dis.*, 2022

sangue subito dopo l'iniezione. Questo effetto, lungi dall'essere trascurabile, favorisce le infezioni in genere e, in particolare, il Covid-19 post-vaccinale. La scoperta di questa linfocitopenia post-vaccinale nella settimana successiva all'iniezione è documentata in uno studio Pfizer condotto in Cina,[206] e negli studi clinici di fase I/II di Pfizer.[207]

Per approfondire

– *Vaccination anti-Covid-19, état des lieux*, avec Vincent Reliquet, Aimsib.org, 7 febbraio 2021. Vedi i paragrafi 3 e 4, 6-3.

– *Comment expliquer biologiquement l'excès de Covid-19 post-vaccinaux*, Aimsib.org, 30 luglio 2021.

– *Covid graves, admettre l'existence des anticorps facilitateurs*, Aimsib.org, 23 agosto 2020.

– *Vaccin anti-Covid-19 et immunité de groupe, c'est non... et encore non*, Aimsib.org, 3 maggio 2020.

– *Les vaccins à virus inactivés, une solution ?*, Aimsib.org, 1er agosto 2021.

– *Novavax: Bientôt un vaccin classique contre la Covid-19 ?*, Aimsib.org, 11 luglio 2021.

206. PMID: 33888900
207. Mulligan, M.J., et al., *Phase I/II study of Covid-19 RNA vaccine BNT162b1 in adults, Nature*, 2020 ; Walsh EE, et al., *Safety and Immunogenicity of Two RNA-Based Covid-19 Vaccine Candidates, N Engl J Med*, 2020.

3.3 Studi clinici: fallimento prevedibile con tutti i tipi di vaccino?

Ancora prima dell'inizio della campagna vaccinale, nel dicembre 2020, i produttori dei vaccini e le autorità sanitarie erano consapevoli delle incertezze legate all'efficacia e alla sicurezza dei vaccini contro il Covid-19. La prova è arrivata con un documento dei CDC americani datato ottobre 2020, firmato da Tom Shimabukuro a nome del gruppo incaricato della sicurezza dei vaccini. Questo documento elenca in dettaglio ciò che deve essere messo in atto dopo l'autorizzazione dei vaccini.[208]

Vediamo, qui, che i CDC avevano previsto di monitorare da vicino tutta una serie di potenziali effetti avversi, compreso il decesso, i danni neurologici, gli infarti, gli shock anafilattici, le trombosi e le miocarditi. Questi effetti avversi sono stati puntualmente osservati dopo l'autorizzazione dei vaccini.

Il documento menziona anche la necessità di tenere sotto osservazione le donne che dichiarano di essere rimaste incinte dopo la vaccinazione. All'epoca, la vaccinazione di questa fascia di popolazione non era ancora raccomandata, nessuna donna incinta era stata inclusa nei trials clinici e alle donne in età fertile si raccomandava di adottare un metodo contraccettivo. Anche gli uomini sono coinvolti: vengono invitati ad astenersi dai rapporti sessuali e dalle donazioni di sperma nei mesi successivi alle iniezioni vaccinali. E' lecito domandarsi se siano stati fatti studi sulla presenza di mRNA nello sperma e in che modo le autorità abbiano deciso che questo rischio terminava dopo un mese.

Per quanto riguarda l'efficacia, il documento sottolinea che i CDC americani hanno rimarcato l'assenza di dati su alcune fasce di popolazione, come gli anziani, le donne incinte, gli immunodepressi, i malati cronici e i bambini. Anche la durata della protezione offerta dai vaccini e la oro efficacia contro le varianti del virus sono questioni che vengono sollevate, all'epoca. Tutte queste preoccupazioni e questi

---

208. Shimabukuro, T., *CDC post-authorization/post-licensure safety monitoring of Covid-19 vaccines,* CDC, 30 octobre 2020.

punti di monitoraggio si sono rivelati giustificati quando ho esaminato gli studi clinici.

Infatti, come ha dimostrato lo studio su larga scala del vaccino Pfizer condotto in Israele, i rischi si sono dimostrati subito maggiori dei benefici: l'aumento dei decessi è stato rilevato nel mese successivo all'inizio della campagna vaccinale.

Contrariamente a quanto affermato in uno studio apparso sul New England Journal of Medicine (NEJM) sull'efficacia del vaccino in Israele, ci sono più casi di Covid-19, talvolta gravi, fra i vaccinati.

Cinque criticità che discreditano i 'buoni risultati' del vaccino Pfizer in Israele

Lo studio del *New England Journal of Medicine* intende valutare l'efficacia del vaccino dopo la somministrazione di due dosi alla popolazione israeliana. La pubblicazione del *NEJM* è stata analizzata da due ricercatori ed io ho messo a disposizione dei lettori dell'Aimsib la traduzione dei loro lavori.

Haim Yativ, ingegnere israeliano, e il Dr. Hervé Seligmann, hanno identificato rapidamente le criticità ricorrenti dimostrando una realtà scomoda la biopotere. Queste evidenti criticità sono quasi sempre presenti negli studi utilizzati dalle autorità per legittimare politiche che non corrispondono ad una gestione sanitaria efficace, fondata su solide basi scientifiche.

Mancanza di indipendenza: gli autori dello studio originale hanno ricevuto fondi da diverse aziende farmaceutiche, tra le quali Pfizer.

Assenza di randomizzazione: lo studio non si è avvalso di un tiraggio a sorte per selezionare i partecipanti, questo ha potuto generare incongruenze nella selezione dei partecipanti.

Esclusione di fasce di popolazione: grandi segmenti della popolazione sono stati esclusi dallo studio, il personale sanitario, i residenti delle case di riposo, le persone isolate a domicilio e coloro che avevano avuto contatti con personale sanitario durante i tre giorni precedenti la vaccinazione. Questo ha limitato la generalizzazione dei risultati nella popolazione globale.

.../...

> **Periodo di sorveglianza post-vaccinale breve:** la sorveglianza dei pazienti è stata fatta, in media, su quindici giorni, e questo è assolutamente insufficiente per valutare l'efficacia a lungo termine del vaccino ed i suoi potenziali effetti avversi.
>
> **Mancanza di trasparenza:** i dati grezzi dello studio non sono disponibili e questo limita la possibilità di verificare e riprodurre i risultati.

I vaccini a vettore virale (adenovirus) di Janssen e Astra-Zeneca. Per quanto riguarda i vaccini a vettore virale che sono stati ritirati dal mercato, l'esame degli studi clinici suggerisce che essi non avrebbero mai dovuto essere posti sul mercato.[209] E' sufficiente leggere il rapporto sull'autorizzazione in emergenza del vaccino Vaxzevria di Astra-Zeneca, per capire che EMA ha agito nella più completa incertezza:

– l'efficacia non è dimostrata per le persone con più di 55 anni;

– non è dimostrata l'efficacia contro le forme gravi di Covid-19 e le ospedalizzazioni;

– la durata della protezione è ignota;

– l'efficacia contro le infezioni asintomatiche e per le persone sieropositive non è dimostrata;

– I dati della fase clinica III, che sono ancora in corso mentre sto scrivendo, non permettono di giungere a nessuna conclusione circa la protezione per i pazienti con comorbidità, né per quelli affetti da malattie autoimmuni;

– per finire, l'efficacia contro le varianti circolanti e future resta assolutamente sconosciuta.

Di fatto, il vaccino Astra-Zeneca si dimostra talmente tossico nel corso dei trials, che i produttori hanno sostituito (durante i trials!) il placebo salino con un vaccino altamente reattogeno, il MenACWY, anti-meningococcico...Questo ha permesso di livellare le differenze tra i due gruppi relativamente agli effetti avversi.

Circa il vaccino a vettore virale di Janssen, la FDA non nasconde il rischio accresciuto di embolia e di trombosi, sebbene sia già stata concessa l'autorizzazione condizionata per il mercato europeo. Da

---

209. RéinfoCovid-19/Aimsib (10/04/2021), *Note de synthèse sur les vaccins Vaxzevria (Astrazeneca)™ et Covid-19 Janssen (Johnson&Johnson)™*

parte sua, FDA chiede che vengano monitorati i casi di convulsioni (ed altre malattie neurologiche), i problemi associati all'orecchio interno e le pericarditi.

Un certo numero di evidenti anomalie nell'analisi del rapporto Johnson & Johnson (Janssen) pubblicato dalla FDA dimostra che il sorteggio dei gruppi vaccino/placebo è stato manipolato: ci sono maggiori esclusioni causate da decessi nel gruppo placebo che nel gruppo dei vaccinati. Nel gruppo placebo, undici partecipanti deceduti (per una causa diversa dal Covid-19) vengono esclusi dall'analisi finale, contro un solo partecipante appartenente al gruppo dei vaccinati, la differenza è undici volte maggiore. Se questi decessi non fossero indipendenti dal Covid-19, dovrebbe essercene un numero simile in entrambi i gruppi. Questa disparità solleva una domanda: sono stati intenzionalmente selezionati individui più fragili o più anziani per il gruppo placebo, al fine di manipolare il rapporto rischio/beneficio a vantaggio del vaccino?

Ricordiamo anche la sospensione, per qualche giorno, del vaccino Astra-Zeneca,[210] da parte dell'Agenzia Europea del Farmaco (EMA) in seguito alle gravi trombosi che si erano verificate in tutta Europa. Questa sospensione venne poi convertita in una restrizione della raccomandazione ai soli ultra cinquantacinquenni. Questo vaccino resta, quindi, ancora oggi, nel 2023, autorizzato in moltissimi paesi.[211] (Il vaccino Vaxzevria di Astra-Zeneca è stato ritirato da Ema l'8 maggio 2024, su richiesta dello stesso produttore, a causa di un 'calo della domanda', ndt.)

Gli studi clinici dei vaccini classici sono concludenti?

Nell'ambito delle mie ricerche ho esaminato anche gli studi clinici dei vaccini definiti 'classici', cioè i vaccini proteici e a virus inattivati. Novavax, un vaccino a proteina Spike, è adiuvato con una nuova molecola che ha già dimostrato una forte tossicità durante uno studio su un vaccino antimalarico. Considerando gli studi sugli animali, il rischio ADE non può essere escluso, come per gli altri vaccini. Inoltre, anche in questo caso, i casi di Covid-19 che si sono verificati nei

210. *European Medicine Agency. Covid-19 Vaccine AstraZeneca: benefits still outweigh the risks despite possible link to rare blood clots with low platelets,* Eur Med Agency, 2021.
211. Notamment en Europe : https://www.ema.europa.eu/en/medicines/ human/EPAR/vaxzevria

giorni seguenti la vaccinazione non sono stati considerati o sono stati esclusi, il che ci fa pensare che il vaccino sia altrettanto protettivo che il placebo...Gli effetti avversi sono molti, alcuni anche gravi, e comprendono decessi causati da gravi forme di Covid-19, miocarditi e malattie neurologiche.

Per quanto riguarda i vaccini a virus inattivato, come il Sinovac, Sinopharm, Coronavac e Valneva, i risultati degli studi clinici non sono più rassicuranti. Questi vaccini contengono un adiuvante a base di alluminio che viene utilizzato soltanto nel gruppo 'placebo', e questo significa che gli studi non prevedono alcun gruppo placebo. Il saggio clinico dimostra un potenziamento dell'infezione nei quattordici giorni successivi all'iniezione, e questo è stato presto confermato nel contesto di uno studio osservazionale dopo la commercializzazione. Lo studio clinico non offre nessuna indicazione circa la protezione contro le forme sintomatiche di Covid-19, né contro le forme gravi, né contro i decessi, al contrario, vengono segnalati effetti avversi gravi, come reazioni allergiche, problemi neurologici e tumori localizzati nel sito di iniezione.

Per approfondire
– *Que révèlent les études précliniques Moderna et Pfizer dévoilées récemment par FOIA ?*, Aimsib.org, 15 gennaio 2023.

– *Review of: Neutralization of SARS-CoV-2 Spike 69/70 deletion, E484K, and N501Y variants by BNT162b2 vaccine-elicited sera (critica di una prova di efficacia in vitro)*, Qeios, 19 aprile 2021

– *Les vaccins à virus inactivé, une solution ?*, Aimsib.org, 1er agosto 2021.

– *Vaccins à virus inactivé anti-Covid-19 (Valneva et autres)* : décevants !, Aimsib.org, 16 gennaio 2022.

– *Novavax, bientôt un vaccin « classique » contre la Covid-19 ?*, Aimsib.org, 11 luglio 2021.

– *Essais cliniques des vaccins anti-Covid-19 sur les adolescents : l'EMA et la FDA ont-elles accès aux mêmes données ?*, Aimsib.org, 28 agosto 2021.

– *Critique de l'essai grandeur nature du vaccin Pfizer en Israël*, Aimsib.org, 5 marzo 2021.

– *Vaccination anti-Covid-19, état des lieux*, Aimsib.org, 7 febbraio 2021.

– Note de synthèse sur les vaccins Vaxzevria (Astrazeneca)™ et Covid-19 Janssen (Johnson&Johnson)™, co-rédaction Aimsib/Rein-foCovid, 10 aprile 2021.

I diversi tipi di vaccini

I vaccini a mRNA, come quello di Pfizer-BioNTech, utilizzano un approccio radicalmente nuovo per proteggere contro le infezioni virali. Essi non contengono il virus che causa il Covid-19, ma trasportano il codice genetico (RNA messaggero o mRNA) necessario a produrre la proteina Spike modificata del virus SARS-CoV-2. Una volta iniettato, il nostro corpo utilizza questo codice per produrre la Spike. Questa proteina scatena una risposta immunitaria producendo anticorpi e attivando le cellule T per combattere il virus nel momento in cui la persona ne è colpita.

I vaccini a vettore adenovirale, come quello di AstraZeneca, utilizzano una versione indebolita di un virus diverso (in questo caso, un adenovirus che provoca il raffreddore negli scimpanzé) per introdurre il materiale genetico del virus SARS-CoV-2 nelle cellule umane. Questo materiale genetico viene utilizzato dalle nostre cellule per produrre la Spike del virus, provocando una risposta immunitaria. Contrariamente ai vaccini a mRNA, i vaccini a vettore adenovirale non necessitano di essere conservati a temperature molto basse, e questo ne agevola la distribuzione.

I vaccini proteici, come il Novavax, si basano sull'utilizzo di proteine o frammenti di proteine del virus per stimolare una risposta immunitaria. Nel caso del vaccino Novavax contro il Covid-19 viene utilizzata la proteina Spike modificata del SARS-CoV-2. Questa proteina viene prodotta in laboratorio (partendo da virus di insetti coltivati su cellule di insetti) ed incapsulata in nanoparticelle. Il vaccino è anche adiuvato, cioè contiene una sostanza che rafforza la risposta immunitaria al vaccino; questo adiuvante non era mai stato messo in commercio.

I vaccini a virus inattivato utilizzano una versione inattivata o 'neutralizzata' del virus intero per stimolare una risposta immunitaria. Questi vaccini vengono utilizzati da molto tempo per prevenire malattie come l'influenza. Il virus SARS-CoV-2 viene coltivato in laboratorio, quindi viene inattivato, per fare in modo che non possa provocare la malattia. Quando viene iniettato, il sistema immunitario riconosce il virus come una minaccia e produce una risposta immunitaria.

3.4 Politiche vaccinali ad alto rischio

La vaccinazione contro il Covid-19 ha sollevato un dibattito a livello mondiale, soprattutto per ciò che riguarda il gruppo più vulnerabile: i neonati, i bambini, gli adolescenti e le donne incinte. Su quali basi scientifiche le autorità sanitarie hanno autorizzato la somministrazione dei vaccini a questa fascia di popolazione? Scopriremo che i dati disponibili all'epoca non mostravano alcuna garanzia di efficacia, sebbene mostrassero l'esistenza di rischi importanti, soprattutto quello di mettere in pericolo la vita di migliaia di feti in gestazione.

3.4.1 Era necessario vaccinare i bambini, i giovani e le donne incinte?

Vaccinare i più piccoli, un'eresia scientifica

L'approvazione da parte delle autorità dell'utilizzo dei vaccini a mRNA anti-Covid-19 sui bambini dai 6 mesi di età è particolarmente preoccupante. E' evidente, come abbiamo più volte sottolineato, che i bambini non sono, generalmente, gravemente colpiti dal Covid-19. Certamente, questo non significa che essi non possano essere portatori del virus. La maggior parte di essi presentano soltanto sintomi lievi, che somigliano ad un leggero raffreddore e soltanto i bambini affetti da malattie croniche gravi sono suscettibili di sviluppare la malattia in forma severa.

Come molti altri, sono rimasta scioccata dall'autorizzazione alla somministrazione dei vaccini a mRNA anti-Covid-19 ai bambini; motivo per cui ho iniziato ad approfondire le ragioni di questa autorizzazione nei miei contributi apparsi su diversi media (Aimsib, CSI, *Infodujour*).

Il 15 giugno 2022, la FDA ha autorizzato i vaccini Pfizer e Moderna per i neonati e i bambini fino a 5 anni. Tuttavia, esaminando il rapporto della stessa FDA, possiamo constatare che l'efficacia di questi vaccini si basa principalmente sul tasso di anticorpi prodotti. Anche con questo parametro, che è lungi dall'essere il più rigoroso, questa efficacia difficilmente raggiunge il 50%, o anche meno, secondo il metodo di calcolo.

Bisogna ricordare che il tasso del 50% è la soglia minima di efficacia imprescindibile per l'approvazione di un vaccino. Nonostante questo la FDA ha derogato alla regola e questo non è l'unico elemento contrario alla buona scienza: per la valutazione della protezione contro l'infezione sono stati esclusi un gran numero di partecipanti, perciò i risultati ottenuti sono praticamente inutilizzabili. Inoltre, anche con queste esclusioni, l'efficacia del vaccino resta dubbia per determinati gruppi, con un aumento del rischio d'infezione tra la prima e la seconda dose. Ancora più preoccupante: forme gravi di Covid-19 sono state segnalate su bambini vaccinati, mentre questo non si è verificato su quelli non vaccinati. La FDA ha riportato anche dodici casi di bambini vaccinati che si sono ammalati più volte di Covid-19 nel corso dello studio clinico.

E' bene notare che nessun bambino che godesse dell'immunità naturale acquisita in seguito ad una infezione è stato reinfettato, questo evidenzia la solidità dell'immunità naturale contro la malattia.

Il numero degli effetti avversi gravi che hanno colpito i bambini vaccinati è allarmante ed è simile a quello osservato negli altri gruppi più anziani. Si tratta di convulsioni, febbre alta, shock anafilattico, appendicite, epilessia, reazioni di ipersensibilità, sindrome di Kawasaki (infiammazione multisistemica), per menzionarne soltanto alcuni, ma possiamo anche aggiungere infezioni respiratorie, dolori al torace, eruzioni allergiche, infezioni virali, casi di diabete, grave oriticaria e lesioni epatiche, il tutto osservato nei due mesi successivi. Per quelli che non hanno subito queste gravi conseguenze, la loro futura immunità potrebbe essere compromessa a causa del fenomeno dell'imprinting immunitario che abbiamo descritto in precedenza.

Di fronte a queste constatazioni, è sconvolgente vedere che la FDA, pur riconoscendo l'inefficacia ed i potenziali pericoli dei vaccini a mRNA per i neonati, li ha approvati, malgrado tutto. Robert F. Kennedy Jr. ci ha offerto un chiarimento circa questa decisione, che molti non esitano a definire criminale: "I produttori dei vaccini non sono responsabili dei danni o dei decessi associati ai vaccini autorizzati in emergenza, ma possono diventarlo quando i vaccini vengono omologati – a meno che questi vaccini non vengano aggiunti al calendario vaccinale dei bambini dai CDC".[212]

---

212. *H.R.5546 National Childhood Vaccine Injury Act of 1986*

Questa autorizzazione, dunque, è un'azione biopolitica, che non si fonda su nessuna ratio scientifica. Gli studi sui bambini non avrebbero dovuto neppure iniziare! Perché avviare degli studi clinici sui bambini piccoli, quando sappiamo che essi sono generalmente risparmiati dalla malattia e che i vaccini non ne bloccano la trasmissione?

La vaccinazione degli adolescenti: tra dati manipolati e rischi ignorati

Nella primavera 2021, i vaccini a mRNA sono stati autorizzati per gli adolescenti, in particolare, il 10 maggio 2021 è stato autorizzato il vaccino Pfizer. Tuttavia, i risultati degli studi clinici indicano chiaramente che questa autorizzazione è un errore.

Secondo il rapporto di EMA, pubblicato il 28 maggio 2021, molte pagine erano state censurate, nascondendo i dettagli che riguardavano gli effetti avversi, inoltre abbiamo visto che molti adolescenti avevano saltato le visite di controllo, senza che venissero chiariti i motivi di queste assenze. Effetti avversi gravi avevano causato anche il ritiro di due adolescenti dagli studi clinici.

Relativamente al vaccino Moderna, la FDA ha rifiutato di concederne l'autorizzazione per gli adolescenti, mentre EMA lo ha imprudentemente autorizzato il 23 luglio 2021. Nonostante questo, i risultati dello studio clinico su questa fascia d'età ha rivelato evidenti manipolazioni delle cifre utilizzate per il calcolo dell'efficacia, e lo stesso rapporto di EMA che abbiamo citato evidenzia i rischi di miocardite e pericardite, in special modo per i ragazzi, dopo la seconda dose. Leggendo ciò che viene pubblicato su questo studio, è evidente che non esiste nessuna garanzia di sicurezza.

Dopo la vaccinazione sono stati riportati numerosi casi di mal di testa, mialgia e artralgia, febbre alta, nausea e vomito, mentre anafilassi e ipersensibilità si riscontrano con una frequenza 'ignota'! Vengono anche riferite paralisi facciali e rigonfiamenti gravi del viso; il tutto su meno di 3000 partecipanti vaccinati, il che lascia presagire che ci saranno numerosi effetti avversi gravi tra gli adolescenti, quando inizierà la fase di commercializzazione.

Benefici per le donne incinte: dove sono le prove?

E' importante ricordare, innanzitutto, che nessuna donna incinta ha preso parte agli studi clinici dei vaccini anti-Covid-19. Questa esclusione è una regola per tutti i vaccini! Inoltre, una rigorosa contraccezione viene richiesta alle donne in età fertile che partecipano ai trial clinici, mentre agli uomini viene richiesto di astenersi dai rapporti sessuali e dalla donazione dello sperma per la durata dello studio. Questa prudenza è comprensibile, dal momento che gli mRNA sono, in realtà, delle terapie geniche.

Nella primavera 2021, in seguito alla raccomandazione della HAS di vaccinare le donne in gravidanza, ho iniziato a scrivere un nuovo articolo, per esplorare i fondamenti di questo annuncio più che sconcertante. Durante la mia formazione, mi è stato insegnato che è sconsigliato vaccinare le donne in gravidanza, dunque, come si giustifica l'autorizzazione di un vaccino, in assenza di sperimentazione, per questa fascia di popolazione?

Le direttive ufficiali del Ministero della Salute sono rivolte a tutte le donne incinte, senza distinzione. Ho dimostrato, come altri studi hanno confermato in seguito, che la gravidanza in sé non costituisce un fattore di rischio per le forme gravi di Covid-19. Le donne che presentavano fattori di rischio prima della gravidanza, come l'obesità, il diabete o l'ipertensione, restano, naturalmente, a rischio durante la gravidanza.

Malgrado le strette raccomandazioni, durante gli studi clinici diverse partecipanti sono rimaste incinte e, stranamente, né i produttori, né le autorità sanitarie hanno giudicato opportuno continuare a seguirle. Questo è già un problema in sé.

Uno studio prodotto a seguito del programma di farmacovigilanza attiva V-Safe è stato pubblicato, ma soltanto il 15% delle donne coinvolte hanno risposto, quindi lo studio non può essere rappresentativo. Inoltre, i risultati sul rischio di aborto spontaneo legato al vaccino sono stati evidentemente manipolati. Per valutare la percentuale degli aborti spontanei presso le donne vaccinate nel corso delle prime venti settimane di gravidanza, è stato usato, come numeratore, il numero delle donne vaccinate prima delle venti settimane e, come denominatore, il numero totale delle donne incluso nello studio (comprese quelle che erano state vaccinate dopo la ventesima settimana). Questo è scorretto, perché diluisce il rischio. Il modo giusto per calcolare il rischio sarebbe stato quello di dividere il numero di aborti spontanei fra le donne vaccinate prima della ventesima settimana per il numero totale delle donne vaccinate prima della ventesima settimana. Questo avrebbe prodotto una stima precisa del rischio per le donne incinte vaccinate in quello specifico arco temporale. Un aborto spontaneo è quello che si verifica entro le prime venti settimane di gravidanza. Utilizzando il denominatore sbagliato, lo studio sottostima potenzialmente il rischio di aborto spontaneo associato al vaccino per le donne vaccinate durante le prime venti settimane di gravidanza.

Gli autori, che sono incaricati della vaccinovigilanza dei CDC, sembrano talmente sconcertati dalle loro stesse manovre, che finiscono per ammettere che il loro studio è incongruente e ricordano anche che nel corso della pandemia di influenza A (H1N1), nel 2009, dopo l'introduzione del vaccino inattivato contro l'influenza H1N1 2009, l'aborto spontaneo era stato l'effetto avverso più frequentemente riportato dalle donne incinte che l'avevano fatto. E', forse, questo, il modo per esprimere il loro rimorso per aver pubblicato uno studio così fuorviante? E' deplorevole che la scienza sia contaminata dai dilemmi morali degli scienziati sotto pressione.

Nell'agosto 2022, un nuovo studio, anch'esso discutibile, è stato condotto dal Canadian National Vaccine Safety su 200.000 donne e pubblicato sul *The Lancet.* Lo studio afferma che "i dati costituiscono la prova che i vaccini a RNA messaggero sono privi di rischi per la gravidanza". Gli autori pretendono, in totale contraddizione coi loro stessi risultati, che i vaccini a mRNA siano privi di rischi durante la gravidanza, nonostante questo, è abbastanza facile identificare le numerose criticità scientifiche e riferirle pubblicamente. Lo studio rivela, in effetti, una moltitudine di effetti avversi e segue la gravidanza per un periodo ridicolmente corto di sette giorni dopo l'iniezione. [213] Benché sia dimostrato che il rischio di effetti avversi è dovuto alla vaccinazione, le false informazioni sulla sicurezza di questo vaccino per le donne incinte vengono divulgate da tutti i media convenzionali con lo scopo di rafforzare la fiducia nelle raccomandazioni ufficiali.

Ancora più sorprendente, alcuni documenti declassificati hanno rivelato che l'FDA sapeva già dal febbraio 2021 che il vaccino a mRNA può attraversare la placenta, si può ritrovare nel latte materno e può

---

213. *Est-ce que l'étude du Lancet permet d'affirmer que la vaccination est sans danger pour les femmes enceintes ?*, CSI, aprile 2023.

provocare effetti indesiderati sui neonati allattati,[214] al seno. In realtà, queste informazioni erano già note e prevedibili. Ci ritorneremo.

Disturbi 'imprevisti' del ciclo mestruale

I segnali relativi ai disturbi del ciclo mestruale sono emersi già dai primi giorni dopo la vaccinazione, quando molte donne hanno riferito diverse manifestazioni irregolari del ciclo mestruale. Di fronte a queste testimonianze, diversi ricercatori hanno richiesto che venissero fatti studi clinici per monitorare le modifiche del ciclo mestruale nelle donne vaccinate.[215]

"L'inchiesta Clancy" è una delle testimonianze della comparsa inattesa di questi disturbi del ciclo mestruale. "Inattesa" significa che si tratta di effetti indesiderati detti "non previsti" e che, quindi, inizialmente non figurano sul foglietto illustrativo. Kate Clancy, ricercatrice presso l'Università dell'Illinois, ha condiviso la sua esperienza su Twitter interrogando i suoi abbonati sugli eventuali cambiamenti del ciclo mestruale post-vaccinazione.[216] Di fronte alla grande quantità di risposte ottenute, con l'aiuto di un collega dell'Università di Washington a Saint-Louis, ha iniziato ad elaborare un'inchiesta strutturata (Università dell'Illinois, Inchiesta sui cambiamenti del ciclo mestruale dopo la vaccinazione).

Secondo i dati, dello studio Clancy,[217] il 42,1% delle donne che hanno partecipato all'inchiesta hanno segnalato un aumento del flusso mestruale dopo essere state vaccinate contro il Covid-19. Per alcune, questo cambiamento è avvenuto entro i primi sette giorni dopo la vaccinazione, ma, per la maggior parte, esso si è manifestato fra l'ottavo ed il quattordicesimo giorno. Il fatto sorprendente è che sanguinamenti inaspettati si sono verificati non soltanto tra le donne in età fertile, ma anche tra le donne in menopausa. Questo tipo di effetto

---

214. Hélène Banoun, *La FDA savait depuis février 2021 que le vaccin ARNm traverse le placenta, passe dans le lait et occasionne des effets indésirables chez le bébé allaité*, ResearchGate, aprile 2023.
215. *Can the Covid-19 vaccine affect women's menstrual cycles?*, ABC7 News, 23 aprile 2021.
216. Kate Clancy su Twitter, tweet del 24 febbraio 2021.
217. Lee KMN, Junkins EJ, Luo C, Fatima UA, Cox ML, Clancy KBH, *Investigating trends in those who experience menstrual bleeding changes after SARS-CoV-2 vaccination.*, Sci Adv., 2022, PMID 35857495.

secondario non era stato previsto e non è stato specificamente indagato negli studi clinici dei vaccini.

Bisogna sottolineare che questi sanguinamenti più abbondanti sembrano, secondo lo studio, coinvolgere principalmente le persone che soffrono già di problemi dell'apparato riproduttivo come l'endometriosi,[218] i fibromi e la sindrome dell'ovaio policistico.

Altri studi mettono in evidenza diverse perturbazioni del ciclo di fertilità delle donne. Fra questi, lo studio di Rodriguez Quejada et al. esamina le disfunzioni del ciclo mestruale seguenti la vaccinazione contro il Covid-19, allo stesso modo, anche un'altra ricerca (Al-Mehaisen et al.) ha studiato l'effetto a breve termine del vaccino contro il Covid-19 sul ciclo mestruale.[219]

Dopo le solite smentite da parte delle istituzioni e dei ricercatori allineati, l'impatto dell'mRNA sulle mestruazioni è stato finalmente riconosciuto come effetto secondario comune. Questo effetto potrebbe anche essere legato alla diminuzione del tasso di natalità osservata nei paesi che hanno effettuato la vaccinazione di massa.

Come prevedibile, uno studio,220 la cui metodologia è discutibile, ha cercato di provare il contrario, con una grande incongruenza, che consiste nello scartare la maggior parte dei partecipanti durante lo studio in questo modo: lo studio si è concentrato su un campione di donne che si erano recate all'ospedale per problemi mestruali, invece di includere un campione più grande di donne che avevano segnalato dei cambiamenti nel loro ciclo dopo la vaccinazione. Inoltre, esso non considera le modifiche del ciclo che si sono verificate nei sette giorni dopo la vaccinazione, considerando questo periodo come controllo negativo. Un 'controllo negativo' significa che i ricercatori non si aspettano alcuna modifica del ciclo mestruale durante questo

218. Gilan A et al., *The effect of SARS-CoV-2 BNT162b2 vaccine on the symptoms of women with endometriosis, Archives of Gynecology and Obstetrics*, 2023.
219. Rodríguez Quejada L et al., *Menstrual cycle disturbances after Covid-19 vaccination, Womens Health*, 2022.
M M Al-Mehaisen L et al., *Short Term Effect of Corona Virus Diseases Vaccine on the Menstrual Cycles, Int J Womens Health*, 2022.
220. Ljung R et al., *Association between SARS-CoV-2 vaccination and healthcare contacts for menstrual disturbance and bleeding in women before and after menopause: nationwide, register based cohort study, BMJ*, 2023, PMID 37137493.

periodo, che viene utilizzato come riferimento per comparare gli effetti osservati in seguito. Viene considerato soltanto il periodo dagli 8 ai 90 giorni dopo la vaccinazione, e la diagnosi deve avvenire entro questo intervallo temporale. Anche le donne che hanno già avuto problemi mestruali sono escluse, sebbene proprio queste siano la fascia che rischia i maggiori effetti collaterali del vaccino. Alla fine, quasi la metà dei partecipanti allo studio vengono scartati.

Nel marzo 2023, la farmacovigilanza francese dell'ANSM ha finalmente riconosciuto i disturbi del ciclo mestruale dovuti al vaccino anti-Covid-19.[221] Purtroppo, gli esperti francesi della farmacovigilanza sembrano confondere la farmacovigilanza passiva (basata sulle segnalazioni spontanee delle vittime, dei loro famigliari o dei professionisti della salute), con la farmacovigilanza attiva (che, invece, si basa sul monitoraggio sistematico di un gruppo di vaccinati).

Il problema della farmacovigilanza passiva è la mancata segnalazione; si stima, infatti, che si dovrebbero moltiplicare le cifre delle segnalazioni per 10 o anche 100 volte, poiché, secondo studi internazionali, soltanto dall'1 al 10% degli effetti avversi vengono spontaneamente segnalati.[222]

Calo storico della natalità

C'è un altro fenomeno preoccupante che sta emergendo: dalla fine del 2021 si sta osservando un calo della natalità in tutta Europa. Il Pr. Konstantin Beck, esperto in statistica ed ex-consigliere del governo svizzero, ha dimostrato l'esistenza di un nesso di causalità tra i vaccini anti-Covid-19 ed il brusco calo di natalità in Svizzera, paragonabile a quello che fu causato dalla guerra del 1915. A partire dai dati svizzeri e tedeschi pubblicamente disponibili, tratti da pubblicazioni scientifiche, dalle compagnie di assicurazione sanitaria e dall'Ufficio Federale di Statistica (OFS), ogni altra spiegazione viene esclusa: cambiamento dello stile di vita dovuto alla pandemia e riduzione della fertilità, dunque la causa del calo della natalità si deve all'aumento de-

---

221. Valnet-Rabier MB et al., *Pharmacovigilance signals from active surveillance of mRNA platform vaccines (tozinameran and elasomeran), Therapie*, 2023, PMID 37012149.

222. Vedere la mia sintesi degli studi dedicati a questo fenomeno ben noto: *Sous-notification des effets indésirables des vaccins : quelques références utiles*, Aimsib.org, 22 agosto 2022.

gli aborti spontanei e dei bambini nati morti. Il Prof. Beck ha messo in rilievo anche l'eccesso di mortalità fra i giovani e l'eccesso dei casi di embolia polmonare, arresti cardiaci e AVC (Accidente Vascolare Cerebrale, ndt.) nella fascia d'età compresa dai 0 ai 14 anni a seguito della vaccinazione Covid-19.[223]

Per approfondire
– *Vacciner les femmes enceintes contre la Covid-19 ?*, Aimsib.org,

9 maggio 2021.

– *La FDA approuve le vaccin pour les bébés à partir de 6 mois sans aucune justification d'efficacité ou de sécurité*, vidéo CSI n°60, 23 giugno 2022, articolo Aimsib.org, 30 giugno 2022.

---

223. *Increase in Miscarriages, Stillbirths Directly Linked to Covid-19 Shots, Data Show — Health Officials 'Should Have Known'*, childrenshealthdefense. org, 28 luglio 2023. Vedi anche il video su Rumble.com: Women and children first! – *Baby gap and young people's excess mortality in Switzerland*, 22 giugno 2023, presentazione per Doctors for Covid-19 Ethics, Zürich.

3.4.2 Le disposizioni delle autorità e i fatti scientifici

A luglio 2020, il Conseil Scientifique (CSI, Conseil Scientifique Indépendent ndt.) ha elaborato un lungo annuncio, onesto e documentato, sui futuri vaccini anti-Covid-19. Nel novembre dello stesso anno, la HAS ha iniziato un'indagine finalizzata a garantire la trasparenza della campagna vaccinale prevista per dicembre 2020.

Sembra che gli esperti ufficiali francesi nutrissero alcuni dubbi sui futuri vaccini, tuttavia, già a novembre 2020 la Commissione Europea prendeva accordi segreti che prevedevano sei dosi per ogni cittadino europeo, includendo tutte le fasce d'età. Bisogna ricordare che la vaccinazione inizia prima del termine degli studi clinici per i quali il termine della fase III è previsto nel 2024.

Il Consiglio Scientifico nota che secondo gli studi clinici non è possibile stabilire se i vaccini permettono di ridurre effettivamente la trasmissione del virus. Nel novembre 2020, i produttori si sono pronunciati soltanto attraverso comunicati stampa destinati agli investitori, omettendo il fatto che i pochi studi clinici pubblicati fino ad allora avessero già messo in luce effetti avversi preoccupanti.

Il Consiglio Scientifico ha preso in considerazione anche diverse questioni che erano state sollevate da scienziati scettici: la possibilità di un' immunità crociata con i coronavirus del raffreddore comune, che renderebbe inutile un vaccino specifico contro il SARS-CoV-2, i rischi associati all'ADE, la durata della protezione offerta dai vaccini e le potenziali mutazioni del virus, che potrebbero compromettere questa protezione.

Fin dalle sue affermazioni iniziali, il Consiglio Scientifico ha anticipato un potenziale aumento degli effetti avversi legati ai vaccini ed ha invitato ad intensificare la vaccinovigilanza, ciò che, apparentemente, ha fatto l'ANSM.[224] Questa preoccupazione è diffusa anche oltre i confini francesi, infatti, un documento ufficiale del Ministero della Salute britannico, pubblicato sul bollettino ufficiale della Comunità Europea, esprime lo stesso timore. Il Regno Unito, prevedendo una grande quantità di effetti avversi, ha lanciato un bando di gara, riconoscendo di non possedere la tecnologia adeguata per gestire questa situazione.[225]

---

224. Vedi la pagina Un dispositif de surveillance renforcée, ansm.sante.fr.
225. *United Kingdome-London: Software package and information systems,* ted.europa.eu. 23 ottobre 2020.

Oggi, nel 2023, numerosi esperti dichiarano di essersi sbagliati o di essere stati ingannati dai produttori dei vaccini, in realtà, le prove dimostrano che essi erano al corrente dei potenziali rischi.

Un documento emesso dal Consiglio di Stato, datato aprile 2021, dichiara chiaramente che le più alte istituzioni francesi sono informate circa la potenziale inefficacia ed i rischi associati al vaccino. Per esempio, alla richiesta di un cittadino vaccinato di essere esentato dalle misure preventive e dall'isolamento sulla base della protezione acquisita con la vaccinazione, il Ministero della Salute precisa che la vaccinazione non garantisce la totale immunità contro l'infezione né contro la trasmissione del virus. In più, viene sottolineato che "le persone vaccinate sono anche quelle più esposte alle forme gravi e al decesso in caso di iniziale inefficacia del vaccino o di reinfezione post-vaccinale".[226]

Come possiamo notare, né il Ministero della Salute, né il Consiglio di Stato hanno mai sentito parlare o, quanto meno non lo hanno capito, del fenomeno dell'ADE.

Se ci fosse bisogno di altri esempi del disprezzo che le autorità hanno dimostrato verso il parere degli esperti, l'introduzione della terza dose di vaccino (o richiamo, somministrato esclusivamente con un vaccino a mRNA) alla fine del 2021 è molto eloquente. Né la HAS, né l'Accademia di Medicina hanno approvato questa decisione. La HAS ha sottolineato il valore dell'immunità naturale ottenuta con l'infezione, rimettendo in questione la necessità di rivaccinare coloro che avevano già contratto il Covid-19. Da parte sua, l'Accademia di Medicina ha raccomandato, nell'ottobre 2021, che la validità del pass sanitario (green-pass, ndt.) non venisse associata ad un richiamo vaccinale.

All'estero, il Ministro della Salute israeliano ha riconosciuto la 'fantastica' protezione fornita da una precedente infezione,[227] mentre uno studio,[228] israeliano ha stabilito l'inefficacia della terza dose.

Per quanto riguarda l'FDA, essa ha già dato il via libera alla terza dose a novembre 2021. Jacqueline A. O'Shaughnessy, capo-scienziato,

---

226. Consiglio di Stato, Giudice per il Procedimento Sommario 01/04/2021, 450956, *Inedito nella collezione Lebon 1*, aprile 2021
227. Ministero della Salute israeliano, *Israeli study: Recovered Covid-19 patients with one vaccine protected like three doses*, Haaretz.com.
228. Koren O, Levi R, Altuvia S., *Green Pass and Covid-19 Vaccine Booster Shots in Israel – A More 'Realistic' Empirical Assessment Analyzing the National Airport Data*, SSRN, 7 novembre 2021.

dichiara che, secondo i dati scientifici disponibili si può "ragionevolmente pensare" che il vaccino Pfizer BioNTech Covid-19 potrebbe essere efficace. Da quando i termini come "ragionevolmente" e "credere" cono criteri scientifici? La FDA si è basata su alcuni studi su piccola scala condotti su individui che avevano ricevuto la terza dose. L'efficacia di questa dose è stata valutata soltanto secondo l' *immunobridging,* cioè sulla base degli anticorpi indotti, e solo contro il ceppo originale di Wuhan del 2019 che non circolava più!

La tecnologia a mRNA ci viene spesso presentata come altamente adattabile, ma la terza dose si basava ancora sul codice genetico della proteina Spike del 2019, senza alcun adattamento alle varianti che circolavano in quel momento. Sapevamo già che un adattamento alla variante delta sarebbe stato pericoloso e anche che l'infezione o la vaccinazione avrebbero potuto favorire la produzione di anticorpi facilitanti attivi soprattutto sulle nuove varianti in circolazione. Considerando gli anticorpi neutralizzanti e gli anticorpi facilitanti, la bilancia sembra pendere, per le varianti, dalla parte degli anticorpi facilitanti, mentre, per il ceppo originale di Wuhan,[229] essa pende in favore della neutralizzazione.

Come sempre, le osservazioni scientifiche hanno anticipato le conseguenze della strategia vaccinale adottata dai governi. Nonostante questo, ogni tentativo di avvisare viene sistematicamente ignorato, a vantaggio di una biopolitica vaccinale rigida che va a schiantarsi contro un muro.

Confutazione degli argomenti a favore del pass vaccinale
Nel gennaio 2022 la Francia ha adottato il pass vaccinale (super green-pass, cioè green pass ottenibile soltanto con la vaccinazione, ndt.), che ha sostituito il pass sanitario (green-pass, ndt.) Da questo momento, per accedere a certi luoghi è necessario presentare una prova di vaccinazione, il tampone negativo non è più sufficiente; Eppure non c'è nulla che giustifichi questo quasi-obbligo vaccinale necessario per condurre una vita normale. Infatti, dall'inizio del 2022 la variante Omicron è diventata predominante ed ha soppiantato le altre, resistendo agli anticorpi generati dai vaccini. Esistono già numerosi studi che dimostrano che le persone vaccinate sono più suscettibili di contrarre la variante Omicron, rispetto a quelle non vaccinate. Inoltre, Omicron non ha provocato un aumento dei casi di polmonite, né dei decessi.

---

229. PMID 35744971 et PMID 34580004.

A metà 2022, sia la FDA che l'EMA annunciano l'aggiornamento dei vaccini a mRNA sulle nuove varianti previste in autunno. L'HMRA, l'autorità britannica per la regolamentazione del mercato dei dispositivi medici, si aggiunge ad agosto.

Per evitare che i vaccini prodotti inizialmente per il ceppo di Wuhan vengano sprecati, la FDA afferma, senza alcuna prova, che il vaccino "prototipo" è efficace anche contro Omicron, ciò non di meno, essa riconosce il calo di efficacia contro le forme gravi. Le contorsioni degli esperti per allinearsi alle direttive dei produttori sono evidenti.

Se la FDA ammette implicitamente che i vaccini in commercio non prevengono le forme gravi di Covid-19,[230] è anche perché la decisione di cambiare il ceppo mirato non può essere presa se non mettendo in dubbio l'efficacia del vaccino contro le forme gravi. Queste osservazioni sono corroborate da uno studio israeliano che dimostra che per gli ultrasessantenni non precedentemente infettati, il rischio di sviluppare una forma grave di Covid-19 è molto più elevato dopo la terza dose rispetto a quelli che sono protetti da una precedente infezione naturale.[231]

Ancora una volta, è stata ignorata l'evoluzione costante del virus, che avrà sempre un vantaggio sui vaccini aggiornati. Stranamente il primo vaccino aggiornato includeva ancora l'mRNA codificante per la proteina Spike del 2019. L'anticipazione di una diminuzione dell'efficacia dovuta all'imprinting immunitario (o "peccato antigenico originale"), aggravata dalla ri-vaccinazione con lo stesso antigene del 2019, era ancora sconosciuta. Essa è stata evidenziata in alcuni studi condotti da Moderna nel 2021: la reazione immunitaria è chiaramente orientata a favore del ceppo originale, e più si vaccina con questo ceppo, più questo imprinting immunitario si rafforza.[232]

Vedremo che lo stesso errore si ripeterà nel 2023, perché i vaccini 'aggiornati' per l'autunno, sono mirati contro il ceppo della primavera precedente.

---

230. *Vaccines and Related Biological Products Advisory Committee Meeting Report,* avril 2022, Safety Platforms for Emergency vACcines (SPEAC), Brighton Collaboration.
231. Goldberg Y, Mandel M, Bar-On YM, et al., *Protection and Waning of Natural and Hybrid Immunity to SARS-CoV-2, N Engl J Med.,* 2022, PMID 35613036
232. Wheatley AK, Fox A, Tan HX, et al., *Immune imprinting and SARSCoV-2 vaccine design, Trends Immunol,* 2021

E' essenziale sottolineare le sfide ed i fallimenti che si affrontano ogni anno, per adeguare i vaccini contro l'influenza alle varianti stagionali. A seguito di un'epidemia universitaria nel 2021, i CDC hanno ammesso un'efficacia dello 0% contro il cluster A H3N3, inoltre, per gli individui di più di 6 mesi è stata osservata un'efficacia globale dell'8%, e del 14% contro l'A/H3N2, dopo aggiustamenti.[233]

Gli esperti dell'FDA e i produttori sanno che l'aggiornamento dei vaccini anti-Covid-19 non può funzionare, ciò nonostante, esso viene autorizzato, così come avviene nel caso dei vaccini destinati ai neonati ed ai bambini dai 6 mesi ai 5 anni. Tuttavia, non vengono presentati dati sulla sicurezza, il che è preoccupante, soprattutto alla luce delle informazioni che mostrano che il vaccino originale facilita ed aggrava l'infezione dovuta alle attuali varianti.

Secondo uno studio, fra gli individui colpiti da Omicron, quelli che hanno fatto il richiamo vaccinale sono contagiosi per un periodo di tempo più lungo rispetto ai non vaccinati che hanno contratto la malattia.[234]

Un documento dei CDC,[235] del settembre 2022 mostra il fallimento totale dei vaccini aggiornati su cavie sottoposte a differenti regimi vaccinali ed infettate con la sotto-variante Omicron BA.5 per valutare la protezione offerta dai diversi booster (ceppo di Wuhan o vaccino bivalente): tutti le cavie vaccinate o ri-vaccinate hanno contratto il Covid-19!

Sappiamo che tutte le autorità sono state rapidamente messe al corrente dei rischi e della limitata efficacia di questa vaccinazione grazie alle raccomandazioni dei gruppi di esperti o alle analisi effettuate da diverse accademie scientifiche. Come giustificare, dunque, questa discrepanza tra il discorso interno alle istituzioni al potere e quello destinato al pubblico?

I politici e gli esperti ufficiali sono trascinati dalla biopolitica sicuritaria, coinvolti in una corsa a perdifiato che li porta ad accumulare incoerenze e falsità. Non si tratta sempre di corruzione. I politici pensano

---

233. *Efficacy of flu vaccines*, FDA report, 2021.
234. *Duration of Shedding of Culturable Virus in SARS-CoV-2 Omicron (BA.1)*, *NEJM*, 2022.
235. *Booster Doses of Moderna Covid-19 Vaccines in Adults, Adolescents & Children*, September 1, 2022, ACIP meeting Covid-19 Vaccines.

alla loro carriera, e quelli che percorrono più velocemente le tappe del potere sono quelli che difendono più strenuamente il discorso della biosicurezza.

Alcuni scienziati ricevono "regali" direttamente dalle industrie farmaceutiche, oppure ricevono finanziamenti per i loro laboratori od ospedali: per lo più, questi ripetono ciò che affermano i consulenti o la stessa industria, senza cercare di saperne di più. Altri sanno che la narrativa ufficiale è in conflitto con le loro conoscenze, ma sono vittime del 'doppio-pensiero' di cui parla George Orwell nel suo *1984*: sanno, ma dimenticano immediatamente ciò che sanno, per non compromettere le loro carriere o i finanziamenti ai loro laboratori, ai quali hanno dedicato una vita intera.

Per approfondire
– *Vaccins anti-Covid-19, sûrs et efficaces ? Avis du Conseil Scientifique, de la HAS, ce qu'en a fait la Commission Européenne*, Aimsib. org, 29 novembre 2021.

– *Une troisième dose pour que ça marche enfin ?*, Aimsib.org, 26 novembre 2021.

– *Réfutation des arguments « scientifiques » justifiant le passe vaccinal,* ReinfoCovid, 5 gennaio 2022

– *Adaptation des vaccins anti-Covid-19 pour l'automne 2022*, Aimsib. org, 4 settembre 2022.

3.5 La biopolitica nuoce gravemente alla salute

Secondo le analisi di ricercatori indipendenti, la vaccinazione di massa contro il Covid-19 è stata un totale fallimento. Per chi sa leggere i dati, l'esplosione del numero dei casi di reazioni avverse presenti sui registri della farmacovigilanza non può che saltare agli occhi e sappiamo tutti che questa non è che la punta dell'iceberg, anche se il potere insiste nella negazione e punta sulla farmacovigilanza 'passiva' per mascherare le conseguenze nefaste della biopolitica.

3.5.1 Effetti avversi prevedibili ma ignorati

Constatare che le autorità sanitarie continuano a promuovere la vaccinazione contro il Covid-19, nonostante le prove schiaccianti, è allarmante. In un articolo scritto in collaborazione pubblicato nel luglio 2023, ho evidenziato, insieme ad altri ricercatori indipendenti, il numero allarmante delle reazioni avverse post-vaccinali.[236] Nonostante i dati siano in continua evoluzione, è chiaro che alla fine del primo semestre del 2022 le autorità disponevano di tutte le informazioni necessarie per porre fine alla campagna vaccinale. Nonostante ciò, esse hanno continuato per questa strada fino all'autunno del 2023, e questo è scientificamente ingiustificabile.

I documenti di farmacovigilanza di Pfizer, utilizzati da EMA e resi pubblici, sono particolarmente rivelatori.[237] Essi includono 508.351 rapporti di reazioni avverse individuali per un totale di 1.597.673 casi, dei quali un terzo sono stati classificati come gravi. Queste cifre sono relative al primo semestre del 2022. Dall'inizio della vaccinazione, Pfizer ha totalizzato 1,5 milioni di denunce individuali e quasi 5 milioni di effetti avversi. E' evidente, dunque, che Pfizer ha saputo molto presto che diverse patologie vascolari, nervose, oculari, uditive, re-

---

236. *Chères élites, prenez soin de nous,* Aimsib.org, 16 luglio 2023.
237. *Confidential Pfizer Document Shows the Company Observed 1.6 Million Adverse Events Covering Nearly Every Organ System*, Global Research, 21 giugno 2023, vedi i dettagli degli effetti avversi nell'Allegato. https://www.globalresearch.ca/confidential-pfizer-document-shows-company-observed-1-6-million-adverse-events-covering-nearly-every-organ-system/5823115?pdf=5823115
2.2 : http://tiny.cc/El-Pfizer.

spiratorie, riproduttive e psichiatriche fra le altre, avevano coinvolto quasi tutti gli organi del corpo.

Perché queste informazioni non sono state rese note al pubblico? Fino a quale punto certi responsabili politici erano a conoscenza della situazione? Sarà necessario indagare, per avere delle risposte.

Il nostro articolo riportava, inoltre, anche un aumento ingiustificato della mortalità in diversi paesi, soprattutto tra i giovani. Secondo le cifre provvisorie dell'Insee, in Francia l'eccesso di mortalità del 2022 è del 9,8% rispetto al 2019, cioè un aumento da 60 a 181 decessi,[238] anche fra i giovani, che non muoiono di Covid-19.[239] Questa deliberata ignoranza dei fatti è preoccupante e solleva molte questioni sulle motivazioni che stanno dietro a queste decisioni.

Dall'inizio della campagna vaccinale, nel dicembre 2020, le autorità sanitarie erano a conoscenza dei potenziali effetti avversi dei vaccini (vedere il riquadro che segue), anche perché questi effetti erano già stati rilevati durante gli studi clinici, come abbiamo visto in *Essais cliniques : un échec vaccinal prévisible avec tous les types de vaccins ?* (*Studi clinici: un fallimento vaccinale prevedibile per tutti i tipi di vaccini?*, ndt.).

Non ci sorprende, dunque, che molte persone abbiano segnalato effetti indesiderati già dall'inizio della vaccinazione. Queste segnalazioni, che provengono dalle stesse vittime, dalle loro famiglie o dai loro medici, sono state registrate su diverse banche dati dei diversi sistemi di farmacovigilanza come il VAERS americano, EudraVigilance in Europa, ANSM in Francia, MHRA in Gran Bretagna, ecc.

Omertà mediatica

Evidentemente, abbiamo assistito ad un periodo di censura inedita per quanto riguarda la copertura mediatica della crisi sanitaria, in modo particolare relativamente agli effetti avversi. Mentre i media allineati hanno adottato una linea editoriale comune, diverse piattaforme alternative sono state oggetto di un'attenta sorveglianza. Questa situazione ha prodotto interventi mirati, per far tacere le voci dissidenti, soprattutto quelle dei ricercatori indipendenti.

---

238. Secondo l'Istituto Nazionale delle Statistiche francese, https://www.insee.fr/fr/statistiques/6206305?sommaire=4487854
239. Insee Première, n° 1951, giugno 2023, https://www.insee.fr/fr/statistiques/7628176.

Un caso emblematico è quello di Laurent Mucchielli, sociologo e Direttore della Ricerca al CNRS, al quale è stato revocato lo spazio personale su *Mediapart* dopo che aveva tirato in causa la farmaco-vigilanza difettosa. Il quotidiano *France Soir* ha ripubblicato il suo lavoro, contribuendo a riaprire il dibattito su una questione cruciale. Mucchielli non è rimasto a lungo in silenzio di fronte a questa situazione dando inizio ad un lavoro collettivo intitolato *La Doxa du Covid-19*, che mette insieme tutti gli articoli precedentemente disponibili su Mediapart ed integrandoli con i contributi di altri autori, dei quali mi onoro di far parte.

E' sufficiente guardare la lista degli effetti avversi pubblicata a maggio 2023 dall'ANSM (vedi le pagine seguenti) per rendersi conto che l'ente regolatore francese arriva con due anni di ritardo rispetto alle informazioni fornite da Laurent Mucchielli... Senza fare una lista degli effetti avversi pubblicati nei rapporti dei singoli casi o nelle meta analisi internazionali, si ritrovano tutte le patologie annunciate dalla FDA nell'ottobre 2020.

Reazioni avverse riconosciute dall'FDA dall'ottobre 2020

Le reazioni avverse erano state previste dalle autorità: la Food and Drug Administration aveva previsto la loro comparsa e, da ottobre 2020, chiede un monitoraggio particolare per:

– Malattia Covid-19 [NdA: questo sottintende che FDA riconosca implicitamente l'effetto ADE, Antibody Dependent Enhancement, causato dal vaccino]

– decesso

– neurite ottica

– encefalite

– mielite

– atassia

– vaccinazione in gravidanza ed effetti indesiderati sulla gravidanza

– sindrome di Guillain-Barré

– encefalomielite acuta disseminata

– polineuropatia infiammatoria demielinizzante cronica

– mielite trasversa

– sclerosi a placche

– meningo-encefalite

– crisi epilettiche/convulsioni

– narcolessia/catalessia

– accidente vascolare cerebrale

– malattie autoimmuni

– reazioni allergiche non anafilattiche

– anafilassi

– infarto acuto del miocardio

– miocardite/pericardite

– coagulazione intravascolare disseminata (civd)

– tromboembolia venosa

– artrite e artralgia

– sindrome infiammatoria multisistemica (mis-c, mis-a), sindrome di Kawasaki

– trombocitopenia immunitaria (itp).

Fonte: *CDC post-authorization/post-licensure safety monitoring of Covid-19 vaccines*, Tom Shimabukuro. MD, MPH, MBA CDC Covid-19 Vaccine Task Force Vaccine Safety Team, 22 ottobre 2020.

Aggiornamento dell'ANSM di maggio 2023: reazioni avverse dei vaccini anti-Covid-19

L'Agenzia Nazionale per la Sicurezza del Farmaco (ANSM) (in Italia, Aifa, ndt.) ha pubblicato un aggiornamento sugli effetti indesiderati associati ai vaccini anti-Covid-19. Questo aggiornamento, che fa data all'11 maggio 2023, divide gli effetti indesiderati in tre categorie: confermati, potenziali da monitorare, sotto monitoraggio

Confermati
– ipertensione

– mio/pericardite

– flusso mestruale molto consistente

– reazione sul sito di iniezione (dolore, eritematosi, prurito)

– eritema polimorfo

Potenziali, da monitorare
– zona e riattivazione virale

– problemi del ritmo cardiaco

– nefropatia glomerulare

– pancreatite

– poliartrite reumatoide

– emofilia acquisita

– sindrome di Parsonage-Turner

– problemi mestruali (eccetto flussi mestruali abbondanti)

– pseudo-poliartrite rizomelica

– epatite autoimmune

– sordità

– perdita di conoscenza (associata o meno a caduta)

– anemia emolitica autoimmune

Già sotto monitoraggio
– trombosi venosa cerebrale

– trombopenia e varianti

– disequilibrio diabetico legato alla reattogenicità

– fallimento vaccinale

– sindrome d'attivazione macrofagica

– meningoencefalite zostrica

– aplasia midollare

– sindrome di Guillain-Barré

– rigetto dell'innesto corneale

– disquilibrio/recidiva di patologie croniche

– ictus amnesico

– acufeni

– vasculite sistemica associata ad AACN

– problemi muscolo-scheletrici

– tiroidite

– uveite

La proteina Spike e il suo ruolo nella patogenicità del SARS-CoV-2

Ricordiamo che tutti gli attuali vaccini si basano sulla proteina Spike del SARS-CoV-2. Questa proteina è largamente riconosciuta come una delle cause (se non la principale) della patogenicità del virus. Nella primavera del 2020 Jean-Marc Sabatier ha spiegato gli effetti potenzialmente nocivi dell'infezione da SARS-CoV-2 dovuti all'interazione della proteina Spike con il recettore cellulare umano ACE2. Questo recettore svolge un ruolo cruciale nel sistema renina-angiotensina, che non soltanto regola la pressione arteriosa e l'equilibrio idro-elettrico, ma è anche coinvolto nei processi infiammatori e della coagulazione.

Per questo, la tossicità della proteina Spike vaccinale potrebbe provocare complicazioni simili a quelle osservate nei pazienti affetti da Covid-19, soprattutto perché colpisce le cellule endoteliali, che contengono una quantità abbondante di recettori ACE2 e rivestono l'interno dei nostri vasi sanguigni. La quantità di Spike che circola nei vaccinati può essere equivalente o molto superiore a quella che si produce a seguito di una grave infezione da Covid-19.[240]

La persistenza della proteina Spike e dell'RNA virale nel Long Covid

Teniamo presente che la proteina Spike e l'RNA del virus possono persistere per un periodo prolungato negli individui che soffrono di quello che definiamo *Long Covid*. Nonostante questo, essi non vengono generalmente individuati nelle persone che sono state infettate, ma che non presentano persistenti sintomi del Covid-19. Un solo stu-

240. Banoun, H. *mRNA: Vaccine or Gene Therapy? The Safety Regulatory Issues, Int. J. Mol. Sci.*, 2023,
https://www.mdpi.com/1422-0067/24/13/10514.

dio dimostra il contrario,[241] mentre, secondo un'altra ricerca, non si trova la traccia persistente della proteina Spike negli individui che non presentano sintomi prolungati.[242] Uno studio particolareggiato ha esaminato la presenza di antigeni virali nell'intestino ed ha constatato che soltanto i pazienti che soffrivano di Long Covid presentavano antigeni virali persistenti in quella regione, sebbene non fosse stato individuato nessun virus coltivabile.[243] Questi elementi confermano il ruolo della tossicità della Spike per l'effetto patogeno del virus SARS-CoV-2. E' anche possibile che alcune predisposizioni genetiche possano influenzare il modo in cui gli individui reagiscono alla proteina Spike.

La tossicità della Spike vaccinale

Nel 2021 ho tradotto e completato un articolo di Stephanie Seneff e Greg Nigh che recensiva e spiegava il meccanismo delle reazioni avverse osservate da maggio 2021 e provocate dalla Spike modificata partendo dalla Spike tossica del SARS-CoV-2. In questo articolo troviamo ulteriori informazioni sul meccanismo studiato da Jean-Marc Sabatier. In ottobre 2021, il Prof. Bourdineaud e il Dr. Lesgards hanno pubblicato su *France Soir* un articolo nel quale affermano che il problema causato da questi vaccini deriva dal fatto che la proteina che essi producono è altrettanto tossica della proteina Spike del virus.[244]

Sappiamo, ormai, che la proteina Spike ha la capacità di attraversare la barriera emato-encefalica e che è neurotossica. Allo stesso modo, è stato scoperto anche che la Spike provoca l'agglutinazione dei glo-

---

241. Schultheiß, C, Willscher, E, Paschold, L, et al., *Liquid biomarkers of macrophage dysregulation and circulating Spike protein illustrate the biological heterogeneity in patients with post-acute sequelae of Covid-19, J Med Virol.*, 2022.
242. Zoe Swank et al., *Persistent Circulating Severe Acute Respiratory Syndrome Coronavirus 2 Spike Is Associated With Post-acute Coronavirus Disease 2019 Sequelae, Clinical Infectious Diseases*, 2023.
243. Zollner A, Koch R, Jukic A, et al., *Postacute Covid-19 is Characterized by Gut Viral Antigen Persistence in Inflammatory Bowel Diseases, Gastroenterology*, 2022.
244. *Nous ne sommes pas « anti-vax », nous sommes « anti-spike » !*, 13 ottobre 2021.

buli rossi,[245] e che può introdursi nel nucleo cellulare, così come il suo mRNA virale.[246]

Da questo deriva un'altra potenziale tossicità, non meno importante, poiché numerosi tipi di cellule della persona vaccinata integreranno questo mRNA e produrranno la Spike che, una volta raggiunta la superficie delle cellule, verrà identificata come estranea dal sistema immunitario il quale, dunque, provvederà ad eliminarla. Questo meccanismo potrebbe provocare delle necrosi negli organi essenziali. Notiamo anche che la Spike presenta alcune similitudini con le proteine umane, questo potrebbe provocare malattie autoimmuni a seguito dell'immunizzazione contro questa proteina.

E' importante ricordare che le persone asintomatiche, quando vengono infettate dal virus resistono alla malattia grazie al loro sistema immunitario innato. Una robusta barriera mucosale, composta, tra l'altro, di macrofagi e di neutrofili, elimina il virus prima che esso si propaghi in tutto l'organismo. La maggioranza delle persone esposte al virus non svilupperanno un'infezione sistemica e saranno protette dagli effetti nocivi della Spike. Al contrario, dopo la vaccinazione, l'mRNA e la Spike si diffondono in tutto il corpo e vi restano. Non solo, quello che è ancora più grave è che verosimilmente la Spike vaccinale più stabile è più tossica della Spike virale.

Bisogna sapere, infatti, che l'mRNA utilizzato nei vaccini contro il Covid-19 è stato modificato per renderlo più stabile, cioè meno biodegradabile; non si tratta, quindi, di un mRNA 'naturale'. Per fare questo, tutte le molecole naturali di uridina sono state sostituite con delle N1-metil-pseudouridina, inoltre, la sequenza dell'mRNA è stata manipolata (attraverso l'ottimizzazione dei codoni) per migliorare la produzione della proteina Spike (al fine di produrre più anticorpi) ed aumentarne la similitudine con l'RNA umano. Questa somiglianza serve ad evitare che l'mRNA non venga rapidamente identificato e distrutto come intruso.

Queste modifiche, però, non sono prive di rischi. L'aumentata stabilità della proteina Spike prodotta da questo mRNA potrebbe renderla più

---

245. Boschi, C. et al., *SARS-CoV-2 Spike Protein Induces Hemagglutination: Implications for Covid-19 Morbidities and Therapeutics and for Vaccine Adverse Effects*, bioRxiv, 2022.
246. Sattar, S. et al., *Nuclear translocation of Spike mRNA and protein is a novel pathogenic feature of SARS-CoV-2*, bioRxiv, 2022.

tossica della sua versione originale. Si tratta di una proteina Spike mutata, che si produce a partire dal vaccino e che è intenzionalmente diversa dalla Spike virale. In più, la modifica dell'mRNA potrebbe provocare degli errori di copiatura e dei ripiegamenti incorretti della proteina Spike. In alcuni casi, questo potrebbe indurre la proteina a comportarsi come un prione, provocando malattie degenerative simili alla sindrome di Creutzfeldt-Jakob.

Per finire, l'mRNA è incapsulato in particelle nanolipidiche che lo proteggono e ne facilitano il trasporto, e che funzionano come adiuvanti i cui effetti restano poco noti. Tra i componenti di queste nanoparticelle troviamo il PEG, una sostanza associata alle reazioni anafilattiche.

Un rischio maggiore di cancro

Nel 2023, alcuni medici hanno segnalato la comparsa del turbo-cancro (forme cancerogene sviluppate ex-novo oppure riattivazione di tumori che erano in remissione che adesso esplodono e che resistono ai trattamenti). Parleremo di questi gravi effetti avversi nella parte dedicata ai prodotti di terapia genica. (GTP). Il cancro figura tra i rischi associati a questo tipo di farmaci, ma questo rischio è stato sottostimato per i vaccini a mRNA, a causa della loro classificazione come vaccini. Questa classificazione illogica ha evitato che il cancro venisse seguito con particolare attenzione nel contesto della farmacovigilanza.

Rischio miocardite: i vaccini sono più pericolosi dell'infezione

Ogni volta che un giovane atleta vaccinato muore, i media insistono affermando che l'infezione Covid-19 provoca più miocarditi del vaccino. Tuttavia, tutti gli studi affidabili confermano i dati pubblicati dalle equipe dei CDC incaricate della vaccinovigilanza, una fonte difficilmente imputabile di complottismo. Nel caso di infezione da Covid-19, i CDC ci dicono che i giovani dai 16 ai 39 anni hanno un rischio 7,5 volte maggiore di sviluppare una miocardite dopo aver preso il Covid-19, rispetto a quello che avrebbero senza infezione.[247] D'altra parte, i CDC

---

247. Boehmer Tket al., *Association Between Covid-19 and Myocarditis Using Hospital-Based Administrative Data – United States, March 2020 – January 2021, Morb Mortal Wkly Rep.*, 2021, PMID 34473684.

scrivono anche che i ragazzi e i giovani da 12 a 24 anni rischiano la miocardite 100 volte di più nei 21 giorni seguenti la seconda dose di mRNA rispetto a quanto era stato previsto.[248] Esisterebbe, dunque, un rischio 7,5 volte maggiore dopo il Covid-19, ma 100 volte maggiore dopo due dosi di vaccino a mRNA. Questo avrebbe dovuto essere sufficiente per ritirare questi prodotti dal mercato.

Una delle pubblicazioni più convincenti è uno studio prospettico condotto in Svizzera,[249] che ha seguito diversi partecipanti su un dato periodo per osservare gli effetti di un trattamento. Quasi il 3% dei vaccinati hanno presentato segni di miocardite. Questo studio, condotto su personale sanitario sano e giovane, ha mostrato, inoltre, che le donne sarebbero più colpite. In Thailandia, un altro studio condotto su 300 adolescenti dai 13 ai 18 anni dopo la seconda dose di vaccino Pfizer ha stabilito che quasi un terzo degli adolescenti vaccinati presentava sintomi cardiaci.

Per maggiori informazioni In un articolo pubblicato con Patrick Provost, abbiamo fornito riferimenti a studi che dimostrano una maggiore incidenza di miocarditi post-vaccinali, rispetto a quelle osservate dopo l'infezione. Ho completato la lista di questi riferimenti in agosto 2023, in un articolo che potete trovare nella mia pagina personale, su ResearchGate: *Quels sont les risques réels de myocardite après infection Covid-19 et après vaccin Covid-19 ?*

---

248. *Covid-19 Vaccine safety updates Advisory Committee on Immunization Practices (ACIP)* June 23, 2021, Tom Shimabukuro, page 27
249. Buergin N et al., *Sex-specific differences in myocardial injury incidence after Covid-19 mRNA-1273 Booster Vaccination, Eur J Heart Fail.* 2023, luglio 20. PMID 37470105.

I probabili meccanismi delle trombosi e delle miocarditi

La proteina Spike, sia essa derivante dal virus o dal vaccino, può attivare diversi meccanismi che aumentano il rischio di trombosi. Di seguito, un elenco di queste disregolazioni fisiopatologiche:

– perturbazione del sistema renina-angiotensina (SRA), secondo le ricerche di J.-M. Sabatier. Il meccanismo legato alla disregolazione del SRA è stato confermato da uno studio,[250] ed è associato alla trombosi;

– anticorpi anti-FP4: dopo l'iniezione del vaccino è stato osservato un alto tasso di anticorpi anti FP4 (anti-fattore piastrinico 4). Questi anticorpi potrebbero provocare coaguli di sangue in luoghi insoliti, si tratta di un meccanismo auto-immune;

– la proteina Spike e la permeabilità vascolare: la proteina Spike può aumentare (legandosi all'ACE2) la permeabilità vascolare e la quantità del fattore Willebrandt, che è protrombotico, inoltre, essa può legarsi ad un altro recettore delle cellule endoteliali implicato nella permeabilità e persino generare auto anticorpi contro quest'ultimo;

– mimetismo molecolare della Spike: questa proteina può imitare altre proteine coinvolte nella coagulazione. Questo può provocare un meccanismo autoimmune secondo il quale il corpo genera anticorpi contro la Spike, che possono anch'essi reagire con queste proteine della coagulazione;

– anticorpi anti-idiotipi: diversi anticorpi secondari, detti 'anti-idiotipi' possono condividere alcune proprietà biologiche della Spike. Facciamo un esempio, per capire: immaginate l'impronta dei vostri denti, come quella che fate dal dentista, questa impronta è come un primo anticorpo (Ab1), che riconosce un virus; in seguito, il dentista utilizza questa impronta per fare un calco dei vostri denti; questo calco è come un secondo anticorpo (Ab2 o anti-idiotipo), che riconosce e si adatta alla prima impronta: il calco riproduce la struttura della Spike. Questi anticorpi anti-idiotipi possono legarsi all'ACE2 proprio come fa la Spike, questo può spiegare perché certi effetti persistono anche dopo la scomparsa della proteina Spike. Essi sono dovuti a questi anticorpi anti-idiotipi che possono, a volte, imitare l'antigene originale

---

250. Bilotta C et al., *Covid-19 Vaccine-Related Thrombosis: A Systematic Review and Exploratory Analysis, Front Immunol.*, 2021, PMID 34912330.

(in questo caso, la proteina Spike) ed interagire con gli stessi bersagli dell'antigene;[251]

– per ciò che riguarda le miocarditi, diversi meccanismi sono ancora oggetto di studio e vanno dalla presenza di impurità nel vaccino alle reazioni immunitarie specifiche o non specifiche;

– impurità nei vaccini a mRNA: diverse impurità presenti nei vaccini a mRNA (denunciate dagli stessi produttori Pfizer e Moderna) potrebbero essere all'origine dei casi di miocardite;[252]

– produzione della proteina Spike delle cellule cardiache: le cellule cardiache, producendo la proteina Spike dopo la vaccinazione, possono venire attaccate dal sistema immunitario provocando una miocardite[253];

– reazione non specifica all'infiammazione generale: la miocardite potrebbe derivare da un'infiammazione generale provocata dal vaccino, indipendentemente dalla produzione di anticorpi anti-Spike;[254]

– uno studio sulle cavie ha dimostrato che l'iniezione intramuscolare ed intravenosa in mRNA ha provocato una necrosi cardiaca in tutti gli animali, dopo la seconda dose;

– effetto tossico dell'mRNA: i vaccini a mRNA potrebbero avere un effetto infiammatorio, particolarmente sul cuore, quando raggiungono questo organo vitale. Ho approfondito questo argomento in un articolo su ResearchGate.[255] Le LNP (particelle nanolipidiche) circolano

251. Bellavite, P.; Ferraresi, A.; Isidoro, C., *Immune Response and Molecular Mechanisms of Cardiovascular Adverse Effects of Spike Proteins from SARS-CoV-2 and mRNA Vaccines, Biomedicines* 2023, https://doi. org/10.3390/biomedicines11020451.
252. Lazaros G et al., *The Novel Platform of mRNA Covid-19 Vaccines and Myocarditis Clues into the Potential Underlying Mechanism, Vaccine,* 2021, PMID 34312010.
Verbeke R, Hogan MJ, Loré K, Pardi N., *Innate immune mechanisms of mRNA vaccines, Immunity,* 2022, PMID 36351374.
253. Stervbo U et al., Case report: SARS-CoV-2 specific T-cells are associated with myocarditis after Covid-19 vaccination with mRNA-1273, Front. Med., 2023.
254. Barmada A et al., *Cytokinopathy with aberrant cytotoxic lymphocytes and profibrotic myeloid response in SARS-CoV-2 mRNA vaccine-associated myocarditis, Sci Immunol*, 2023.
255. Sui meccanismi e sul follow-up a lungo termine delle miocarditi post-iniezione anti-Covid-19, ResearchGate. agosto 2023.

ripetutamente nel cuore, ed i contaminanti presenti nel prodotto finale potrebbero essere responsabili in gran parte di questa infiammazione secondo gli stessi produttori.

Per approfondire

– *Pire que la maladie, les conséquences involontaires des injections anti-Covid-19*, Aimsib.org, 27 giugno 2021.

– *Explications biologiques du mécanisme des effets indésirables des vaccins anti-Covid-19*, Aimsib.org, 2 ottobre 2022.

– Banoun H., Provost P., *A 6-Week Time Period May not be Sufficient to Identify Potential Adverse Events Following Covid-19 Vaccination*, International Journal of Vaccine Theory, Practice and Research, 2023

– *Quels sont les risques réels de myocardite après infection Covid-19 et après vaccin Covid-19 ?*, ResearchGate, agosto 2023.

– Banoun, H., *mRNA: Vaccine or Gene Therapy? The Safety regulatory Issues*, Int. J. Mol. Sci., 2023

3.5.2 Modifica del genoma, un rischio sottovalutato

In un articolo apparso a marzo 2022 ho fatto il punto sulla questione della possibilità dell'integrazione dell'mRNA vaccinale nel genoma dei vaccinati: *Rétrotranscription et intégration dans le génome de l'ARN viral et/ou vaccinal : que sait-on ?* (Retrotrascrizione e integrazione dell'mRNA virale o vaccinale nel genoma: cosa sappiamo?) A questo proposito, ringrazio Alexandra Henrion-Caude, Dottore in Genetica, specializzata in RNA, per aver riletto e commentato il mio testo.

All'epoca, due studi hanno suscitato forti reazioni, poiché suggerivano che la trasformazione dell'RNA virale o vaccinale in DNA, quindi la sua integrazione nel nostro genoma, potesse costituire un rischio reale. Questa questione è cruciale, perché se ciò accadesse, significherebbe che l'mRNA si integra in modo permanente nel nostro DNA, che costituisce il genoma delle nostre cellule. Teniamo presente che il virus SARS-CoV-2 è un virus a RNA che si moltiplica senza aver bisogno di penetrare nel nucleo delle cellule. Non ci aspettiamo, dunque, che il genoma del virus possa integrarsi nel nostro genoma.

Per semplificare, la produzione di proteine nel nostro corpo funziona così: il nostro DNA, che si trova nel nucleo della cellula, contiene le informazioni, queste informazioni vengono copiate (trascritte) sotto forma di RNA messaggero, che si sposta, in seguito, fuori dal nucleo cellulare. Là, esso viene 'letto' e trasformato (tradotto) in proteine.

Se l'RNA virale o vaccinale riesce ad integrarsi nel nostro DNA, questo potrebbe portare a conseguenze inaspettate e potenzialmente pericolose. Per esempio, il nostro corpo potrebbe continuare a produrre una proteina non voluta, inoltre, questa modifica potrebbe trasmettersi alla progenie attraverso le cellule riproduttive. Anche se non si producesse nessuna proteina, l'aggiunta di una sequenza estranea al nostro DNA potrebbe compromettere il normale funzionamento delle nostre cellule, causando diverse malattie, come il cancro. Perché l'RNA si integri nel DNA è necessario che esso venga prima di tutto trasformato (retrotrascritto) in DNA e che entri nel nucleo della cellula. Si capisce perché i media reagiscono con tanta veemenza contro ogni allusione alla possibile integrazione nel DNA dell'RNA virale o vaccinale.

Uno studio pubblicato nella nota rivista PNAS,[256] (acronimo di *Proceedings of the National Academy of Science of the United States of America, Rapporti dell'Accademia* delle Scienze degli Stati Uniti), è stato realizzato da diversi noti esperti nel settore. Questo studio ha rilevato che alcune parti del codice genetico del virus SARS-CoV-2 possono essere copiate ed integrate sotto forma di DNA nel codice genetico delle cellule umane coltivate in laboratorio. Inoltre, i ricercatori hanno trovato le prove certe di questa integrazione in alcune cellule prelevate su pazienti deceduti a causa del Covid-19 e provenienti da diversi organi come i polmoni, il cuore, il cervello e lo stomaco.

Perché si verifichino questa trasformazione e questa integrazione, è necessario un enzima speciale chiamato 'retrotrascrittasi'. Questo enzima è presente in natura in diversi tipi di cellule, soprattutto nelle cellule cancerose e nelle cellule embrionali. Lo studio ha dimostrato che uno di questi enzimi, detto retrotrascrittasi LINE-1, è in grado di trasformare l'RNA del virus SARS-CoV-2 e di integrarlo nel codice genetico delle cellule infette. Questo enzima si attiva a seguito di un'infezione virale o di una vaccinazione.

Un altro studio,[257] (Aldén et al.) ha stabilito che l'mRNA del vaccino (che contiene le istruzioni per produrre la proteina Spike del virus) può venire trasformato in DNA sei ore dopo che le cellule sono state esposte al vaccino. Questa trasformazione è stata osservata nelle cellule coltivate in laboratorio, provenienti da un cancro epatico. Tuttavia, alcuni critici affermano che è difficile generalizzare questi risultati a tutte le cellule del corpo umano, dal momento che le cellule utilizzate per questo studio sono cellule cancerose che hanno, dunque, caratteristiche particolari, tra le quali un'abbondante produzione dell'enzima LINE-1. Si tratta di una critica legittima, sebbene esistano nel nostro corpo, cellule che si moltiplicano rapidamente, come quelle del midollo osseo, dell'intestino, della pelle, delle vie respiratorie e dell'embrione. L'enzima LINE-1 si trova anche nelle cellule che non si dividono, come le cellule muscolari ed i neuroni, inoltre, un'infezione virale può aumentare l'attività di questo enzima. Dunque, se

256. Zhang L, Richards A, Barrasa MI, et al., *Reverse-transcribed SARSCoV-2 RNA can integrate into the genome of cultured human cells and can be expressed in patient-derived tissues, Proc Natl Acad Sci USA*, 2021.
257. Aldén M. et al., *Intracellular Reverse Transcription of Pfizer BioNTech Covid-19 mRNA Vaccine BNT162b2 In Vitro in Human Liver Cell Line, Curr. Issues Mol. Biol.*, 2022.

questa integrazione venisse confermata, se ci si vaccina durante o dopo un'infezione, questo potrebbe teoricamente aumentare il rischio che l'mRNA del vaccino si integri nel nostro DNA.

In conclusione, benché non sia stato dimostrato chiaramente che l'mRNA del vaccino possa integrarsi nel genoma di una persona vaccinata, questo resta biologicamente verosimile. Quindi, sarebbe stato doveroso studiare approfonditamente questo rischio PRIMA di somministrare un prodotto ancora in fase sperimentale a miliardi di persone.

In ogni caso, come sottolineato in un articolo su ReinfoCovid,[258] dedicato allo stesso tema, sarebbe importante verificare se il DNA è già presente nel vaccino prima della somministrazione. Questa verifica permetterebbe di stabilire se il DNA trovato nelle cellule umane dopo la vaccinazione proviene dallo stesso vaccino, o se è il risultato di una trasformazione dell'mRNA in DNA avvenuta nelle cellule; se il DNA è già presente nel vaccino, questo significa che la trasformazione dell'mRNA in DNA all'interno del corpo umano non è necessaria per giustificare la presenza di questo DNA nelle nostre cellule, questo rimetterebbe in dubbio l'ipotesi della retrotrascrizione *in vitro* da parte delle cellule umane dello studio di Alden.

L'eventualità che il DNA ritrovato nei vaccini a mRNA possa essere una 'impurità' residuale del processo produttivo piuttosto che il risultato di una trasformazione dell'mRNA in DNA da parte delle cellule umane non è incongrua. Vedremo più tardi,[259] che nei flaconi dei vaccini Pfizer e Moderna si possono trovare, in effetti, delle quantità non trascurabili di DNA contaminante.

Detto questo, da quando ho elaborato la mia sintesi, nel 2022, sono emerse nuove informazioni che rafforzano le preoccupazioni iniziali e che apportano ulteriori dettagli allarmanti circa la possibilità di una integrazione nel DNA.

Dopo aver contratto il virus, molte persone che hanno avuto il Covid-19 mostrano tracce persistenti della proteina Spike fino a un anno dopo l'infezione e questa persistenza potrebbe essere dovuta ad una integrazione dell'mRNA del virus nel genoma umano. Questa ipotesi

---

258. *Retro-transcription de l'ARNm du vaccin Pfizer/BioNtech : un début de preuve in vitro*, Reinfocovid.fr, 8 marzo 2022.
259. Vedi il capitolo Vaccini o terapie geniche (4a parte).

è stata suggerita da uno studio che ha esaminato pazienti vaccinati e non vaccinati.[260]

Un'altra ricerca ha esaminato la presenza costante degli antigeni virali nell'intestino. Solo le persone che soffrono degli strascichi del Covid-19 presentano questi antigeni e una quantità di RNA virale, nonostante non venga rilevato nessun virus vitale.[261]

E' ugualmente possibile che il virus SARS-CoV-2 possa attivare dei retrovirus endogeni, detti HERV. Questi virus, che sono latenti in ognuno di noi, possiedono l'enzima retrotrascrittasi.[262]

Nel 2022 abbiamo scoperto anche che la proteina Spike del SARS-CoV-2 può penetrare nel nucleo delle cellule e portare al suo interno l'mRNA di questa proteina. E' possibile che la proteina Spike del vaccino agisca nello stesso modo, con l'mRNA dei vaccini.[263]

Per ciò che riguarda i vaccini a base di adenovirus, come quelli di Astra-Zeneca e di Janssen, un esperto nell'integrazione del DNA estraneo nelle cellule umane ha sottolineato che il DNA di un adenovirus, simile a quello contenuto nei vaccini anti-Covid-19, può integrarsi nel genoma delle cavie.[264] Il DNA corrispondente all'RNA della proteina Spike del vaccino si è integrato nel genoma delle persone vaccinate con Astra-Zeneca o Janssen? Sarebbe sorprendente, se i ricercatori non si impegnassero, un giorno, su questa questione.

---

260. Swank Z, et al., *Persistent circulating SARS-CoV-2 Spike is associated with post-acute Covid-19 sequelae, Clin Infect Dis.*, 2022.

261. Zollner A, et al., *Postacute Covid-19 is Characterized by Gut Viral Antigen Persistence in Inflammatory Bowel Diseases, Gastroenterology*, 2022.

262. Charvet, B., et al., *SARS-CoV-2 awakens ancient retroviral genes and the expression of proinflammatory HERV-W envelope protein in Covid-19 patients, ISCIENCE*, 2023.

263. Sattar S, et al., *Nuclear translocation of Spike mRNA and protein is a novel feature of SARS-CoV-2, Front. Microbiol*, 2023.

264. Doerfler W., *Adenoviral Vector DNAand SARS-CoV-2 mRNA-Based Covid-19 Vaccines: Possible Integration into the Human Genome, Virus Res.*, 2021, PMID 34087261.

Cosa bisogna sapere sulla retrotrascrizione dell'mRNA (virus e vaccino Pfizer)[265]

Retro-trascrizione *in vitro*: l'mRNA del vaccino Pfizer-BioNTech può convertirsi in DNA secondo studi di laboratorio (in vitro).

– Integrazione dell'RNA del virus: l'RNA del virus SARS-CoV-2, responsabile del Covid-19, può integrarsi nel genoma delle cellule umane coltivate in laboratorio ed è stato ritrovato in diversi organi di pazienti deceduti a causa di forme gravi di Covid-19.

– mRNA e retrotrascrizione: alcuni mRNA, siano essi naturali, estranei o artificiali, possono essere convertiti in DNA dalle cellule umane, anche in assenza del virus. Il 'dogma' della biologia molecolare non è così semplice come lo imparano gli studenti in biologia: il DNA viene trascritto nell'RNA, ma anche il contrario è possibile, e questo è stato affermato da Francis Crick già nel 1956.

– Il DNA contaminante dei vaccini a mRNA presenta un rischio maggiore di integrarsi nel genoma.

Per approfondire
– *Rétrotranscription et intégration dans le génome de l'ARN viral et/ou vaccinal : que sait-on ?*, Aimsib.org, 20 marzo 2022.

---

265. *Retro-transcription de l'ARNm du vaccin Pfizer/BioNtech : un début de preuve in vitro,* Reinfocovid.fr, 8 marzo 2022.

3.5.3 Vaccinovigilanza: cecità istituzionale

Il monitoraggio degli effetti indesiderati dei farmaci e dei vaccini ha un'importanza cruciale per la protezione dei pazienti. Tuttavia, questo sistema è lungi dall'essere infallibile. Il problema della mancata segnalazione degli effetti avversi nelle apposite banche dati è noto da molto tempo.

Per il Covid-19, le lacune della vaccinovigilanza sono particolarmente evidenti, nonostante le autorità fossero state avvisate sulla natura e sull'ampiezza delle potenziali reazioni avverse ancora prima dell'inizio della campagna vaccinale. Queste informazioni, però, sono state ignorate. Perché questa omissione, e in che modo gli esperti sono riusciti a nascondere gli effetti avversi?

Bisogna ricordare, innanzitutto, che la crisi del Covid-19 ha offerto un'opportunità unica, per lo sviluppo dei vaccini a mRNA. Questi vaccini erano attesi da molto tempo dai sostenitori della vaccinazione, come soluzione all'inefficacia ricorrente dei vaccini contro l'influenza. Questa prospettiva era stata avanzata durante la Conferenza Milken dell'ottobre 2019, dove diversi esperti avevano discusso sull'avvenire promettente dei vaccini a mRNA.[266]

In una nota che ho pubblicato in agosto 2022 sul blog dell'Aimsib, ho condiviso una lista di pubblicazioni che mettevano in luce un problema consistente: la sotto-segnalazione delle reazioni avverse ai vaccini. Per darvi un'idea, alcuni esperti spagnoli hanno stimato, nel 1998, che soltanto una reazione avversa su 1000 viene segnalata. Più di recente, questa stima indica che solo da una a 10 su 100 reazioni avverse vengono segnalate.

Prendiamo l'esempio di uno studio italiano sul vaccino MPRV, Morbillo-Parotite-Rosolia-Varicella; questo studio rivela che le reazioni avverse non gravi vengono segnalate 1529 volte di più, e quelle gravi 339 volte di più, quando si applica la sorveglianza attiva. Secondo questo tipo di sorveglianza, ogni persona vaccinata viene seguita da vicino con l'aiuto di un questionario dettagliato per individuare ogni cambiamento del suo stato di salute.

---

266. *Universal Flu Vaccine*, Milken Institute's Future of Health Summit, Washington, 28-30 ottobre 2019.

Nella pratica corrente la 'sorveglianza passiva' è più diffusa: si aspetta che il paziente o il suo medico segnalino spontaneamente ogni effetto indesiderato e questo può causare un'ampia sottostima della frequenza e della gravità delle reazioni avverse.

Tuttavia, per molti esperti sembra persistere una certa confusione su ciò che è veramente la farmacovigilanza attiva. L'ANSM francese, per esempio, ha pubblicato, nel marzo 2023,[267] un articolo il cui titolo evoca la 'sorveglianza attiva' sebbene si tratti chiaramente di semplici denunce spontanee. E' un errore voluto o un'incomprensione? Questo ricorda il bipensiero di George Orwell. In ogni caso, una simile confusione rimette in discussione il rigore dello studio e la pertinenza delle sue conclusioni.

La maggior parte degli esperti concordano nell'affermare che soltanto l'1% (o anche meno) delle reazioni avverse vengono segnalate. Un esperto australiano afferma che, a causa della pressione esercitata sui medici, in Australia il tasso di segnalazione sarebbe dello 0%.

Un monitoraggio troppo breve

Un'altro motivo per il quale gli effetti indesiderati dei vaccino sono sottostimati è il periodo di osservazione post-vaccinale troppo breve. Ho affrontato questo tema in un articolo scritto col Prof. Patrick Provost dell'Università Laval di Montréal (vedi il riquadro alla fine del capitolo), che mi ha chiesto di esserne cofirmataria. Nonostante anche altri ricercatori abbiano partecipato, questi non hanno voluto aggiungere le loro firme, per timore di rappresaglie. Patrick Provost è stato sanzionato dall'Università Laval. (Poi licenziato, nell'aprile 2024, ndt.).

Il nostro articolo è apparso sull' *International Journal of Vaccine Theory, Practice and Research,* questa rivista non compare in PubMed a causa del suo orientamento critico, sebbene si tratti di una rivista basata sulla revisione tra pari (peer-review). L'editore, consapevole che verrebbe comunque censurato, non intende neppure tentare di essere incluso in questo database internazionale.

Patrick Provost, specializzato in RNA, ha avuto fiducia nei suoi colleghi ed ha fatto il vaccino a mRNA subendo, purtroppo, molti effetti

---

267. Valnet-Rabier MB, et al., *Pharmacovigilance signals from active surveillance of mRNA platform vaccines (tozinameran and elasomeran), Therapies,* 2023.

avversi. Quando ha tentato di segnalarli, si è reso conto che molti di questi non sarebbero stati considerati, perché si erano manifestati più di 6 settimane dopo la vaccinazione. In collaborazione con una farmacia del Quebec, che segue attentamente i cambiamenti dello stato di salute dei suoi pazienti dopo la vaccinazione, abbiamo notato che molte persone riportavano reazioni avverse ben oltre le sei settimane.

Il periodo raccomandato, per la segnalazione degli effetti secondari dei vaccini è vago e spesso contraddittorio. La Brighton Collaboration,[268] un'organizzazione che si occupa della sicurezza dei vaccini, raccomanda in genere un periodo di follow-up di 42 giorni, cioè 6 settimane. Anche uno studio dell'FDA sui vaccini anti-Covid-19 indica un periodo di 42 giorni. Questa raccomandazione sembra basarsi sull'opinione dei medici, piuttosto che sulle prove scientifiche. Si tratta di muoversi in un pensiero a senso unico: siccome i medici generalmente dichiarano soltanto le reazioni avverse comparse nelle prime sei settimane, la FDA assume come valido questo intervallo di tempo. Evidentemente, i medici non sono interessati agli effetti avversi che si manifestano più tardi. Per i vaccini a mRNA, che sono simili a terapie geniche, questo periodo di osservazione dovrebbe essere ben più lungo.

Bisogna sottolineare che i bambini che contraggono il Covid-19 vengono seguiti per 120 giorni, al fine di valutare il rischio di complicazioni cardiache post-infezione. Questo monitoraggio prolungato serve soprattutto a comparare questo rischio con quello associato alla vaccinazione. E' inevitabile, dunque, porsi una domanda: perché il monitoraggio post-vaccinale è più breve di quello post-infezione?[269]

Rischi vaccinali contro rischi associati al Covid-19: il verdetto di uno studio indiano

Vorrei mettere in luce uno studio,[270] significativo proveniente dall'India (Kaur U et al., 2022), che sembra essere sfuggito all'attenzione delle autorità, al quale ho già fatto riferimento nel capitolo sull'ADE.

268. https://brightoncollaboration.us.
269. Krug, A., Stevenson, J., & Høeg, TB. BNT162b2 *Vaccine-Associated Myo/Pericarditis in Adolescents: A Stratified Risk-Benefit Analysis, European Journal of Clinical Investigation,* 2022.
270. Kaur U et al., *Persistent Health Issues, Adverse Events, and Effectiveness of Vaccines during the Second Wave of Covid-19: A Cohort Study from a Tertiary Hospital in North India, Vaccines,* 2022.

Il punto di forza di questo studio risiede nella metodologia semplice ma efficace. Per eliminare gli inconvenienti osservati negli studi casistici correnti, (nei quali gli stessi individui cambiano lo status quando vengono vaccinati), i ricercatori hanno comparato diversi professionisti della salute coi loro omologhi non vaccinati. Stranamente, questo metodo diretto viene raramente adottato, in particolare da quelli che potrebbero non voler mettere in luce gli effetti indesiderati o l'inefficacia dei vaccini.

Lo studio si concentra sui problemi di salute persistenti, sugli eventi avversi e sull'inefficacia dei vaccini durante la seconda ondata di Covid-19 e propone una valutazione comparata con le patologie associate all'infezione Covid-19. Le conclusioni sono chiare: le patologie associate ad una reifezione Covid-19 per le persone giovani ed in buona salute sono molto meno frequenti e diversificate, rispetto agli effetti indesiderati legati al vaccino, inoltre, il rischio è accentuato per coloro che hanno già contratto il virus prima della vaccinazione. Questo studio ha confermato quello che era già stato osservato molte volte: vaccinare una persona che aveva già avuto il Covid-19 la espone ad un rischio più elevato di effetti indesiderati. Infatti, prima del Covid-19, che è quasi riuscito a fare in modo che medici e scienziati dimenticassero le basi della loro scienza, non si vaccinavano mai le persone che avevano già contratto l'infezione naturale.

Chiaramente, si potrebbero impiegare metodi più rigorosi per identificare gli effetti indesiderati legati ai vaccini Covid-19, purtroppo, però, le autorità sanitarie si accontentano spesso di produrre studi confusi, anche volontariamente fallaci, e rifiutano di mettere i dati grezzi a disposizione degli scienziati indipendenti.

I principali difetti della vaccinovigilanza

Sotto-segnalazione delle reazioni avverse
E' cosa nota, che numerosi effetti indesiderabili non vengano mai segnalati. Le ragioni di questo sono molteplici, soprattutto la pressione sui professionisti della salute, la mancanza di sensibilizzazione o la convinzione che soltanto un effetto grave valga la pena di essere segnalato.

.../...

Durata limitata del monitoraggio

Il periodo durante il quale gli effetti indesiderati vengono monitorati dopo la vaccinazione è spesso molto breve, generalmente sei settimane. Questo non è sufficiente per individuare gli effetti rari e quelli a lungo termine, inoltre, questa durata sembra essere stata determinata in modo arbitrario, senza alcuna chiara giustificazione scientifica.

Metodo di monitoraggio

Esistono due principali metodi di monitoraggio: attivo e passivo. Il monitoraggio attivo implica un follow-up proattivo degli individui dopo la vaccinazione, mentre il monitoraggio passivo fa affidamento alle denunce spontanee degli effetti indesiderati. Purtroppo, la sorveglianza passiva è il metodo più utilizzato, e questo minimizza la stima degli effetti indesiderati.

Mancanza di chiarezza e trasparenza

Gli organismi di regolamentazione ed i produttori dei vaccini non sono trasparenti nei loro metodi di analisi e non comunicano integralmente i loro dati. Alcuni specialisti hanno individuato anche delle lacune o errori nelle banche dati. Non esiste nessuna possibilità di verificare le informazioni fornite nei rapporti ufficiali.

L'enigma della diversità dei lotti

Dalla comparsa delle prime reazioni avverse legate ai vaccini, alcune serie di lotti sono state indentificate come l'origine della maggioranza delle reazioni avverse gravi. Questa osservazione è stata fatta partendo dai dati di VAERS (Vaccine Adverse Event Reporting System) gestita dai CDC negli Stati Uniti. Da parte dell'ANSM, in Francia, non viene fornito nessun accesso ai numeri dei lotti responsabili delle reazioni avverse gravi, quindi è impossibile verificare.

Questo tema ha raggiunto il grande pubblico nel 2022, quando un sito web, howbad.info, è stato creato per verificare gli effetti avversi associati a ciascun lotto: esso rivela una grande eterogenicità ed alcuni lotti appaiono nettamente più tossici, secondo il numero delle segnalazioni alla farmacovigilanza.

Nel 2023, uno studio[271] ha confermato l'eterogenicità degli effetti tossici associati ai differenti lotti dei vaccini. I ricercatori hanno avuto accesso ai numeri dei lotti associati alle dichiarazioni degli effetti indesiderati in Danimarca. Se i vaccini fossero stati prodotti secondo gli standard della buona pratica, ogni lotto dovrebbe essere omogeneo, dunque comparire in maniera proporzionale tra le segnalazioni, lo studio ha rivelato, invece, che i lotti si possono classificare in tre categorie distinte secondo la frequenza della loro comparsa tra le segnalazioni.

I lotti a cui corrisponde un più alto numero di dosi distribuite sono associati ad un numero minore di effetti avversi rispetto ai lotti più piccoli. Bisogna precisare che la distribuzione dei lotti non avviene in maniera uniforme in una sola regione, al contrario, le dosi di ciascun lotto vengono distribuite in diversi paesi o regioni. Questo metodo di distribuzione è una strategia adottata da molto tempo dai produttori di vaccini, per minimizzare l'individuazione dei potenziali effetti avversi all'interno di una zona geografica specifica, come una piccola città, che riceverebbe soltanto le dosi di un particolare lotto.

Secondo diverse fonti, pare che le autorità sanitarie siano state informate di questa eterogenicità; in ogni caso, essa è indubbiamente nota ai produttori, dal momento che, in Australia, Pfizer ha vaccinato i suoi dipendenti con un lotto esclusivamente riservato a loro e che le autorità di regolamentazione non hanno ritenuto di dover testare. Questa informazione è disponibile nella lista dei lotti testati, sul sito dell'Agenzia australiana per la regolamentazione dei prodotti terapeutici.[272]

Negli Stati Uniti, l'accesso ai dati di scadenza dei lotti è controllato 'per ragioni di sicurezza' sul sito dei CDC, e viene concesso col contagocce.[273] Chi ha avuto accesso afferma che i lotti non tossici non hanno una data di scadenza, contrariamente ai lotti che avevano causato numerosi effetti avversi, come se i CDC conoscessero i numeri dei lotti inattivi, che non necessitano di una data limite di somministrazione.[274]

---

271. Schmeling M, Manniche V, Hansen PR, *Batch-dependent safety of the BNT162b2 mRNA Covid-19 vaccine, Eur J Clin Invest*, 2023.
272. https://www.tga.gov.au/batch-release-assessment-Covid-19-vaccines
273. https://vaccinecodeset.cdc.gov/LotNumber/
274. CDC's Expiry List and Biologically Active Lots, Craig Paardekooper, https://howbad.info/cdcexpiry3.pdf

Infine, alcuni chimici tedeschi hanno avuto accesso ai dati relativi ai lotti provenienti dalle analisi effettuate dal Paul Ehrich Institute (PEI), incaricato dall'Europa di testare i lotti Pfizer. Essi hanno affermato in diversi articoli apparsi sul *Berliner Zeitung,*[275] che i lotti risultati meno tossici in Danimarca non erano stati testati quasi per niente dal PEI, mentre i lotti tossici erano stati tutti testati. In un'intervista del giugno 2023, hanno affermato anche che certi lotti avevano uno strano colore e che, sebbene avessero chiesto spiegazioni a BioNTech, il laboratorio non aveva fornito che risposte grottesche.[276]

I chimici tedeschi hanno fatto un'importante osservazione: è normale che la sospensione possa apparire colorata in una luce a bassa angolazione, proprio a causa delle dimensioni piccolissime delle particelle nanolipidiche (LNP, che avvolgono l'mRNA). Se queste si agglomerano, la colorazione scompare. Molto stranamente, il produttore consiglia di gettare il flacone nel caso in cui il contenuto fosse colorato e, secondo questi chimici, ciò che bisogna fare è proprio il contrario.

Un processo produttivo aleatorio

Questa è una storia molto complicata, che, personalmente, ho interpretato così. Prima di tutto, è importante precisare che il termine 'placebo' è specifico degli studi clinici, nei quali indica, generalmente, una soluzione salina neutra e dall'apparenza trasparente. Questo placebo è, dunque, a prima vista diverso dai vaccini anti-Covid-19, che contengono delle sospensioni di nanoparticelle contenenti l'mRNA. Perché i produttori avrebbero commercializzato dei lotti deliberatamente non attivi e facilmente riconoscibili? Secondo me, l'idea di un test clinico mondiale che mescola placebo e lotti attivi è poco probabile soprattutto considerando l'incapacità dei laboratori di effettuare correttamente studi clinici ufficiali su soltanto 40.000 partecipanti...

E' possibile, al contrario, che l'eterogenicità osservata tra i lotti dei vaccini sia da attribuire a difetti del processo di produzione. L'Agenzia europea del farmaco (EMA) ha sottolineato questa variabilità nei suoi rapporti sulla qualità del vaccino, la quantità di mRNA intatto varia

275. Chemiker an BioNTech: *"Diese Antwort finden wir etwas irritierend"*, 1er febbraio 2022.
276. Intervista del giugno 2023 su punkt-preradovic.com, *Lots de vaccination: Une étude prouve l'effrayant avec le Prof. Dr. Gerald Dyker et le Prof. Dr. Jorg Matysik.*

considerevolmente da un lotto all'altro. Le LNP che avvolgono l'mR-NA nei vaccini presentano una grande variabilità di grandezza, ma la grandezza di queste LNP è essenziale per l'efficacia del vaccino. Le LNP sono delicate. Dal 2021, si raccomanda di non agitare i flaconi né trasportarli su veicoli a motore (sic!). Se le LNP si rompono, liberando l'mRNA, quest'ultimo potrebbe venoire distrutto o non essere più in grado di svolgere il suo compito. Inoltre, se le LNP si agglomerano, esse possono diventare inattive.[277]

Data la natura delicata delle LNP, è fondamentale trovare un equilibrio tra un'efficace omogeneizzazione e la conservazione dell'integrità delle particelle. Quando si maneggiano serbatoi contenenti diverse centinaia di litri, è possibile che la miscelazione non avvenga correttamente, con delle variazioni di concentrazione di LNP tra la parte superiore e la parte inferiore del serbatoio. Inoltre, la misura delle LNP potrebbe, allo stesso modo, variare in funzione della loro posizione nel serbatoio e queste variazioni potrebbero ripercuotersi sulla qualità e l'efficacia del prodotto finale. Ci sorprende, che anche la temperatura ottimale di conservazione resti un problema, dal momento che le raccomandazioni sono cambiate continuamente dal 2021:[278] da -80° a 8°, secondo il grado di diluizione e la durata della conservazione…

Chi sono gli incaricati ai controlli sulla qualità del prodotto, e quali sono i tipi di controllo effettuati? A questo riguardo ho iterpellato l'AN-SM ed EMA, ma non ho ricevuto nessuna risposta.

Tuttavia, anche l'analisi dell'eterogenicità dei prodotti presenta un aspetto negativo. Hervé Seligman ha studiato i rapporti di VAERS e ha identificato un potenziale legame con i ritardi nella pubblicazione dei rapporti di farmacovigilanza.[279]

Questi ritardi potrebbero costituire un problema, creando l'illusione che certi lotti di vaccini siano meno tossici di altri. Egli ha osservato che i rapporti sugli effetti avversi gravi sui bambini e sulle donne in età

277. Kudsiova L, Lansley A, Scutt G, et al., *Stability testing of the PfizerBioN-Tech BNT162b2 Covid-19 vaccine: a translational study in UK vaccination centres*, BMJ Open Science, 2021.
278. Crommelin et al., *Addressing the Cold Reality of mRNA Vaccine Stability*, J Pharm Sci., 2021.
279. Seligman, H., *Covid19 vaccine batches with apparent low toxicity are not placebos, but have delayed publication of adverse reports in VAERS, ResearchGate*, luglio 2023.

fertile sembrano essere stati pubblicati più tardi. Alcuni hanno fino a due anni di ritardo.

A questo proposito potremmo porci la seguente domanda: si tratta di un tentativo deliberato di dissimulare questi casi, oppure questi incidenti vengono esaminati più a lungo dagli esperti della farmaco-vigilanza? Inoltre, Seligman ha identificato numerosi errori nei numeri dei lotti menzionati nelle segnalazioni. La sua conclusione è che le differenze tra i lotti non sono qualitative, ma piuttosto graduali. In altri termini, si tratterebbe piuttosto di variazioni più sottili che si manifestano in termini di grado anziché di natura o di tipo.

Concludendo, secondo me non ci sono placebo 'volontari' tra i vaccini a mRNA somministrati alla popolazione mondiale, ma c'è, più che altro, la volontà di vendere ad ogni costo, quale che sia la qualità del prodotto. Questo è confermato dalla stessa Pfizer, quando giustifica certi effetti avversi come le miocarditi, attribuendoli a difetti di produzione.[280]

Per approfondire
– Banoun, H. & Provost, P., A *6-Week Time Period May not be Sufficient to Identify Potential Adverse Events Following Covid-19 Vaccination*, International Journal of Vaccine Theory, Practice and Research, 2023.

– Una versione francese tratta da questo articolo è pubblicata sul blog di Laurent Mucchielli, con il titolo À *quel moment surviennent les effets secondaires liés à la vaccination anti-Covid-19*, 22 dicembre 2022, https://qg.media/blog/laurent-mucchielli/.

---

280. Lazaros G. et al., *The Novel Platform of mRNA Covid-19 Vaccines and Myocarditis: Clues into the Potential Underlying Mechanism*, Vaccine, 2021.

3.5.4 I vaccinati possono trasmettere l'mRNA vaccinale?

Vorrei condividere qui il contenuto di un articolo che ho pubblicato in una rivista peer-review che, benché poco nota, ha dato visibilità ad un tema delicato: il *vaccine shedding,* che possiamo tradurre con 'trasmissione del vaccino'.

Come ho detto all'inizio dell'articolo, ci ho pensato molto prima di decidermi ad affrontare la questione, perché ero piuttosto reticente a considerare la possibilità della trasmissione del vaccino dalle persone vaccinate alle persone non vaccinate. Se questo fenomeno fosse stato confermato, questo avrebbe potuto aumentare le divisioni tra la popolazione. Non dimentichiamo che nel 2021 le autorità trattavano i non vaccinati come cittadini di seconda classe. L'idea di una trasmissione dei vaccini può generare ancora più animosità, questa volta, però, contro i vaccinati.

Tuttavia, di fronte alle numerose interpretazioni sbagliate che circolano da entrambe le parti, ho deciso di mettermi al lavoro e di provare a chiarire la questione. Da una parte, le autorità sostengono che lo *shedding* sia impossibile per i vaccini anti-Covid-19 e che questa nozione indicherebbe unicamente la trasmissione di un virus vaccinale vivo da parte di una persona vaccinata di recente, quindi, che questo varrebbe soltanto per i vaccini a virus vivo attenuato (come l'MPR, morbillo, parotite, rosolia). Di conseguenza, la disseminazione dell'mRNA o della Spike non rientrerebbero in questa casistica. Dall'altra parte, diversi critici confondono la trasmissione del principio vaccinale (l'mRNA o la Spike) con la trasmissione dello stesso virus da parte di una persona vaccinata ma non protetta. Chiaramente, una persona vaccinata, ma infetta, può sicuramente trasmettere il virus, perché il vaccino, come abbiamo visto, non impedisce la trasmissione.

Prime testimonianze

La campagna di vaccinazione contro il Covid-19 è iniziata a dicembre 2020. La prima testimonianza che ho letto sullo shedding risale all'estate 2021 e proviene da un medico,[281] il quale cita strani casi che si erano verificati tra colleghi dell'ambiente medico e scientifico, i quali avevano riferito sintomi simili agli effetti secondari del vaccino dopo essere stati a contatto con persone vaccinate da poco. Questo medico suggeriva la possibilità che le componenti del vaccino potessero trasmettersi attraverso la pelle o la respirazione e chiedeva che si facessero studi approfonditi sul tema.

All'inizio avevo trovato queste testimonianze poco convincenti, ma il loro numero aumentava col tempo. Nell'ottobre 2021 sono stata informata di un caso particolarmente preoccupante: un gruppo di professionisti della salute francesi aveva denunciato un incidente vascolare cerebrale su un bambino di 7 anni, senza precedenti medici, i cui genitori erano appena stati vaccinati.

Esistono anche gruppi di discussione su Telegram che hanno raccolto testimonianze simili, sia da parte di pazienti che di medici. Queste testimonianze descrivono sintomi identici a quelli riportati dai vaccinati. Inoltre, diversi documenti ufficiali di Pfizer relativi agli studi clinici (protocollo dello studio di fase I/II/III), menzionano in modo molto vago la possibilità della trasmissione del vaccino, sia essa dovuta ad una malcorretta manipolazione o al contatto intimo con una persona vaccinata.

Dove vanno l'mRNA del vaccino e la proteina Spike che produce?

Prima di rispondere a questa domanda, ho cercato di capire come l'mRNA del vaccino e la proteina Spike che le nostre cellule producono di conseguenza si propagano nel nostro organismo. Ci hanno assicurato che l'mRNA resta nel muscolo nel quale il vaccino è stato iniettato e che viene eliminato dopo 48 ore. Allo stesso modo, si suppone che la proteina Spike venga prodotta soltanto per quel lasco di tempo e solo dalle cellule di quel muscolo. Tuttavia, chi diffonde queste affermazioni è male informato o disonesto, o entrambe le cose. Infatti, molti studi scientifici e test preliminari dei vaccini contro il Covid-19 sugli animali hanno dimostrato il contrario.

Il pubblico deve sapere anche che le dosi di mRNA che vengono iniettate sono molto alte, rispetto alla quantità di RNA virale che circola

---

281. *Covid Vaccine Side Effects,* raysahelian.com, consultato a giugno 2021 ed aggiornato a dicembre 2021

a seguito di un'infezione naturale: fino a 10 alla settima volte di più, come ha affermato il Pr. Jean-Michel Claverie.

Prima di entrare nei dettagli, descriverò brevemente il percorso delle componenti del vaccino all'interno corpo: dopo l'iniezione, l'mRNA del vaccino, incapsulato nelle nanoparticelle lipidiche, circola nella linfa e nel sangue e penetra nelle cellule, nelle quali viene poi prodotta la Spike. L'mRNA non degradato e la proteina Spike circolano ancora nel corpo attraverso gli exosomi naturali. Questi exosomi si formano dopo che le nanoparticelle lipidiche si sono diffuse dappertutto nel corpo, liberando l'mRNA e producendo la proteina Spike.

Le LNP, trasportatori nanometrici

Per comprendere la biodistribuzione del vaccino nell'organismo bisogna ricordare la struttura del suo principio attivo. L'mRNA del vaccino viene protetto e trasportato da nanoparticelle lipidiche, vescicole artificiali formate da un insieme di lipidi naturali e artificiali.

Le LNP (*Lipid Nano-Particles)* contenute nel vaccino hanno la stessa struttura degli exosomi naturali o vescicole extracellulari (VE) che cercano di imitare. Prima di tutto, dunque, ci interesseremo del percorso delle LNP nel corpo dopo l'iniezione, quindi vedremo come le VE sono anch'esse implicate nella biodistribuzione delle componenti del vaccino.

Particelle nano-lipidiche (LNP): strutture lipidiche nanometriche, spesso utilizzate nei vaccini a mRNA per proteggere e trasportare l'mRNA all'interno delle cellule. Per i vaccini anti-Covid-19, esse hanno una misura specifica compresa tra 60 e 100 nm.

Vescicole extracellulari (VE): strutture proteolipidiche sferiche con una doppia membrana fosfolipidica generate naturalmente dalla maggior parte delle cellule viventi, servono a trasportare diverse molecole, tra le quali i lipidi, le proteine e gli acidi nucleici, dentro le cellule. La misura delle VE può variare considerevolmente (da 20 a 4000 nm.).

1/ La biodistribuzione dell'mRNA trasportato dalle LNP

Prima dell'arrivo dei vaccini contro il Covid-19, sapevamo già che le LNP potevano essere somministrate in diversi modalità: intramuscolare, sottocutanea, transdermica, intratracheale, orale, oftalmica e anche topica. L'mRNA che si trova all'interno di queste LNP, qualsiasi sia la modalità di somministrazione, può essere convertito in proteine per molti giorni. Sulla base di studi preclinici sugli animali, è noto che alcuni costituenti delle LNP vengono parzialmente eliminati nelle urine e nelle feci.

Diversi studi (anteriori al 2020) sulle cavie hanno dimostrato che le LNP che contengono l'mRNA, quando vengono iniettate per via intramuscolare, migrano dal sito di iniezione verso i linfonodi, quindi nella circolazione sistemica, concentrandosi soprattutto nel fegato e nella milza. Questo è stato confermato dai test preclinici dei vaccini a mRNA contro il Covid-19.

Questi risultati si ritrovano nei documenti di EMA (Agenzia Europea del Farmaco): l'RNA incapsulato nelle LNP può distribuirsi in diversi organi, come la milza, il cuore, i reni, i polmoni e il cervello. Gli studi sugli animali hanno rivelato una concentrazione delle LNP in organi specifici, come le ghiandole surrenali, il midollo osseo, gli occhi, l'intestino, il fegato, i linfonodi, le ovaie, la milza e i testicoli.

L'mRNA è stato ritrovato nel corpo umano già dal primo giorno e perdura nel sangue per almeno dieci settimane dopo l'iniezione; questo mRNA può essere convertito in proteine Spike nelle cellule e nei tessuti coinvolti. E' stato ritrovato nei linfonodi ascellari sessanta giorni dopo l'iniezione, e ancora un mese più tardi nel muscolo deltoide, nel sito d'iniezione.

L'mRNA vaccinale è incapsulato nelle LNP, ma si libera all'interno delle cellule; come vedremo in seguito, le cellule che assorbono l'mRNA vaccinale possono, a loro volta, incapsularlo in un altro trasportatore, gli 'exosomi' naturali. Queste vescicole extracellulari (VE) lo distribuiranno alle altre cellule. Le VE, infatti, si producono per endocitosi (assorbimento cellulare) delle LNP che contengono l'mRNA. Questo mRNA incapsulato nelle VE resta attivo e può essere convertito in proteine Spike.

2/ Produzione e diffusione generalizzata della proteina Spike

Quando l'mRNA del vaccino penetra in una cellula, esso viene trasformato in proteina Spike, grazie al meccanismo cellulare. Questa proteina, a sua volta, non resta confinata all'interno della cellula. In teoria, il vaccino è stato formulato per fare in modo che questa proteina si collochi sulla superficie della cellula perché il sistema immunitario possa riconoscerla attivando una risposta immunitaria. In realtà, le cellule non obbediscono alle speranze dei vaccinologi e la proteina Spike sfugge.

Nel sangue...

La proteina Spike prodotta dai vaccini si può ritrovare nella circolazione del sangue in quantità simile a quella osservata nei pazienti affetti da una forma grave di Covid-19; la sua concentrazione può essere anche maggiore, rispetto a quella osservata su questi pazienti. La Spike persiste per più giorni nel sangue, infatti è stata individuata tre settimane dopo l'iniezione in diversi ragazzi colpiti da miocardite post-vaccinale e, ancora, alcuni mesi dopo l'iniezione nei monociti (globuli bianchi del sangue).

Negli organi...

La proteina Spike è stata ritrovata anche in alcune zone specifiche dei linfonodi per almeno sessanta giorni dopo la seconda dose del vaccino. Allo stesso modo essa è stata ritrovata nel cuore dei pazienti colpiti da miocardite fin dai primi giorni dopo la vaccinazione e fino a tre settimane più tardi.

Alcune autopsie hanno rivelato la presenza di questa proteina in diversi organi, come il cuore, il cervello, i muscoli e anche alcune zone dei linfonodi tre settimane dopo la vaccinazione.

3/ Circolazione della Spike e dell'mRNA attraverso gli exosomi naturali

Prima di comprendere come il nostro corpo possa provvedere alla circolazione della proteina Spike e dell'mRNA residuale, ricordiamo il ruolo fondamentale delle vescicole extracellulari (VE) prodotte dal nostro organismo.

Prima dei vaccini anti-Covid-19 sapevamo già molto su queste vescicole naturali dette 'exosomi' e la presenza di queste VE in tutti i biofluidi era stata confermata. Gli exosomi svolgono un ruolo essenziale nel trasporto dell'mRNA, di altri tipi di RNA e delle proteine. Per esempio, il nostro sudore contiene vescicole che trasportano piccoli frammenti di mRNA che provengono dalle nostre cellule (da 20 a 200 pb,[282] molto più piccoli dell'mRNA vaccinale). Questi frammenti di mRNA sono sempre attivi, cioè possono essere convertiti in proteine, inoltre, sono protetti dagli enzimi che normalmente decompongono l'RNA grazie a queste vescicole che li rivestono.

Alcuni tipi di RNA, detti microRNA, sono più concentrati nel sudore che nel sangue; questi micro RNA non si trovano nel sudore per caso, ma vi sono attivamente trasportati. Allo stesso modo, anche le nostre cellule cutanee possono liberare delle vescicole che trasportano microRNA. Queste vescicole sono presenti anche nella saliva e nell'espettorato delle persone affette da una forma leggera di asma.

Un altro aspetto affascinante di queste vescicole è la loro natura bidirezionale durante la gravidanza. Esse, infatti, possono passare dalla madre al feto e viceversa, attraversando la barriera che li separa e possono essere utilizzate per somministrare medicinali al feto durante la gravidanza, dimostrando il loro potenziale in materia di salute.

Per tornare al tema, la rivelazione principale fornita dalle ricerche indipendenti è la seguente: gli esosomi possono trasportanre anche l'mRNA vaccinale e la proteina Spike che si produce nell'organismo delle persone vaccinate, e sono anche coinvolti nella biodistribuzione dei componenti del vaccino, che non restano necessariamente confinati al sito d'iniezione.

La Spike avvolta dalle VE

E' stato stabilito che la proteina Spike del virus circola sotto forma di exosomi: la proteina Spike del SARS-CoV-2 ed i suoi frammenti sono stati individuati nelle vescicole extracellulari dei pazienti colpiti dal Covid-19.

Allo stesso modo, dopo la vaccinazione a base di mRNA, una volta che le particelle nanolipidiche del vaccino vengono assorbite e che l'mRNA ha prodotto la proteina Spike, le cellule possono incapsulare questa Spike vaccinale negli exosomi, così come avviene con la Spike virale, e liberarla nel sangue.

---

282. In virologia molecolare, il numero di 'coppie di basi' (pb) viene utilizzato per misurare la grandezza di un acido nucleico (DNA o RNA).

Tracce della Spike vaccinale sono state individuate nelle vescicole dei cheratinociti (cellule della pelle) su un paziente che presentava lesioni cutanee tre mesi dopo aver ricevuto il vaccino Pfizer-BioNTech, e anche in un'eruzione cutanea che persisteva cento giorni dopo la vaccinazione.

E' confermato, dunque, che l'mRNA del vaccino e la proteina Spike circolano e restano nell'organismo per un periodo prolungato. Gli esosomi naturali che li trasportano possono ritrovarsi in diversi fluidi corporei, come il latte,, il sudore e l'espettorato.

L'mRNA o la Spike del vaccino possono contagiare un'altra persona?

Bisogna ricordare, innanzitutto, che le nanoparticelle lipidiche artificiali (LNP) e naturali (exosomi) vengono già utilizzate a scopo terapeutico per inalazione, per via transdermica, *in utero,* e congiuntivale.

Le nanoparticelle lipidiche
Le LNP sono strutture straordinarie, in grado di superare la barriera cutanea per trasportare materiale genetico. Grazie alla loro composizione, simile a quella della membrana cellulare, esse possono infiltrarsi attraverso la pelle, sia passando dai follicoli piliferi, sia penetrando direttamente nei cheratinociti. La loro capacità non si limita a questo: esse possono anche trasportare delle molecole all'interno dell'occhio, precisamente nella sua camera posteriore, quando vengono somministrate per via congiuntivale.

Al giorno d'oggi, le LNP vengono testate negli studi clinici per la terapia genica e la vaccinazione. Quando vengono nebulizzate, per esempio, queste particelle possono trasportare alcuni acidi nucleici direttamente nei polmoni, nei quali l'mRNA che contengono viene efficacemente convertito. Diversi studi clinici su vaccini antinfluenzali per inalazione, basati sulle LNP contenenti mRNA hanno dimostrato che questo mRNA può convertirsi in proteine nel corpo, inducendo la produzione di anticorpi. Anche la via intranasale è stata valutata, per la somministrazione di trattamenti medici via LNP.

Infine, è allo studio anche la vaccinazione transcutanea via LNP. Queste particelle hanno la capacità di penetrare la pelle attraverso i follicoli piliferi e di accumularsi nelle ghiandole sebacee. I primi risultati hanno dimostrato che la loro efficacia è simile a quella delle iniezioni intramuscolari, dal momento che le particelle sono della stessa misura di quelle utilizzate nei vaccini anti-Covid-19.

Le vescicole extracellulari

Le vescicole extracellulari (VE o exosomi naturali) non sono una novità, in medicina. Esse sono già state utilizzate per somministrare diversi trattamenti, in particolar modo quelli locali, per curare patologie come la peridontite, le ulcere o l'epidemiolisi bollosa. Esse vengono utilizzate con successo anche per somministrazioni per via intranasale, orale, intraoculare e sotto-congiuntivale, trasportando il farmaco nel luogo desiderato. Le VE del latte di mucca, quando vengono ingerite, resistono ai succhi gastrici, come hanno dimostrato diversi studi sulle cavie.

Queste nanovescicole hanno dimostrato di possedere un potenziale anche in oncologia, esse possono essere impiegate per somministrare l'RNA direttamente dentro il tumore cerebrale attraverso un'introduzione intranasale.

Di fronte alla pandemia di Covid-19, le VE vengono studiate anche come metodo terapeutico. Attualmente sono in corso sessanta studi clinici che utilizzano exosomi caricati con cellule mesenchimali staminali. Queste cellule staminali possiedono la capacità di riparare le cellule polmonari danneggiate dal virus SARS-CoV-2.

Gli exosomi, che trasportano una sezione specifica della proteina Spike (il sito di unione al recettore), hanno dimostrato la loro capacità di introdurre questo antigene nelle cellule polmonari delle cavie per inalazione, provocando una risposta immunitaria. Allo stesso modo, l'inalazione di exosomi contenenti l'mRNA o la proteina Spike ha dimostrato la capacità di immunizzare le cavie e le scimmie contro il SARS-CoV-2.

E' interessante notare che queste VE naturali sembrano più efficaci delle loro omologhe sintetiche, le LNP.

L'RNA nudo?

L'mRNA nudo (non incapsulato nelle LNP o nelle VE) potrebbe essere comunque in grado di penetrare per via cutanea o per inalazione: la possibilità della trasfezione passiva attraverso l'RNA inalato è stata dimostrata in un certo numero di studi. L'RNA inalato può portare alla produzione di Spike, quindi all'immunizzazione dell'individuo, cioè alla produzione di anticorpi.

La mia conclusione

E' evidente che le vescicole extracellulari (VE) naturali che trasportano l'mRNA e la proteina Spike possono essere escretate attraverso diversi fluidi corporei e, in seguito, potrebbero venire assorbite da individui non vaccinati sia per contatto cutaneo, allattamento o anche trasmissione transplacentare nel caso dei feti. Non è escluso che anche lo sperma possa essere un vettore di trasporto. Inoltre, anche l'mRNA potrebbe essere escretato ed assorbito nello stesso modo. Dunque, è biologicamente possibile che le persone vaccinate possano trasmettere, per prossimità, l'mRNA o la proteina Spike ai non vaccinati.

E' deplorevole, che non siano stati condotti studi approfonditi PRIMA della commercializzazione e degli studi clinici. Se la biodistribuzione tra gli animali era largamente nota, altri aspetti, come la trasmissione attraverso il latte materno, avrebbe dovuto essere esaminata. Ci sono almeno cinque studi indipendenti che dimostrano la presenza di exosomi portatori di mRNA vaccinale nel latte materno durante le 48 ore dopo l'iniezione.[283]

Quanto alla trasmissione attraverso lo sperma, essa non è stata menzionata da nessuno, benché debba essere valutata per tutti i prodotti delle terapie geniche. Vedremo, infatti, che gli mRNA sono oggettivamente dei *prodotti di terapia genica. (Gene Therapy Products).*

Il mio studio è stato pubblicato nel novembre 2022 in una rivista scientifica modesta, ma ha rapidamente attirato l'attenzione, perché affronta una questione largamente dibattuta e, soprattutto, molto delicata. E' stato attaccato anche dall'AFP Canada (Association of Fundraising Professionals, ndt.) in un rapporto intitolato *I vaccinati*

---

283. Vedi l'ultimo per data di pubblicazione: Hanna et al., *Biodistribution of mRNA Covid-19 vaccines in human breast milk,* eBioMedicine, ottobre 2023.

contro il Covid-19 non trasmettono l'mRNA ai non vaccinati, pubblicato il 14 dicembre 2022.[284]

Qualche giorno dopo la pubblicazione, l'editore mi ha inviato una mail che mi informava, senza ulteriori spiegazioni, di aver ricevuto una richiesta di revisione supplementare per la quale erano già stati invitati tre revisori. Sto ancora aspettando gli esiti di queste revisioni. L'editore ha aggiunto la specifica *In corso di verifica* davanti al titolo del mio articolo, che oggi è definito come *Editorial expression of concern* (attenzionato dall'Editore). E l'editore non mi risponde più.

Ho invitato tutti gli esperti che mi hanno letta sulla piattafroma di scambio tra ricercatori *ResearchGate*, perché esprimessero le loro critiche: nessuno ha emesso critiche negative. Dalla sua comparsa ricevo continuamente testimonianze e domande che, a volte, possono anche essere imbarazzanti: come rispondere ad una persona che si preoccupa all'idea di avere rapporti intimi col suo o con la sua partner? Avevo motivo di essere esitante su questo argomento.

Per approfondire
– Banoun H., *Current state of knowledge on the excretion of mRNA and Spike produced by anti-Covid-19 mRNA vaccines; possibility of contamination of the entourage of those vaccinated by these products, Infect Dis Res.*, 2022. Versione francese: *Etat actuel des connaisances sur l'excrétion de l'ARNm et de la Spike produite par les vaccins à ARNm anti-Covid-19; possibilité de contamination de l'entourage des personnes vaccinées par ces produits,* https://hal.archives-ouvertes.fr/hal-03891675.

---

284. Accessibile dal seguente link : https://factcheck.afp.com/doc.afp.com.33398EC.

La FDA sa dal febbraio 2021, che l'mRNA vaccinale passa nella placenta e nel latte materno

La FDA ha deciso di non divulgare i suoi rapporti sui vaccini anti-Covid-19 prima di 75 anni. Il pretesto è che questi documenti sono molto voluminosi e che i funzionari devono rileggerli prima di pubblicarli. Per meglio rileggerli o redigerli? Non avevano considerato, però, la perseveranza dei cittadini, che sono riusciti ad ottenere diversi dossier attraverso un FOIA (Freedom of Information Act, che autorizza chiunque a richiedere la divulgazione di un documento da parte di un'agenzia federale americana).

Abbiamo dunque saputo molte cose sulle reazioni avverse del vaccino Pfizer BNT162b2, a partire dalle dichiarazioni spontanee raccolte tra l'11 dicembre 2020 e il 28 febbraio 2021. Per ricavare le informazioni chiave è ancora necessario che numerosi cittadini indipendenti esaminino centinaia di migliaia di pagine.

Quelle che hanno ricevuto il vaccino prima dell'autorizzazione per le donne incinte sono per la maggior parte degli operatori sanitari. Inevitabilmente, alcune di esse sono rimaste incinte ed hanno allattato, altre sono state vaccinate mentre allattavano, cosa che non si sarebbe mai dovuta fare, data l'assenza totale di dati clinici e di raccomandazioni ufficiali per quel tipo di pubblico in quel momento.

Ricordiamo che nessuna donna incinta, né, ancor meno, in allattamento, era stata inclusa negli studi clinici. La somministrazione del vaccino a questa fascia di popolazione somiglia ad uno studio clinico selvaggio, soprattutto perché le prime vittime sono state quasi obbligate: si tratta, infatti, di giovani donne che lavoravano in ambito sanitario o assimilato, spesso obbligate a farsi vaccinare per conservare il lavoro.

Abbiamo assistito all'applicazione di due pesi e due misure, in favore del vaccino: come spiegare l'accanimento contro i Professori dell'IHU Marsiglia, che hanno curato ed ai quali è stato contestato di aver condotto uno studio clinico selvaggio con un farmaco in uso da 70 anni?

.../...

Conseguenze sui neonati allattati al seno

Gli effetti avversi osservati sui neonati sono coerenti col passaggio dell'mRNA vaccinale nel latte materno nella settimana seguente la somministrazione del vaccino, il quale ha dato origine a diversi sintomi. Per i neonati, questo si è manifestato con la desquamazione della pelle, una aumentata irritabilità, eruzioni ed orticaria, edema di Quincke, malattie non definite (che, a volte, richiedono l'ospedalizzazione), letargia, diarrea, febbre... Sono stati segnalati anche casi di interruzione della lattazione e di cambiamento di colore del latte.

Perché alcuni ricercatori indipendenti iniziassero a studiare il latte materno, si è dovuta attendere la commercializzazione e la somministrazione alle madri in allattamento, in seguito cinque studi hanno confermato il passaggio dell'mRNA del vaccino nel latte materno durante la prima settimana dopo l'iniezione.

Gravidanza e complicazioni post-vaccinali

Per quanto riguarda le donne incinte, gran parte degli aborti spontanei (interruzione spontanea della gravidanza entro le prime venti settimane di gestazione) sono stati segnalati entro tre settimane dalla vaccinazione. Possibilmente, molti aborti spontanei che si sono verificati più tardi non sono stati segnalati.

Sono state denunciate anche diverse nascite premature, accompagnate da complicazioni neonatali simili agli effetti avversi del vaccino, come la tachicardia, il distress respiratorio e le trombosi. L'FDA ha ammesso chiaramente che questi neonati erano stati esposti al vaccino per via placentare, senza, per altro, fornire alcun commento. I problemi osservati su questi prematuri potrebbero derivare dalla tossicità della proteina Spike, che potrebbe essere passata dal corpo della madre al feto, oppure potrebbe essere stata prodotta direttamente dal feto, in seguito alla traduzione, da parte delle sue cellule, dell'mRNA vaccinale.

Fonti

– *La FDA savait depuis février 2021 que le vaccin ARNm traverse le placenta, passe dans le lait et occasionne des effets indésirables chez le bébé allaité*, Banoun H, ResearchGate, aprile 2023.

– *Grossesses pathologiques sous ARNm anti-Covid-19, la FDA savait déjà tout en 2021*, Aimsib.org, 30 aprile 2023.

– *Vidéo del CSI n°108*, Crowdbunker, 15 giugno 2023.

3.5.5. Quali esami richiedere in caso di decesso dopo un vaccino anti-Covid-19?

Dall'inizio del 2023, alcuni magistrati, di fronte alle denunce delle famiglie delle vittime delle reazioni avverse dei vaccini anti-Covid-19, hanno cercato di sapere come e in quali casi richiedere l'autopsia dei deceduti post-vaccino. Per rispondere a questa richiesta diversi scienziati, medici, giuristi ed avvocati hanno lavorato in squadra

ed hanno prodotto uno studio che, sebbene inizialmente destinato ai magistrati, può essere utile per tutti, poiché cerca di far comprendere ai non-biologi come funzionano i vaccini a mRNA contro il Covid-19 e perché sono pericolosi fino al punto di provocare la morte.

All'inizio, ho proposto di tradurre lo studio di un medico legale ed anatomopatologo tedesco, il Prof. Arne Burkhardt, che descrive i metodi impiegati per questo tipo di esame. Abbiamo ritenuto utile, poi, aggiungere una lunga introduzione per far capire più chiaramente in cosa consiste la pericolosità dei vaccini a mRNA e la specificità della loro azione. Questa nuova tecnologia, infatti, insieme all'antigene mirato (la proteina Spike), comporta una molteplicità di patologie con tempi di insorgenza illimitati, dal momento che non è nota la durata di espressione della Spike.

Nella letteratura scientifica, esistono molti rapporti di autopsie di questo tipo. Una squadra di ricercatori indipendenti ha cercato di pubblicarne un'analisi che è stata immediatamente censurata dal server di preprint nel quale è stata depositata. Scaricare il testo completo è diventato impossibile, ma è stato reso disponibile su un'altra piattaforma.[285] Lo studio,[286] ha dimostrato che i principali organi coinvolti nel decesso post vaccinale sono il sistema cardiovascolare, ematologico, respiratorio ed un'insufficienza multisistemica. I decessi sono avvenuti, in media, quattordici giorni dopo il vaccino e il 74% dei decessi esaminati sono stati attribuiti al vaccino Covid-19.

Nel nostro lavoro collettivo, ci siamo focalizzati sull'origine artificiale del virus e sulla tossicità della proteina Spike responsabile delle patologie associate all'infezione da SARS-CoV-2 ed agli effetti avversi del vaccino, che ne provoca la produzione in quantità illimitata e per una

---

285. https://zenodo.org/record/8120771
286. Hulscher N, Cullough P et al., *A Systematic Review of Autopsy Findings in Deaths after Covid-19 Vaccination*, SSRN, 2023.

durata non definita. Ricordiamo la disregolazione del sistema renina-angiotensina dovuto alla Spike. A queste patologie si aggiungono malattie specificamente derivate dalla modifica sintetica della Spike, come le malattie a prioni di Creutzfeldt-Jakob, ed alla tecnologia delle terapie geniche che è stata utilizzata (vedi il prossimo capitolo), come i tumori.

Gli effetti cancerogeni di questi vaccini possono manifestarsi anche con grande ritardo, fino a diversi anni dopo l'iniezione, rendendo difficile l'identificazione di questo tipo di rischio. Il lungo periodo di tempo nello sviluppo del cancro e l'incidenza relativamente bassa dei tumori individuali impediscono ai sistemi di farmacovigilanza di identificare le associazioni farmacologiche col cancro.

Per tutti gli altri farmaci, l'effetto cancerogeno è strettamente sorvegliato e, nei casi incerti, i farmaci vengono ritirati dal mercato. Per tutti i farmaci, tranne che per i vaccini anti-Covid-19, gli studi clinici pre e post-distribuzione cercano di prevenire ogni minimo effetto cancerogeno dei nuovi prodotti. Al contrario, i media ufficiali hanno cercato di censurare o denigrare i segnali di aumento dei tumori a seguito dei vaccini anti-Covid-19.

Gli RNA hanno un ruolo importante nella regolazione dell'espressione dei geni e, quindi, nel controllo dei tumori e, infatti, per i prodotti di terapia genica, di cui fanno parte gli mRNA, è raccomandata una particolare attenzione all'individuazione ed al monitoraggio dell'effetto cancerogeno.[287]

La tecnologia a mRNA rischia di provocare anche malattie autoimmuni in grande quantità, perché la produzione della proteina Spike da parte di numerosi tipi di cellule trasforma queste cellule in bersagli per il sistema immunitario.

Non c'è alcuna ragione, dunque, di limitare nel tempo l'imputazione, quindi il legame di causalità tra l'iniezione ed un effetto indesiderato, né la ricerca delle patologie indotte dal vaccino ai sintomi riconosciuti dalla farmacovigilanza. Questo è particolarmente valido per i tumori: esistono numerose testimonianze di pazienti e di personale sanitario che riportano casi atipici di cancro e di 'turbo-cancro' (riattivazione di manifestazioni cancerogene in remissione, con un'evoluzione molto

---

287. Jane M. Orient, M.D. Guest Editorial, *Negative Evidence: Covid-19 Vaccines and Cancer, Journal of American Physicians and Surgeons*, 2023

rapida e spesso fatale). E' deplorevole, che le morti sospette che si sono verificate nei sette giorni post iniezione non siano state sistematicamente investigate.

Una recente pubblicazione scientifica giapponese su 46 autopsie, ha dimostrato che la maggior parte dei decessi erano dovuti a problemi cardiaci o trombosi post-vaccinali. Tutti i decessi post-vaccinali (anche gli incidenti ed i suicidi) dovrebbero essere investigati a priori, per ricercare un possibile nesso di causalità col vaccino; anche i casi di cadute mortali, conseguenti o meno ad una frattura, potrebbero essere legate ai vaccini a mRNA. Queste potrebbero, infatti, causare una necrosi improvvisa dell'articolazione della spalla, dovuta indubbiamente ad ipercoagulazione o a trombosi. Non è impossibile, che il vaccino sia all'origine dello stesso fenomeno sulla testa del femore.

I punti essenziali del protocollo autoptico che vengono proposti sono i seguenti:

– ricerca di eventi tromboembolici (sia a livello macroscopico che microscopico), di vasculite e di miocardite, di reazioni infiammatorie particolari, reazioni autoimmuni e materiale estraneo (lipidi delle particelle nanolipidiche vettori del vaccino, per esempio, o impurità metalliche o di altro tipo);

– ricerca della proteina Spike e di mRNA a livello degli organi danneggiati. Ricerca della proteina Spike vaccinale nei tessuti infiammati e necrotizzati. Si tratta dell'immunoistochimica (con l'aiuto di anticorpi diretti contro le proteine ricercate), per individuare la proteina Spike e la proteina Nucleocapside (due proteine del SARS-CoV-2) nei tessuti. L'abbondante presenza della Spike (presente nel virus e prodotta in seguito al vaccino) e l'assenza della proteina Nucleocapside (presente soltanto nel virus e non prodotta in seguito alla vaccinazione), distinguono la responsabilità del vaccino e non dell'infezione virale dal SARS-CoV-2 del Covid-19.

L'mRNA vaccinale può anche essere ricercato con PCR, ma il problema di questi test, è che essi non distinguono l'mRNA vaccinale da quello virale (idem per la Spike). I produttori del vaccino potrebbero anche controbattere affermando che si tratti di Spike virale prodotta continuamente a seguito di una precedente infezione. Per questo motivo è necessario mettere a punto delle tecniche di dosaggio specifico che permettano di differenziare le due proteine attraverso una spettrometria di massa, per esempio.[288] Per l'mRNA è necessario un PCR specifico per l'mRNA modificato del vaccino, per differenziarlo dall'mRNA virale.

Gli scienziati critici hanno, dunque, ancora molto lavoro da fare per perfezionare queste tecniche e per fare questo non possiamo contare sui medici legali e sui biologi molecolari che sono rimasti all'interno della narrazione ufficiale.

Autopsie: Quali esami autoptici richiederenel casi in cui si sospetta che il decesso sia dovuto al vaccino anti-Covid-19?

Studio collettivo, 18 giugno 2023, 71 pagine.

Hélène Banoun, Jean-Marc Sabatier, Nicole et Gérard Delépine, Claude Escarguel, Stephane Gayet, Gérard Maudrux, Jean-Pierre Joseph, Virginie de Araujo-Recchia, Maud Marian e Jean-Luc Duhamel.

Disponibile su https://www.researchgate.net
Lien court : http://tiny.cc/Examens-autopsie

---

288. Brogna et al., *Detection of recombinant Spike protein in the blood of individuals vaccinated against SARS-CoV-2: Possible molecular mechanisms*, *Proteomics Clin Appl.*, 2023, PMID 37650258.

Parte quarta

LA BIOPOLITICA DEL FUTURO...
COSA CI RISERVA?

Il concetto di biopolitica è stato elaborato verso la fine degli anni '70 del Novecento da Michel Foucault, filosofo, titolare della cattedra di 'Storia dei Sistemi di Pensiero' al College de France (università pubblica). Foucault ha concettualizzato la biopolitica ed il biopotere come elementi di una strategia allargata del potere esercitato sull'individuo come entità biologica. Questo quadro teorico offre una prospettiva preziosa per comprendere le dinamiche del potere che si svolgono intorno a questioni complesse come la vaccinazione e la salute pubblica. Fino al XVIII secolo, gli Stati hanno esercitato il loro potere sui soggetti politici senza considerare la loro natura biologica. Durante le epidemie, per esempio, venivano messe in atto unicamente misure di polizia.

Abbiamo potuto constatare che il risultato della biopolitica si allontana dal suo scopo che è, tra gli altri, la salvaguardia della salute della popolazione e questo è particolarmente valido per la vaccinazione. Vedremo come il biopotere approfitti della pandemia per avanzare su due fronti: la ricerca sul guadagno di funzione sui virus e l'accelerazione della vaccinazione di massa e vedremo anche che la normalizzazione biologica della popolazione umana si unisce a qualla della popolazione degli animali selvatici e domestici.

Personalmente, non ho la competenza, né lo spazio necessario per esaminare altre modalità di controllo, come l'identificazione digitale,[289] anche se quest'ultima è legata alla vaccinazione di massa.

Il mio obiettivo principale è di fare chiarezza sui futuri vaccini e sulle tattiche impiegate per bypassare i principi fondamentali della medicina. Ironicamente, questi stessi principi vengono spesso evocati dal biopotere, che, comunque, riesce sempre a violarli.

---

289. Vedi il CSI n. 102, 27 aprile 2023: Fréderic Boutet Identità digitale, con Emmanuelle Darles e il Dr. Eric Ménat. Vedi anche i rapporti del WEF: *Advancing Digital Agency: The Power of Data Intermediaries, Insight Report, febbraio 2022, Identity in a Digital World. A new chapter in the social contract,* Insight Report, settembre 2018.

4.1 L'mRNA: vaccini o terapia genica?

La sfida della regolamentazione

Il tema della regolamentazione dei farmaci può sembrare noioso, ma è essenziale per la biopolitica ed il suo orientamento vaccinista. Vedremo come gli mRNA anti-Covid-19 hanno potuto bypassare la regolamentazione sulle terapie geniche (GTP, *gene therapy production*) per beneficiare della regolamentazione sui vaccini, che è molto più lassista.

In uno dei miei articoli, ho esaminato approfonditamente questo tema. Alla fine di un percorso seminato di tranelli, questo articolo è stato pubblicato in una rivista peer-review indicizzata su PubMed dopo essere stato rifiutato da due differenti riviste. L'articolo è stato accettato dall'*International Journal of Molecular Science* (editore MDPI, rivista classificata da Google all'ottavo posto fra le prime 100 riviste dedicate alla biologia), ma soltanto dopo una completa riscrittura. Per soddisfare alcune regole di pubblicazione, ho dovuto anche moderare alcune affermazioni. Per esempio, non ho potuto affermare che mi auguro che l'mRNA venga semplicemente vietato in materia vaccinale, e non soltanto regolamentato.

Gli mRNA, anche se teoricamente promettenti, vengono testati da anni, contro le malattie genetiche ed i tumori, ma i risultati hanno sempre dimostrato la loro tossicità e la loro inefficacia. Si potrebbe concedere, al limite, un utilizzo 'compassionevole' su pazienti per i quali non esiste nessuna altra terapia possibile. In sintesi, questo è il contenuto dell'articolo:

Il principio attivo dei vaccini anti-Covid-19 è un acido nucleico (mRNA) che introduce una sequenza genetica che deve essere trasformata in proteina (la Spike, in questo caso) per produrre l'effetto profilattico desiderato. Per la loro modalità di azione, questi vaccini corrispondono alla nozione di terapia genica (GTP) definita da EMA, l'Agenzia Europea del Farmaco, e dalla Società americana di terapia genica e cellulare.[290] Tuttavia, in ragione del loro utilizzo come vaccini contro una malattia infettiva, gli mRNA sono stati esclusi dalla regolamentazione dei prodotti di terapia genica negli

---

290. ASGCT: *Comirnaty Becomes First-Ever mRNA Vaccine to Receive FDA Approval*, 27 agosto 2021.

Stati Uniti e nell'Unione Europea. In questo modo, la stessa formulazione a base di mRNA incapsulato in nanoparticelle lipidiche (LNP) verrà classificato come prodotto di terapia genica quando è destinato alle cure oncologiche o altre malattie, ma sarà esentato da questa classificazione se utilizzato per prevenire una malattia infettiva.

Questa distinzione non poggia su nessuna chiara base scientifica o etica. Perché stabilire controlli meno rigorosi su un prodotto destinato ad essere somministrato a gran parte della popolazione mondiale in buona salute, rispetto alle GTP riservate a malattie rare o ad alcune forme tumorali?

In conseguenza di questo, i controlli necessari per i prodotti di terapia genica non sono stati applicati ai vaccini anti-Covid-19 a mRNA e, ovviamente, questo solleva evidenti problemi di sicurezza.

Inoltre, i produttori intendono sostituire i vaccini tradizionali con vaccini a mRNA, a cominciare dai vaccini antinfluenzali. Questi prodotti terapeutici potrebbero, come soluzione intermedia, essere qualificati come 'pro-farmaci' oppure 'pro-vaccini' (vedi il mio articolo per la discussione completa, troppo lunga per essere inserita qui). Per questo tipo di prodotti sarebbe necessario elaborare una regolamentazione particolare, insistendo sul controllo della potenza, cioè della qualità, della durata e dei siti di espressione dell'antigene interessato, così come sulla tossicità dell'antigene prodotto secondo le istruzioni dell'mRNA.

Un dirottamento semantico

La terapia genica è stata inizialmente concepita come uno strumento per modificare o riparare un gene difettoso intervenendo direttamente sul genoma. Questo implicava spesso di dover intervenire sul DNA, la molecola che costituisce i nostri geni. Tuttavia, col progresso della scienza, i ricercatori hanno sviluppato dei metodi che permettono di introdurre alcuni acidi nucleici 'aggiunti' nelle cellule del paziente; questi acidi nucleici possono essere costituiti da DNA o da RNA. Il termine 'aggiunti' significa che questi acidi nucleici vengono introdotti nelle cellule senza che venga modificato il genoma dell'individuo (l'insieme completo dei suoi geni), ma permettendo loro, comunque, di influenzare il funzionamento delle cellule.

Agli inizi degli anni 2000 prevaleva ancora una visione ristretta della terapia genica, prima dell'utilizzo del DNA plasmidico,[291] e, ancora di più, dell'mRNA. Dal momento che l'mRNA non ha come obiettivo quello di modificare direttamente il genoma, questo è servito come falsa argomentazione a sostegno di coloro che affermano che l'mRNA non debba essere classificato come prodotto di terapia genica (GTP).

In un articolo uscito nel 2019,[292] su una delle più affermate riviste scientifiche dedicate alla terapia genica, si ricorda che quest'ultima include tutte le tecniche che modificano l'espressione genetica o riparano un gene anormale e che essa comprende anche l'introduzione dell'RNA nelle cellule di un paziente per fare in modo che esse producano una proteina.

Nonostante questo, come ho affermato nel mio articolo, le agenzie di regolamentazione hanno introdotto una clausola eccezionale per le GPT finalizzate a contrastare le malattie infettive: in questo caso, queste terapie possono essere definite come 'vaccini', quindi, sotto semplice copertura semantica, evitare i controlli specifici per la GTP.

A questo riguardo, il Giappone si distingue: i vaccini a base di mRNA sono sottoposti alla regolamentazione della terapia genica. Nonostante abbia chiesto informazioni ai miei contatti giapponesi, non sono ancora riuscita a capire come le autorità sanitarie di questo paese abbiano affrontato e risolto la questione.

Studi clinici e prodotti di terapia genica: una serie di fallimenti
Per capire l'importanza biopolitica della regolamentazione di questi prodotti, bisogna tornare indietro di qualche anno. Ciò che ha spinto diverse compagnie private a sviluppare questi prodotti è stata innanzitutto la ricerca del profitto (le startup di Biontech, settore in piena rivoluzione). Inizialmente si trattava di curare il cancro. In seguito, i responsabili biopolitici sono intervenuti e si sono associati al settore privato per spingere lo sviluppo di vaccini a mRNA, principalmente

---

291. Un DNA plasmidico o, semplicemente, un plasmide, è una piccola molecola di DNA circolare, che si distingue dal cromosoma batterico principale ed è capace di riprodursi in maniera indipendente. I plasmidi si trovano normalmente nei batteri, ma possono anche essere presenti in diversi eucarioti, soprattutto nei lieviti.
292. Shukla V et al., *The Landscape of Cellular and Gene Therapy Products: Authorization, Discontinuations, and Cost*, Hum Gene Ther Clin Dev., 2019, PMID 30968714.

contro l'influenza. La pandemia di Covid-19 è stata l'occasione sognata per passare allo stadio della commercializzazione globale, mettendo da parte i 'piccoli' problemi noti di tossicità e di inefficacia.

La prima terapia genica è stata autorizzata contro un cancro ad adenovirus in Cina, nel 2003,[293] in seguito è stata autorizzata in Europa e negli Stati Uniti, ma i produttori non sono riusciti a trarre profitto da questi prodotti destinati ad un numero esiguo di malati. Il loro prezzo elevato, insieme ai dubbi sulla loro efficacia e sicurezza costituiscono un ostacolo al rimborso da parte dei sistemi di assicurazione sanitaria.[294]

Definizioni

Vaccini tradizionali: Utilizzano forme indebolite o inattivate del patogeno, o parti di quest'ultimo (come alcune proteine). Una volta somministrati, questi principi scatenano una risposta immunitaria che, senza provocare la malattia, prepara il sistema immunitario a reagire rapidamente ed efficacemente di fronte all'agente patogeno reale.

Vaccini genici: Secondo la regolamentazione europea e francese, un vaccino deve contenere un antigene, cosa che non è vera per i vaccini amRNA. Invece di introdurre nell'organismo una forma del patogeno (o una parte di questo), questi prodotti utilizzano degli acidi nucleici (come l'mRNA) per impartire alle cellule del paziente le istruzioni necessarie per produrre una parte del patogeno (in genere, una proteina), la quale, a sua volta, scatena una risposta immunitaria. Questi prodotti vengono spesso chiamati 'vaccini' perché hanno lo scopo di prevenire le malattie allenando il sistema immunitario, ma il loro meccanismo d'azione è più vicino a quello delle terapie geniche, poiché implica l'introduzione di materiale genetico nelle cellule del paziente. Potremmo chiamarli 'pro-vaccini'.

---

293. Wang, D., Wang, K. & Cai, Y., *An overview of development in gene therapeutics in China, Gene Ther,* 2020.
294. Nakayama Y, Aruga A., *Comparison of Current Regulatory Status for Gene-Based Vaccines in the U.S., Europe and Japan, Vaccines,* 2015.

Moderna e Pfizer: una svolta strategica verso i vaccini a mRNA

Fondata nel 2010, Moderna, il cui nome significa *Modified RNA (*RNA modificato), aveva come principale obiettivo quello dello sviluppo di farmaci a base di RNA, per combattere il cancro o le malattie genetiche. Nel 2011 il francese Stéphane Bancel ne è diventato il Presidente. Nel 2014, Moderna ha effettuato un grande cambiamento strategico convertendosi allo sviluppo dei vaccini a mRNA, giudicati più redditizi delle terapie geniche. Nel 2013, la Darpa (US Advanced Research Project Agency) (Agenzia per i progetti di Ricerca Avanzata del Dipartimento della Difesa degli USA, ndt.) ha concesso a Moderna un finanziamento per la ricerca su questi vaccini. Il coinvolgimento di questa agenzia americana si spiega con la potenziale capacità di questi vaccini a mRNA di fornire una risposta rapida in caso di attacco con armi biologiche.

Nel 2015, Moderna ha iniziato a sviluppare un vaccino a mRNA contro l'influenza il cui studio clinico ha preso il via nel 2017. Tuttavia, gli esiti di questo studio si sono rivelati ingannevoli. In una intervista del 2016,[295] Bancel aveva espresso le sue preoccupazioni circa i pericoli potenziali che l'mRNA presentava per la salute, per la mancanza di efficacia e per la potenziale tossicità che essi presentavano. Come spiegare, che un'azienda che ha accumulato fallimenti e che non ha mai venduto nulla, sia riuscita a sopravvivere fino al suo successo col Covid-19?

La Barda (*Biomedical Advanced Research and Development Authority)* e la Cepi (*Coalition for Epidemic Preparedness Innovation*) sono tra i sostenitori attivi di Moderna nello sviluppo di questi vaccini a mRNA.[296]

Nel 2018, Moderna ha annunciato di aver trovato una soluzione ai problemi di stabilità e di distribuzione dell'mRNA, che si basa su due elementi chiave: l'utilizzo delle nanoparticelle lipidiche efficaci, le famose LNP impiegate come vettori, e la modifica delle uridine in pseudouridine. La pseudouridina è una molecola che somiglia all'uridina, una delle quattro basi che costituiscono l'RNA. Nell'RNA naturale, la pseudouridina sostituisce, a volte, alcune uridine, ma non

---

295. *Ego, ambition and turmoil: Inside one of biotech's most secretive startups,* Stat, 13 settembre 2016.
296. Pardi, N., Hogan, M., Porter, F. et al., *mRNA vaccines a new era in vaccinology, Nat Rev Drug Discov* 2018.

tutte le uridine. Un RNA composto esclusivamente da pseudouridine non esiste in natura.[297]

Nel settembre 2019 Moderna ha annunciato i risultati 'promettenti' di uno studio clinico su un vaccino a mRNA contro il virus Chikungunya;[298] questi risultati dimostravano un rapido decremento del livello di anticorpi prodotti ed effetti avversi non trascurabili. Le dosi iniettate erano considerevoli: da 0,1 a 0,6 mg/kg, fino a 42mg per individuo. A titolo di paragone, la dose di mRNA nel vaccino Moderna contro il Covid-19 è di 100 microgrammi/kg, cioè 400 volte inferiore. Sono passati soltanto quattro anni e la ricerca, relativamente al dosaggio, è ancora in corso.

Un altro caso esemplare, questa volta a livello europeo, riguarda un'azienda biotecnologica tedesca che ha avuto un ruolo essenziale per lo sviluppo dell'mRNA. La BioNTech, fondata nel 2008, ha iniziato la sua attività nel 2012, con la produzione di prototipi di mRNA destinati alla lotta contro il cancro, come Moderna. Nel 2015, l'azienda ha convertito il suo impegno orientandosi verso la produzione di vaccini a mRNA. La ritroviamo, dunque, accanto a Pfizer, nello sviluppo di vaccini a mRNA contro l'influenza del 2018. Nel 2019, BioNTech ha attirato ingenti investimenti, provenienti soprattutto da Sanofi e dalla Fondazione Bill e Melinda Gates; nello stesso anno, in ottobre, BioNTech è stata quotata in borsa, in Nasdaq.

Ricordiamo gli avvertimenti dello stesso Ugur Sahin, il fondatore di BioNTech, il quale, nel 2014, aveva espresso preoccupazione circa l'utilizzo dell'ottimizzazione dei codoni, che può influire sulla velocità di traduzione dell'mRNA e che può potenzialmente provocare un ripiegamento sbagliato delle proteine.[299] Sahin ha attirato l'attenzione anche sulla potenziale tossicità dei nucleotiti non naturali utilizzati in questi mRNA (pseudouridine). Inoltre, ha anche sottolineato la vasta distribuzione dell'mRNA iniettato per via intramuscolare ed il rischio che i pazienti affetti da malattie autoimmuni possano sviluppare auto-anticorpi diretti contro l'mRNA.

---

297. Borchardt EK, Martinez NM, Gilbert WV., *Regulation and Function of RNA Pseudouridylation in Human Cells, Annu Rev Genet*, 2020.
298. August A et al., A Phase 1 *Trial of Lipid-Encapsulated mRNA Encoding a Monoclonal Antibody with Neutralizing Activity Against Chikungunya Virus, Nat Med, 2021 Erratum in Nat Med*, mai 2022, PMID 34887572.
299. Sahin U, Karikó K, Türeci Ö., *mRNA-based therapeutics--developing a new class of drugs, Nat Rev Drug Discov.*, 2014, PMID 25233993.

E' evidente che gli stessi dirigenti di questi biolaboratori sono i primi ad essere informati circa i potenziali rischi dei loro prodotti. Stranamente il pubblico non ha mai sentito parlare di questi avvertimenti ed i loro autori sono rimasti in silenzio, viste le prospettive di guadagno offerte dai vaccini contro il Covid-19.

Quando le lobbi smontano i regolamenti

Come emerge da un documento dell'Agenzia Europea del farmaco (EMA) sulla regolamentazione delle 'terapie innovative',[300] già nel 2008 una grande lobby industriale si impegnava perché i vaccini genici fossero esclusi dalla stretta regolamentazione delle GTP. Nel 2007 e 2008, l'EMA aveva classificato i vaccini basati sugli acidi nucleici come terapie geniche (GTP). Il cambiamento nella regolamentazione è avvenuto nel 2009, subito dopo l'epidemia influenzale H1N1: in quel momento EMA ha escluso i vaccini a mRNA dalla regolamentazione delle GTP.

Negli Stati Uniti, l'ente preposto a definire le linee guida per i produttori dei farmaci è l'FDA. Contrariamente a quanto avviene per EMA, che obbliga ciascun produttore ad attenersi alle sue direttive, le indicazioni dell'FDA non sono vincolanti. Nel 1998, FDA aveva stabilito regole speciali per gli acidi nucleici utilizzati a scopo profilattico, che erano molto simili a quelle stabilite per i prodotti della terapia genica. Nel 2013 essa ha deciso di escludere i vaccini contro le malattie infettive dalla regolamentazione della GTP; questa decisione ha coinciso con l'inizio della collaborazione tra Darpa e Moderna, una coincidenza che salta all'occhio, nonostante sappiamo che correlazione non significa necessariamente causalità.

---

300. Questo documento riassume i contributi delle parti che hanno partecipato alla consultazione pubblica della Direzione Generale Imprese e Industria sulle proposte di modifica dell'Allegato 1 della Direttiva 2001/83/CE relativa ai farmaci ed alle terapie innovative. Alla consultazione, che ha avuto luogo dall'8 aprile al 10 giugno 2008, hanno partecipato associazioni di pazienti, università ed organizzazioni pubbliche, industrie, autorità, individui ed altri enti, che sono stati invitati ad esprimere la loro posizione. La lunga lista dei laboratori associati alle discussioni, mostra che questi ultimi hanno avuto sicuramente molto da dire. Tra questi laboratori troviamo, tra gli altri, MedImmune, Merck Sharp & Dohme (Europa) Inc. e Pfizer. *Implementation of the 'Advanced Therapies' Regulation Amendments to Annex I to Directive 2001/83/EC as Regards Advanced Therapy Medicinal Products,* Commissione Europea, Direction générale Entreprise et Industrie, 9 luglio 2008.

EMA, che è apparentemente più accurata in materia di controllo dei farmaci, stranamente allenta i vincoli sulla qualità del prodotto per i vaccini a mRNA: mentre per tutti i farmaci destinati all'uso umano è richiesta una purezza del 95%, per l'mRNA EMA ha stabilito una soglia minima di purezza del 50% per flacone, necessaria per l'approvazione di un lotto. Inoltre, non si sa quali siano gli enti indipendenti dai produttori preposti ai test, né come questi vengano effettuati. A tal proposito, né l'ANSM (Agenzia Nazionale per la Sicurezza del Farmaco) in Francia, né EMA hanno risposto alle domande che io stessa ho posto loro. In cosa consiste questo 50% di impurità che è stato autorizzato? Si tratta di mRNA degradato? Oppure, semplicemente, la quantità del principio attivo è inferiore a quella indicata sull'etichetta? Il mistero resta irrisolto.

Prodotti impuri e contaminati con DNA

L'EMA aveva già segnalato la presenza di DNA residuale nei vaccini anti-Covid-19, a tassi molto variabili. Questa osservazione è stata confermata da diversi ricercatori indipendenti, tra i quali Kevin McKernan e la sua equipe, il quale ha scoperto che il DNA contaminante contenuto nei vaccini sembra derivare dal processo di produzione dell'mRNA. Per produrre questo mRNA, è necessario che un plasmide di DNA venga dapprima sintetizzato da alcuni batteri, quindi trascritto *in vitro* in RNA. Prima di incapsulare questo mRNA nelle nanoparticelle lipidiche (LNP) è necessario che vengano completamente eliminati sia il DNA che le tossine batteriche. Il DNA contaminante che è stato rilevato, potrebbe, quindi, essere il risultato di una parziale eliminazione di questi residui durante il processo di purificazione.[301] Abbiamo già parlato di questa possibile contaminazione nel capitolo *Modifica del genoma, un rischio sotto-stimato* (parte terza).

Ancora più preoccupante, nel DNA contamimante presente nel vaccino Pfizer, i ricercatori hanno trovato alcuni elementi specifici del virus SV40, noto per la sua oncogenicità, cioè capace di provocare lo sviluppo del cancro negli animali; esiste anche la possibilità che esso svolga un ruolo nello sviluppo di tumori maligni per l'essere umano.

Cosa fa questa sequenza genetica nel DNA utilizzato per produrre un vaccino destinato all'uomo?

---

301. McKernan K, et al., *Sequencing of Bivalent Moderna and Pfizer mRNA Vaccines Reveals Nanogram to Microgram Quantities of Expression Vector dsDNA per Dose, OSF Preprints*, 10 aprile 2023.

L'SV40, o virus simian 40, è stato inizialmente scoperto nelle scimmie; questo polyomavirus è stato ampiamente studiato, per la sua capacità di trasformare le cellule normali in cellule cancerose, in laboratorio. Storicamente, ha fatto parlare di sé dopo essere stato trovato, negli anni '60, in alcuni lotti di vaccino antipolio coltivati su cellule provenienti da reni di scimmia. Questo ha portato alla consapevolezza della necessità di controlli rigorosi sui processi produttivi dei vaccini.

Si è scoperto che il promotore del SV40, una parte della sequenza genetica del virus, viene attualmente utilizzato in biotecnologia; esso permette di aumentare la produzione di RNA partendo da un plasmide (il pezzo circolare di DNA utilizzato in laboratorio). L'impiego di questo promotore è una strategia di laboratorio per rendere il processo di produzione più efficace e redditizio, dunque, la sua presenza non è imputabile ad un'intenzione malevola del produttore. Resta vero, comunque, che il SV40 non avrebbe mai dovuto trovarsi, anche solo parzialmente, in un prodotto destinato ad essere somministrato alla popolazione mondiale e questo solleva questioni molto serie sui processi di purificazione e di controllo della qualità dei vaccini anti-Covid-19, prodotti, come sappiamo, in emergenza.

Bisogna notare che la presenza di impurità non è un'esclusiva dei vaccini a mRNA: i vaccini ad adenovirus di Astra-Zeneca e Janssen contengono anch'essi numerose proteine derivate dalla produzione, che potrebbero essere responsabili di infiammazioni e malattie autoimmuni.[302]

Ricordiamo anche il caso dei lotti di Moderna in Giappone, contaminati da particelle metalliche. Il subappaltatore spagnolo, Rovi, ha dichiarato che queste particelle sono dovute ad un problema di attrito sulla linea di confezionamento. A seguito di due decessi sospetti, il Giappone ha ritirato 1,6 milioni di dosi nell'agosto 2021.[303]

---

302. Krutzke L et al., *Processand product-related impurities in the ChAdOx1 nCov-19 vaccine, eLife*, 2022.
303. *Japon : des nouveaux lots de vaccins Moderna suspendus à cause d'une anomalie, TV5Monde*, 26 agosto 2021, aggiornato il 24 dic. 2021.

Nessuno studio di farmacocinetica

Vorrei sottolineare in modo particolare che gli studi di farmacocinetica, obbligatori per i prodotti della terapia genica (GTP), sono stati condotti in modo molto sommario per i vaccini a mRNA. Questi studi, che riguardano l'azione delle sostanze attive nell'organismo nel tempo, avrebbero dovuto evidenziare la diffusione estesa e persistente dell'mRNA e del suo prodotto, la proteina Spike, nel corpo umano, allo stesso modo, avrebbero dovuto valutare la sua eventuale escrezione e la sua probabile trasmissione, come è stato dimostrato nel caso del latte materno. Questo argomento è stato menzionato nell'articolo *I vaccinati possono trasmettere l'mRNA vaccinale?* (parte terza del libro).

Per questa vasta biodistribuzione, avrebbe dovuto essere prioritario lo studio dell'integrazione dell'mRNA nel genoma e nelle cellule germinali (ovuli e spermatozoi); inoltre, si sarebbe dovuta valutare la potenziale tossicità sugli embrioni: gli studi limitati condotti sui ratti hanno rivelato alcune malformazioni a livello scheletrico. Infine, avrebbe dovuto essere necessario esaminare approfonditamente la genotossicità ed il potenziale rischio di cancro. I risultati ottenuti dagli studi sugli animali sono ambigui su questo punto, e questo indica la necessità di ricerche più approfondite.

Nessun monitoraggio a lungo termine!

Il monitoraggio della sicurezza a lungo termine delle GTP deve essere condotto su più anni (30 anni per EMA), mentre per i vaccini, esso è previsto soltanto per qualche settimana. Questo non dovrebbe essere accettabile, considerando la persistenza del prodotto iniettato e della proteina prodotta. Questo monitoraggio è particolarmente importante per certe categorie di patologie che vengono segnalate anche tra gli effetti avversi dei vaccini a mRNA contro il Covid-19: cancro, problemi ematologici e neurologici, malattie reumatiche ed autoimmuni ed infezioni. Queste patologie sono incluse nei database della farmacovigilanza, compreso il cancro, per il quale, fino ad oggi, non è stato riconosciuto alcun nesso di causalità.

Esplosione di casi di cancro e di lebbra

Per quanto riguarda i tumori, molte interpretazioni indipendenti dei dati ufficiali hanno dimostrato un aumento dei casi di cancro dall'inizio della campagna vaccinale contro il Covid-19.[304] All'ISC il 15 giugno 2023,[305] Viviane Cuendet ha presentato i dati ufficiali svizzeri che mostrano, tra le altre patologie, un aumento di alcuni tipi di cancro a partire dal 2021, soprattutto nella fascia di popolazione dai 15 ai 39 anni ed ha interrogato, a questo proposito, le autorità sanitarie svizzere, per sapere se avessero un'idea su quale potesse esserne la causa; la risposte è stata negativa, ma le autorità non hanno smentito questo aumento.

La compromissione dell'immunità naturale potrebbe avere un legame con le recidive tumorali sopravvenute tra i loro pazienti dopo l'iniezione dell'mRNA di cui molti medici sono testimoni? Durante l'International Covid Summit organizzato a Marsiglia da Reinfo Liberté nell'aprile 2022, il Dr. Ryan Cole, patologo americano, ha esposto l'aumento del rischio di innesco o riattivazione di tumori indotti dalla 'modulazione' della risposta immunitaria dovuta alla vaccinazione con mRNA. Ciò si spiegherebbe con una alterazione dell'espressione genetica di un gran numero di cellule immunitarie, soprattutto le CD8, linfociti che uccidono le cellule cancerose. La disregolazone del sistema immunitario innato e dei suoi recettori contribuirebbe anche all'attivazione di altri virus presenti nell'organismo allo stato latente (herpes, zone, papillomavirus, virus respiratorio sinciziale). Senza entrare nei dettagli, ricordiamo che in biologia un fenomeno può soltanto molto raramente essere spiegato secondo un solo meccanismo: per spiegare questa immunotolleranza indotta dalla Spike è necessario considerare anche il ruolo degli IgG4 anti-Spike, che prendono il sopravvento sugli altri IgG a seguito delle vaccinazioni ripetute, così come l'aumento dell'espressione del fattore PD-L1 provocato dalla Spike vaccinale.

Un altro esempio di patologia 'non prevista', che potrebbe essere legato alla disregolazione del sistema immunitario, è la comparsa di casi di lebbra o di reazioni lebbrose. Diverse pubblicazioni hanno documentato alcuni casi di lebbra a seguito della vaccinazione con-

---

304. Jane M. Orient, *Negative Evidence: Covid-19 Vaccines and Cancer, J of American Physicians and Surgeons,* Vol. 28, 2023, jpands.org/vol28no1/orient.pdf.

305. N° 108, conseil-scientifique-independant.org. Chiffres disponibles ici : http://tiny.cc/CSI108.

tro il Covid-19, che si sono verificati in diversi paesi, come il Regno Unito,[306] l'India,[307] Singapore,[308] Israele,[309] Indonesia,[310] e Brasile.[311] In contrasto con l'avanzata tecnologia dei vaccini a mRNA, certi effetti secondari provocano, apparentemente, il ritorno di malattie che credevamo appartenere al passato.

Deliberata cecità programmata?

Considerando tutti gli argomenti che ho presentato fin qui, nessun mRNA dovrebbe mai più essere iniettato a nessun individuo in buona salute. Stranamente, nel documento di EMA che stabilisce il quadro di valutazione clinica dei nuovi vaccini a partire dal 2023, non si fa menzione di nessun regolamento specifico per i vaccini a mRNA. Tuttavia, questo documento riguarda anche i vaccini che contengono degli acidi nucleici (senza altra specificazione), quindi riguarda anche i vaccini a mRNA, sebbene essi non vengano menzionati! Inoltre, nei comitati di esperti vaccinologi non è compreso nessun specialista in mRNA.

Questa omissione si può interpretare come una cecità deliberata e programmata? L'EMA, come le altre agenzie sanitarie del mondo, ha continuato a raccomandare il richiamo della vaccinazione a mRNA contro il Covid-19 nell'autunno 2023, aggiornato alle varianti che circolavano nella primavera del 2023. Questo organismo non ha imparato nulla dai suoi fallimenti? Si tratta, indubbiamente, di una fuga in avanti, sembra impossibile, per le autorità sanitarie, riconoscere i loro errori.

---

306. De Barros, B., et al., *Covid-19 Vaccination and Leprosy-A UK HospitalBased Retrospective Cohort Study, PLoS Negl Trop Dis*, 2023.
307. Saraswat, N., et al., *A Spectrum of Leprosy Reactions Triggered by Covid-19 Vaccination: A Series of Four Cases, J Eur Acad Dermatol Venereol*, 2022.
308. Aponso S et al., *Multibacillary leprosy unmasked by Covid-19 vaccination, JAAD Case Rep.*, 2022 PMID 34841026.
309. Fachler, T. et al., *Erythema nodosum leprosum post-Covid-19 vaccination: endemic while pandemic, J Eur Acad Dermatol Venereol*, 2022.
310. Fantoni OJJ, Reversal *Reaction in A Borderline Lepromatous Leprosy Patient after Covid-19 Vaccine: Prevention or Risks?, J Pak Assoc Dermatol.*, [internet] 2022.
311. Frassinetti Bessa Rebello et al., *Erythema nodosum leprosum and active leprosy after ChAdOx1-S/nCoV-19 recombinant vaccine. A report of two cases, Leprosy Review,* 2021.

In futuro, si dovrà dedicare una particolare attenzione alle persone colpite da malattie genetiche o dal cancro, come destinatarie ideali dei trattamenti a mRNA i quali non devono assolutamente essere classificati come vaccini anti-cancro, perché sono, in realtà, terapie geniche. Questo cambio di terminologia ha il probabile scopo di risparmiare a questi trattamenti i controlli rigorosi riservati alle GTP. Ormai, abbiamo molte ragioni per sospettare che sia così.

Spero che questo libro contribuirà a sensibilizzare l'opinione pubblica sulle problematiche legate alla tecnologia dell'mRNA. Una nota di speranza: ho notato che l'articolo scientifico che ho pubblicato su questo tema è stato letto e condiviso, benché censurato dai media ufficiali. L'informazione deve continuare a circolare, perché EMA sembra decisa a promuovere le terapie a mRNA, basandosi sul precedente dei vaccini anti-Covid-19. Questo è quanto ho dedotto a seguito della riunione di EMA nel febbraio 2023,[312] nella quale si sono discussi i *vaccini terapeutici personalizzati* e durante la quale le industrie farmaceutiche hanno espresso l'augurio che i controlli sulle terapie geniche vengano allentati. E' necessario mantenere la vigilanza sulla possibile intenzione di EMA di applicare alle terapie geniche la stessa regolamentazione alleggerita che adesso si applica ai vaccini a mRNA.

Per approfondire
– Banoun, H., *mRNA: Vaccine or Gene Therapy? The Safety Regulatory Issues*, Int. J. Mol. Sci., 2023, 24, 10514, PMID 37445690. In francese: *ARNm : vaccins ou thérapie génique ? Les enjeux de sécurité de la réglementation*, Aimsib.org, 2 luglio 2023.

---

312. *Report of the Regulatory and Scientific Virtual Conference on RNABased Medicines*, 2 février 2023, European Medicines Agency.

4.2 Il Guadagno di Funzione dopo l'emergenza del SARS-CoV-2

E' ormai quasi certo che la ricerca sul guadagno di funzione (GoF) sui virus sia all'origine della pandemia di Covid-19; si tratta di un'idea ormai accettata anche ai più alti livelli dello Stato americano. Robert Kadlec, ufficiale militare americano incaricato alla risposta agli attacchi bioterroristici ed alla preparazione alle pandemie e creatore del programma Warp Speed,[313] ha confermato che l'origine della pandemia è da ricercarsi nella ricerca vaccinale sui virus emergenti. Nel luglio 2023,[314] in un articolo della stampa australiana, Kadlec ha apertamente accusato Anthony Fauci di essere il principale responsabile di questa situazione. Fauci, infatti, ha finanziato la ricerca sul guadagno di funzione in Cina, attraverso l'intermediazione del National Institutes of Health (NIH) e dell'organizzazione Eco Health Alliance. Dal febbraio 2020, Fauci si sarebbe impegnato per nascondere quest'informazione.

Tuttavia, Kadlec trascura completamente il ruolo di Ralph Baric e dell'Università della Carolina del Nord (UNC) in questa ricerca sul GoF per la creazione di vaccini contro i futuri virus. Questa omissione ha, senza dubbio, lo scopo di nascondere la probabile origine americana del virus, sia essa proveniente da Fort Detrick o dall'UNC, come abbiamo visto nella prima parte sull' *Origine della Pandemia.*

Bisogna precisare che la moratoria sulla ricerca sul GoF deliberata nel 2014 conteneva un'eccezione: essa precisa, infatti, che un'eventuale ricerca che avesse lo scopo di proteggere la salute pubblica era da ritenersi esonerata. E' proprio nel quadro di questa eccezione che rientra il progetto Defuse di Eco Health Alliance, che unisce la ricerca sul GoF al perfezionamento di vaccini contro virus manipolati (vedi il capitolo *L'origine del virus Covid-19, prodotto di una fuga da laboratorio*, nella parte 1).

---

313. Inizio 2020, Warp Speed, iniziativa del governo americano in collaborazione col settore privato, finalizzata a velocizzare lo sviluppo e la produzione di un vaccino contro il Covid-19.
314. *Covid-19 cover-up: Wuhan lab leak suspicions, Anthony Fauci and how the science was silenced, Weekend Australian Magazine*, 28 luglio 2023.

Gli ideatori del progetto Eco Health Alliance sembravano così sicuri di aver modellizzato i futuri virus pandemici, che avevano intenzione di vaccinare i pipistrelli contro questi virus non ancora comparsi utilizzando esattamente dei virus vivi sintetici. Secondo loro, questi virus sarebbero emersi in modo naturale tra i pipistrelli, era dunque necessario immunizzare questi animali per impedirne la trasmissione all'uomo. In ogni caso, come abbiamo già sottolineato, queste affermazioni si basano sulla pura speculazione.

Non un complotto, ma una sistematica comunione di interessi.
Il bilancio della gestione della crisi Covid-19, malgrado le lezioni che la pandemia avrebbe potuto offrire, non sembra influire sulla direzione della biopolitica attuale e futura, perché coloro che detengono il biopotere non hanno intenzione di mettere un freno alle ricerche sul guadagno di funzione sul virus, né di rinunciare alla vaccinazione di massa come risposta prioritaria a tutte le malattie infettive.

Al centro di questo biopotere, c'è il complesso militare-industriale e finanziario che decide negli Stati Uniti, e le equipes di ricercatori che lavorano sul guadagno di funzione per sviluppare vaccini contro le future pandemie giocano un ruolo centrale. Da una parte c'è la chiara volontà politica di mantenere questo orientamento; dall'altra c'è la miopia di queste equipes di ricercatori, che sembrano non avere la piena consapevolezza delle implicazioni del loro lavoro. Questi due elementi sono necessari al mantenimento dell'orientamento biopolitico.

George Orwell aveva descritto questo fenomeno del doppio-pensiero nel suo romanzo *1984: sanno, ma dimenticano quello che sanno.* Questa capacità di mantenere in piedi simultaneamente due convinzioni contraddittorie è una delle chiavi per il successo di coloro che detengono il biopotere.

E' impossibile separare la ricerca sul guadagno di funzione (GoF), dalla corsa ai vaccini destinati a proteggere le popolazioni contro i futuri virus emergenti. Tuttavia, sarebbe sbagliato concludere affermando che i virus sarebbero stati creati in laboratorio con la manifesta intenzione di provocare una pandemia per poi vendere i vaccini. Quello a cui assistiamo è una corrispondenza sistematica di interessi che ha dato vita alla crisi del Covid-19 ed alla sua gestione biopolitica.

I colossali profitti generati dalle imprese farmaceutiche in questo contesto non sono trascurabili. Questi guadagni rafforzano, a loro volta, il potere di questi industriali, permettendo loro di esercitare un'influenza considerevole sul futuro indirizzo della deriva biosecuritaria. Il modello vaccinista, che privilegia la vaccinazione come arma principale e spesso esclusiva contro le minacce infettive, si radica sempre di più all'interno della strategia della sanità pubblica, alimentata da un circolo vizioso nel quale il potere ed il profitto si rafforzano vicendevolmente.

Un complesso politico-militare-industriale
Perché l'FDA, l'agenzia americana dei prodotti alimentari e farmaceutici, non ha effettuato una vera valutazione dei vaccini anti-Covid-19, al contrario di quanto ha fatto EMA, l'agenzia europea del farmaco? Oltre Atlantico, la gestione della crisi sanitaria del Covid-19 è stata affidata all'apparato militare degli Stati Uniti. Questo ha provocato le dimissioni di diversi alti funzionari di FDA nel 2021, in segno di protesta per essere stati esclusi dalle decisioni chiave sui vaccini anti-Covid-19.[315]

Le diverse misure adottate negli Stati Uniti per contrastare la pandemia, infatti, sono state attuate come contro-misure verso una potenziale arma biologica. Questa classificazione ha permesso di evitare i tradizionali studi clinici sui vaccini e l'obbligo di presentare prove rigorose in materia si sicurezza ed efficacia.

L'influenza del PREP Act sulla gestione della crisi sanitaria
Il 4 febbraio 2020 segna una tappa cruciale negli Stati Uniti, per la gestione della crisi sanitaria del Covid-19: il Dipartimento della Salute e dei Servizi Sociali (HHS, Department of Health and Human Services) ha dichiarato l'immunità totale per tutte le attività legate alle 'contro-misure' contro il Covid-19, in virtù del PREP Act (Public Readiness and Emergency Preparedness Act).[316]

---

315. *Biden's top-down booster plan sparks anger at FDA, Politico,* 31 agosto 2021
316. Department of Health and Human Services, *Declaration Under the Public Readiness and Emergency Preparedness Act for Medical Countermeasures Against Covid-19–19*, 10 marzo 2020.

Il PREP Act, elaborato inizialmente nel 2005 ed adattato nel 2013 per rispondere alle pandemie, è un disposto legislativo che attribuisce l'immunità legale alle imprese ed agli individui che operano nell'ambito della risposta ad una emergenza sanitaria fornendo contro-misure come mezzi diagnostici, di cura, di prevenzione e di protezione contro il Covid-19.

Applicando il PREP Act, il Dipartimento della Difesa degli Stati Uniti (DoD) ha stabilito contratti con industriali di tutto il mondo in grado di produrre queste contro-misure; questi contratti, detti OTA,[317] vincolano i produttori al DoD e li impegnano nella produzione di attrezzature e farmaci, compresi i vaccini, secondo le condizioni definite. Nel dicembre 2020, per esempio, il DoD ha concesso 1,8 miliardi di dollari a Sanofi per la produzione di un vaccino per adulti e pediatrico secondo le raccomandazioni dell'FDA.[318]

Questa immunità, benché finalizzata ad incentivare la rapidità dell'innovazione in periodo di crisi, pone *de facto* l'apparato militare al centro della risposta sanitaria.

Nonostante la fine dell'emergenza pandemica sia stata dichiarata negli Stati Uniti l'11 maggio 2023, Il Dipartimento della Salute (HHS) ha deciso di estendere la copertura del PREP Act per i vaccini contro il Covid-19 ed antinfluenzali, nonché per i test di screening del Covid-19, fino al 31 dicembre 2024.[319]

Questa decisione, che mantiene l'immunità legale per i produttori di questi prodotti, è stata presa in un momento in cui la pandemia di Covid-19 sembra essere sotto controllo; perché, dunque, mantene-

---

317. Negli Stati Uniti, gli Other Transaction Agreement (OTA) sono stati un mezzo essenziale per gestire la crisi sanitaria ed hanno permesso una forte accelerazione nello sviluppo dei vaccini e delle cure. Questi contratti, autorizzati da un ente speciale controllato dal Congresso (Other Transaction Authority), sono stati utilizzati in modo particolare da alcuni dipartimenti, come il Dipartimento della Difesa (DoD) per rispondere alla pandemia.

318. Department of Defense, Technical Direction Letter for Medical CRBN Defense Consortium (MCDC), Request for Prototype Proposals (RPP) 20-11, Objective PRE-20-11 for Definitized "Adjuvanted Recombinant Covid-19 Vaccine Development" Sanofi Pasteur, Inc. (Sanofi), dicembre 2020, http://tiny.cc/sanofi-États-Unis.

319. *Eleventh Amendment to Declaration Under the Public Readiness and Emergency Preparedness Act for Medical Countermeasures Against Covid-19, A Notice by the Health and Human Services Department,* 12 maggio 2023, federalegister.gov.

re queste misure eccezionali dal momento che l'emergenza sanitaria è stata revocata? Questo prolungamento significa che, nonostante la pandemia sia ufficialmente finita, le autorità sanitarie americane si preparano ad eventuali nuove minacce biologiche e prevedono di gestirle ancora sotto il controllo militare.

Abbiamo già visto gli stretti legami che uniscono Moderna al DoD, ma anche Pfizer non ne è estranea. Nel 2013, la Darpa ha concesso ad un gigante del settore farmaceutico un contratto da 7,7 milioni di dollari, per l'elaborazione di un nuovo concetto di immunizzazione.[320] L'obiettivo consiste nell'esplorare la possibilità di indurre direttamente nell'individuo contagiato o esposto all'infezione la produzione di anticorpi protettivi contro un agente patogeno emergente. Questo tipo di approccio intende superare il metodo tradizionale per la creazione di vaccini che comprende una fase *in vitro;* per sostituirlo, la Darpa spera che Pfizer possa mettere a punto un metodo *in vivo,* accelerando, così, il tempo di risposta ad una nuova malattia. Questa è fantascienza, perché non si basa su nessuna ipotesi nota.

In ogni caso, Pfizer era già coinvolta nella risposta vaccinale alle pandemie prima del 2020; il laboratorio aveva collaborato con la società tedesca di biotecnologia BioNTech per lo sviluppo dei vaccini antinfluenzali a mRNA già dal 2018. Grazie a documenti ottenuti attraverso una richiesta FOIA (Freedom of Information Act), sappiamo che BioNTech, la futura associata a Pfizer nel 2020 per la produzione dei vaccini anti-Covid-19, stava già lavorando a maggio 2019 sulle LNP (Lipid Nanoparticles) e sulla purificazione dell'mRNA.[321]

Le indagini degli scienziati e dei politici scettici iniziano a dare i loro frutti. A luglio 2023, a seguito della pressione che si è originata negli Stati Uniti dopo le rivelazioni sulla possibile origine del virus da una collaborazione sino-americana, la Camera dei Deputati (House of Representatives) ha votato un emendamento per bloccare i finanziamenti del Dipartimento della Difesa americano a Eco Health Alliance ed al laboratorio di Wuhan.[322]

---

320. *DARPA Hires Pfizer to Perform Groundbreaking Vaccine Research,* Rich Smith, fool.com, 5 dicembre 2013.
321. *Nonclinical Evaluation Report BNT162b2 [mRNA] Covid-19 vaccine*, Therapeutic Goods Administration, January 2021.
322. Rules Report, 13 juillet 2023, U.S. House of Representatives, p. 46, n°15. *An amendment to be offered by Representative McClain of Michigan or her designee, Defund Wuhan Institute of Virology and EcoHealth Alliance, Inc.*

Consiglio per la Difesa Sanitaria in Francia

In Francia, la gestione della crisi sanitaria è caratterizzata dal ruolo preponderante del Consiglio per la Difesa sanitaria. (In Italia venne istituita una apposita Cabina di Regia, ndt.) Questo Consiglio, composto dal Presidente della Repubblica, dal Primo Ministro, dai ministri della Salute, della Difesa, dell'Interno, dell'Economia e del Lavoro, è incaricato di prendere decisioni in ambito sanitario in tempo di crisi.

L'esistenza di questo organo di Stato non è definita per legge, né in Costituzione. La Commissione Affari Sociali del Senato ha sottolineato nel suo rapporto informativo sul pass sanitario (febbraio 2022) che questo 'Consiglio per la Difesa Sanitaria' ha sostituito il Consiglio dei Ministri, sottraendo la facoltà decisionale alle istituzioni,[323] ordinarie. Questa deformazione del quadro normativo abituale ha scatenato proteste anche in seno all'Assemblea Nazionale parlamentare. Una proposta di legge,[324] finalizzata a rimuovere il segreto sulle delibere del Consiglio per la Difesa Sanitaria è stata deposta, ma non è stata accolta.

La gestione eccezionale della crisi in Europa

In Europa, il regolamento EU/2020/521 del 14 aprile 2020, con effetto retroattivo al 1 febbraio 2020 e applicabile fino al 31 gennaio 2022, ha attivato l'aiuto d'urgenza al titolo del regolamento del Consiglio (EU) 2016/369.[325] Esso ha lo scopo di rispondere ad una minaccia grave di disastro naturale o artificiale. Le misure previste, o contro-misure, comprendono l'organizzazione di studi clinici ad hoc sulle terapie o sulle potenziali tecniche diagnostiche secondo norme concordate a livello europeo, e la lista non è finita.

Questo regolamento permette di bypassare le norme abituali della buona pratica di produzione dei farmaci e degli studi clinici. In questo risiede, indubbiamente, la giustificazione e la spiegazione della modalità eccezionale con la quale l'Agenzia europea del farmaco (EMA)

---

323. *Rapport d'information fait au nom de la commission des affaires sociales sur l'adéquation du passe vaccinal à l'évolution de l'épidémie de Covid-19*, N° 537, 23 febbraio 2022.
324. *Proposition de Loi visant à lever le secret défense des délibérations du Conseil de défense sanitaire*, in data 8 febbraio 2022, Assemblée nationale.
325. *Regolamento (UE) 2020/521* del Parlamento Europeo e del Consiglio del 14 aprile 2020

ha verificato gli studi clinici dei vaccini anti-Covid-19 senza applicare i controlli richiesti per le terapie geniche.

Verso la perdita di sovranità?

La gestione della crisi sanitaria solleva anche diverse questioni sulla sovranità degli Stati membri della Nato. Se il Ministro della Difesa americano dovesse dichiarare l'esistenza di una minaccia per armi biologiche, la difesa degli Stati membri della Nato sarebbe subordinata a Washington? Esperti giuristi potrebbero rispondere a questa domanda facendo riferimento al Trattato dell'Unione Europea (Titolo V, sulla politica securitaria comune). Questa questione non rientra nelle mie capacità, ma merita di essere sollevata ed esaminata.

Nonostante molti vorrebbero voltare pagina sul Covid-19, è fondamentale non dimenticare che gli Stati e gli organismi sovranazionali si stanno attivando per militarizzare la preparazione alle prossime pandemie. Negli Stati Uniti, un militare, il colonnello Paul Friedrichs, è stato incaricato dalla Casa Bianca, a questo proposito. Il Council on Foreign Relation (CFR), un'importante *think tank* dedicata alla politica internazionale, consiglia di escludere l'Organizzazione Mondiale della Sanità (OMS) ed affidare alla guida del Consiglio di Sicurezza dell'ONU la gestione della prossima pandemia. Questo approccio dovrebbe essere concertato con il G7, il G20, il Fondo Monetario Internazionale (FMI), la Banca Mondiale ed altre istituzioni finanziarie internazionali.[326]

Ralph Baric, un paradosso vivente

Ralph Baric, dell'Università della Carolina del Nord (UNC) e la sua equipe, sono stati indicati come i potenziali responsabili della creazione del SARS-CoV-2, il virus responsabile della pandemia Covid-19,[327] già dall'inizio del 2020. Come risposta a questi attacchi, Baric si è letteralmente rifugiato nel suo laboratorio, arrivando persino a dormirci, insieme alla sua equipe, per sfuggire alle critiche.

---

326. *Pandemic Preparedness Lessons from Covid-19*, Council on Foreign Relations, Independent Task Force Report No. 78.
327. *The U.S. Scientist At the Heart of Covid-19 Lab Leak Conspiracies Is Still Trying to Save the World From the Next Pandemic, Time Magazine,* 11 luglio 2023.

Baric incarna perfettamente il doppio pensiero di Orwell. Nel 2003 (anno in cui è emerso il SARS-CoV-1) aveva affermato che un'epidemia mortale di coronavirus non sarebbe stata possibile e che la probabilità di una seconda epidemia qualche anno più tardi lo fosse ancora di più (il MERS del 2012). Aveva affermato, poi, che da quando aveva iniziato a studiare i coronavirus, nel 1980, non erano emersi coronavirus aggressivi per l'uomo. Oggi ne conosciamo tre capaci di provocare un gran numero di decessi. Ha riconosciuto, dunque, che i coronavirus non erano mai stati pericolosi per l'uomo, finché lui stesso non ha iniziato a modificarli, però, non riconosce nessuna possibilità che sia stato proprio lui a renderli pericolosi...

Malgrado le controversie, Baric nega fermamente il suo coinvolgimento nell'origine del SARS-CoV-2 e continua freneticamente a costruire virus a potenziale pandemico ed a cercare vaccini. E' lui, che ha testato i candidati vaccini anti-Covid-19 di Moderna sulle sue cavie umanizzate, dotate di un recettore ACE2 umano che le rende suscettibili all'infezione da SARS-CoV-2.

Baric è anche un paradosso vivente: uno scienziato dedito alla prevenzione delle pandemie, il cui lavoro sul guadagno di funzione dei virus, però, è considerato come una minaccia potenziale per la sicurezza globale. La sua posizione illustra la contraddizione fondamentale che sta al cuore della ricerca sul guadagno di funzione: la possibilità di prevenire e di provocare catastrofi sanitarie.

Nel 2007 Baric ha ammesso che è difficile distinguere la ricerca universitaria di base dallo sviluppo delle armi biologiche: per difendersi dal bioterrorismo è necessario che i ricercatori comprendano i meccanismi che rendono il virus più patogeno per poter sviluppare delle possibili,[328] contro-misure.

Nel 2014, mentre era in atto un dibattito internazionale sui rischi e sui vantaggi della ricerca sul guadagno di funzione (GoF), Ralph Baric prese posizione contro la moratoria su queste ricerche, che si stavano conducendo sui virus dell'influenza e sui coronavirus. (SARS e MERS). Secondo lui, i GoF sui coronavirus non rischiavano di generare un virus pericoloso per l'uomo, affermazione che contrasta con ciò

---

328. Baric RS 2006, *Synthetic Viral Genomics. In: Working Papers for Synthetic Genomics: Risks and Benefits for Science and Society,* pp. 35-81. Garfinkel MS, Endy D, Epstein GL, Friedman RM, editors, 2007.

che aveva scritto in precedenza, menzionando il potenziale bioterroristico di queste tecniche.

E' importante sottolineare che i ricercatori Ralph Baric e Shi Zhengli hanno cominciato a studiare i fattori di virulenza del coronavirus del cammello (MERS-CoV) in maniera ufficiale dalla sua comparsa, nel 2012, come conferma uno studio pubblicato nel 2015.[329] Il MERS-CoV, associato al MERS, presenta un tasso di letalità elevato e questo accentua i rischi connessi a tutte le manipolazioni di questo virus in laboratorio; questi rischi sono ancora maggiori quando si tratta di esperimenti sul guadagno di funzione.

Nel 2014, Baric ha ammesso di aver creato un virus SARS chimera molto patogenico per le cavie, e di averlo adattato alle cellule umane. Questo esperimento ha superato la linea rossa, in materia di pericolosità, come ha sottolineato Marc Lipsitch, alto funzionario dei CDC. A marzo 2021, i collaboratori di Baric hanno pubblicato l'aggiornamento della tecnica di produzione dei virus chimera, descrivendo come produrre un SARS-CoV-2 utilizzando la genetica inversa.[330] Questa tecnica viene presentata come un mezzo per studiare i vaccini vivi attenuati, per facilitare la sero-diagnostica, la valutazione dei vaccini e lo screening degli antivirali.

Nel 2022 queste equipes sono andate oltre ed hanno proposto un vaccino vivo attenuato costituito da SARS-CoV-2 modificato per lottare contro lo stesso SARS-CoV-2.[331] Questa proposta ha sollevato questioni di sicurezza, tenuto conto dei potenziali rischi associati all'utilizzo di virus vivi attenuati.

Un'esperimento di questo tipo potrebbe essere all'origine della variante Omicron. In effetti, esistono numerosi laboratori nel mondo che lavorano sul SARS-CoV-2 infettando animali per ricercare i fattori di virulenza ed anticiparne l'evoluzione; alcuni laboratori cercano di scoprire come Omicron potrebbe diventare più virulento, quindi ma-

329. Yang Y, Liu C, Du L, Jiang S, Shi Z, Baric RS, Li F, *Two Mutations Were Critical for Bat-to-Human Transmission of Middle East Respiratory Syndrome Coronavirus, J Virol.*, 2015.
330. Xie X et al., *Engineering SARS-CoV-2 using a reverse genetic system, Nat Protoc,* 2021.
331. Liu Y et al., *A live-attenuated SARS-CoV-2 vaccine candidate with accessory protein deletions, Nat Commun.*, 2022. *Erratum in: Nat Commun.*, 2022 Oct., PMID 35896528.

nipolano il virus in questo senso.[332] Omicron potrebbe essere stato creato attraverso alcuni passaggi del SARS-CoV-2 sulle cavie, come ho descritto nel mio articolo sull'origine del virus a marzo 2022. Pfizer non ha fermato la sua ricerca sul GoF e riconosce (negandolo!) di effettuare degli esperimenti di GoF sul SARS-CoV-2, facendo in modo che esso produca le Spikes di diverse varianti per anticipare un vaccino più 'efficace'.[333]

Stiamo andando verso un SARS-CoV-3?

A novembre 2021, i CDC, che fanno parte del Department of Health and Human Services (HHS) degli Stati Uniti, hanno modificato la loro regolamentazione relativa agli agenti tossici ed alle tossine. Questa modifica include il virus chimera del SARS-CoV-2 e descrive alcune manipolazioni genetiche soggette a questa regolamentazione, questo implica che esse fossero già in corso in quel momento. Viene menzionata, inoltre, anche la creazione di un virus chimera che avrebbe la trasmissibilità del SARS-CoV-2 e la patogenicità del SARS-CoV-1; i fattori di virulenza del SARS-CoV-1 da aggiungere al SARS-CoV-2 sono descritti con precisione. Queste manipolazioni potrebbero provocare la comparsa di un SARS-CoV-3 con un alto grado di patogenicità e di trasmissibilità.

Nello stesso tempo, molti virologi affermano che le ricerche sul guadagno di funzione (GoF) non permetteranno di prevenire nuove pandemie; l'impegno di queste ricerche sarà una 'assoluta perdita di tempo'. Esiste un numero enorme di virus selvaggi e cercare di prevedere quale fra essi emergerà adattandosi all'uomo è una cosa che si ritiene impossibile. Per fare questo si dovrebbero utilizzare i pochi dati disponibili per prevedere eventi che sono rari, procedimento che semplicemente non funziona.[334]

Nel 2018 la Darpa aveva già cercato di anticipare l'evoluzione di virus molto pericolosi, come Ebola, febbre di Lassa e febbre di Rift Valley; adesso, dopo la pandemia di Covid-19, ci auguriamo che la smania di questi ricercatori di condurre ricerche sul GoF per rendere questi virus ancora più pericolosi si sia placata.

332. Peacock TP et al., *The altered entry pathway and antigenic distance of the SARS-CoV-2 Omicron variant map to separate domains of Spike protein, bioRxiv*, 2021.
333. *Pfizer Responds to Research Claims*, Jan. 27, 2023, sur Pfizer.com.
334. Schmidt C, *The virome hunters, Nat Biotechnol.*, 2018, PMID 30307913.

I vaccini: una categoria a parte

Lo scopo di questi GoF è quello di anticipare l'evoluzione dei virus a potenziale pandemico sviluppando, nello stesso tempo, dei vaccini contro questi virus creati in laboratorio. L'Agenzia americana per la biosicurezza (National Science Advisory Board for Biosecurity) è consapevole dei rischi e nel marzo 2023 ha pubblicato delle linee guida specifiche per sorvegliare i GoF destinati allo sviluppo dei vaccini contro i futuri virus pandemici. Queste ricerche erano state preventivamente escluse dalla moratoria sui GoF, col pretesto che si trattava di lavori legati ai vaccini. Questa eccezione solleva delle questioni, perché permette ai vaccini di sottrarsi alle regolamentazioni ordinarie, senza alcuna giustificazione etica né scientifica. Tuttavia, lo stesso NSABB insiste sull'importanza di evitare che i controlli rallentino le ricerche,[335] e questa posizione apre la porta ad ogni sorta di deroghe.

OMS e Gavi, consapevoli del fatto che il Covid-19 non sia né la prima né l'ultima pandemia, fanno appello ad una maggiore preparazione incoraggiando gli scienziati ad accelerare la produzione dei vaccini, con l'obiettivo di renderli disponibili entro cento giorni, per la prossima pandemia.[336] L'OMS e Gavi hanno preparato una lista di agenti patogeni che potrebbero,[337] essere i responsabili delle future pandemie; fra i quali la febbre della Rift Valley, l'hantavirus, vari coronavirus, la febbre emorragica del Congo, la febbre di Lassa, Marburg, la febbre gialla, l'influenza H5N1 e H7N9, la Chikungunya, Ebola e Nipah.

Il soggetto delle ricerche sul guadagno di funzione è complesso e richiede avanzate competenze di virologia, io spero di essere riuscita a renderlo più accessibile, perché ciascuno possa comprenderlo. Questo tema dovrebbe, in effetti, essere dibattuto in maniera estesa e pubblicamente, perché riguarda la salute di tutta l'umanità.

---

335. *Proposed biosecurity oversight framework for the futur of science,* A Report of the National Science Advisory Board for Biosecurity, marzo 2023.
336. Vedi i numerosi articoli disponibili relativamente al tag *next pandemic* sul sito di Gavi, https://www.gavi.org/vaccineswork/tag/next-pandemic.
337. *L'OMS recense les agents pathogènes susceptibles de provoquer de futures pandémies*, ONU Info, 21 novembre 2022.

4.3 Vaccini del futuro

I vaccini di cui parleremo adesso riguardano i coronavirus, ma anche altre malattie e non sono tutti basati sulla tecnologia a mRNA. Sebbene non riuscirò ad essere esaustiva, l'idea è quella di fornirvi alcuni esempi per dimostrare che i vaccini del futuro non offrono, almeno per ora, un bilancio rischio/beneficio favorevole, nonostante le affermazioni dei loro promotori e le autorizzazioni affrettate delle autorità sanitarie.

Possiamo innanzitutto citare i lavori di Ralph Baric (ed altre equipes) che hanno sviluppato, per esempio, dei vaccini anti-coronavirus basati sul virus del morbillo. Per quanto possa sembrare strano, il virus vaccinale vivo attenuato del morbillo viene utilizzato da anni per sviluppare vaccini contro altri virus. Si tratta di costruire delle chimere del virus del morbillo che esprimano sulla loro superficie le proteine dei virus mirati. Questa tecnica è stata utilizzata per immunizzare contro il SARS-CoV-1, l'HIV, il virus dell'epatite C, quello del Chikungunya... Baric ha brevettato il genoma,[338] di un virus modificato partendo dal ceppo vaccinale (Edmonston B/Moraten) del morbillo, che esprime sulla sua superficie la proteina Spike del SARS-CoV-2. Un'altra equipe americana ha testato questo vaccino sui criceti.[339]

Relativamente alla promozione vaccinale contro i futuri virus emergenti, gli Stati Uniti hanno lanciato una strategia nazionale di biodifesa da 88 miliardi di dollari al fine di rendere possibile lo sviluppo dei vaccini entro cento giorni; naturalmente, i vaccini a mRNA occupano un posto di primo piano per la loro velocità di produzione nel caso di nuovi virus.

Il futuro dei vaccini a mRNA
Già prima della pandemia di Covid-19, i vaccini a mRNA erano considerati come la piattaforma tecnologica del futuro per i vaccini.[340]

---

338. *Mutant Measles morbillivirus strain MeVvac2-SARS2-S(H)*, Complete genome GenBank: MW090971.1.
339. Lu M et al., *A safe and highly efficacious measles virus-based vaccine expressing SARS-CoV-2 stabilized prefusion Spike*, Proc Natl Acad Sci USA, 2021.
340. *Lelièvre JD, Les vaccins de demain* [Vaccine of the future], *Rev Francoph*

Come abbiamo visto, ad ottobre 2019, nel corso di un summit sulla sanità del futuro, il Milken Institute's Future of Health Summit, durante una seduta dedicata ai vaccini antinfluenzali, i relatori (in particolare Anthony Fauci e Margaret Hamburg, segretaria per gli Affari Esteri dell'Accademia Nazionale di Medicina US) hanno proposto a mezza voce, di bypassare gli studi clinici sui vaccini a mRNA e, con l'aiuto di una crisi dirompente, di lanciarli sul mercato senza aver bisogno di dieci anni di test clinici.

Gli industriali farmaceutici hanno investito somme considerevoli nella tecnologia a mRNA: terapie antitumorali, malattie del metabolismo e malattie infettive sono le tre aree principali. Come abbiamo visto per il GoF, i settori pubblico e privato sono sempre strettamente coinvolti in questi investimenti che riguardano la biopolitica del futuro.

Tuttavia, sapevamo anche prima del 2020, che questi vaccini a mRNA contro le malattie infettive sono inefficaci e tossici. E' questo il caso dei candidati vaccini contro l'influenza, la rabbia e l'AIDS, come ho ricordato nel mio articolo sulle GTP.[341] Anche la genetista Alexandra Henrion-Caude ha messo in evidenza, nel suo compendio sulla letteratura relativa ai vaccini a mRNA, il fallimento di questa tecnologia applicata ai vaccini (Les Apprentis sorciers, Albin Michel).

Vaccini che rincorrono le varianti

Abbiamo già menzionato le convergenze di interessi all'interno del complesso politico-militare-industriale. Fra questi interessi, quello per le varianti, siano esse dell'influenza o dei coronavirus, permette di rilanciare la produzione dei vaccini come in una corsa senza fine.

Il materiale genetico del vaccino di richiamo di Moderna, adattato alla variante Omicron, è stato prodotto dalla società National Resilience, con sede in Ontario. National Resilience è stata fondata piuttosto recentemente, nel novembre 2020, e sta cercando di far funzionare i suoi enormi impianti di produzione con la tecnologia a mRNA, che si tratti di 'vaccini' o di terapie geniche. I suoi dirigenti sono legati alla CIA, alla Wellcome Trust, alle grandi banche, alla Fondazione Bill Gates, al Johns Hopkins, al Cepi, alle aziende della Silicon Valley, a

Lab., 2019 ; Bruno Pitard. Nanotaxi ® pour les vaccins ARN et ADN. médecine/sciences, EDP Sciences, 2019.
341. Banoun, H, mRNA: Vaccine or Gene Therapy? The Safety Regulatory Issues, Int. J. Mol. Sci., 2023.

Google, alla Darpa, all'industria dei vaccini e ...al crimine organizzato. Tutto questo è stato rivelato nell'agosto 2022 in un'inchiesta di Whitney Webb per la rivista *Unlimited Hangout*.[342] Esistono legami molto stretti tra Moderna e la FDA, (e gli enti regolatori in genere), la Darpa e l'industria farmaceutica.

Abbiamo saputo nel marzo 2023, che National resilience aveva ottenuto un finanziamento di 410 milioni di dollari dal ministero della Difesa degli Stati Uniti, per produrre 1 miliardo di dosi di vaccino per la prossima pandemia.[343]

Gli Stati Uniti spenderanno 5 miliardi di dollari per una collaborazione pubblico-privato (Project NextGen) finalizzata allo sviluppo di vaccini anti-coronavirus efficaci sul lungo termine, di vaccini nasali e di vaccini pan-coronavirus.[344]

Nell'attesa, il vaccino anti-Covid-19 dell'autunno 2023 è già stato scelto dalle agenzie per la salute di tutto il mondo:345 sarà a mRNA e 'adattato' alla variante XBB Omicron della primavera 2023 (che è già stata superata dalle varianti EG.5 e F.L.1.5.1 dalla fine dell'estate). Una sola dose per tutti (già vaccinati o no), tranne che per i minori di 6 anni, che avranno diritto a due o tre dosi! Nessun nuovo studio clinico verrà richiesto, benché i regolatori riconoscano le conseguenze dell'*imprinting immunitario,* ma non ne siano certi. Ricordiamo che secondo l'effetto dell'imprinting immunitario, più si vaccina contro lo stesso antigene, più si compromette il sistema immunitario, impedendogli di reagire alle nuove varianti.

---

342. *Whitney Webb. RNA for Moderna's Omicron Booster Manufactured by CIA-Linked Company, Unlimited Hangout, août 2022. In francese: L'ARN du booster Omicron de Moderna est fabriqué par une société liée à la CIA,* sur le site Reseauinternational.net.
343. *National Resilience secures funding for domestic biomanufacturing capacity, Pharmaceutical Technology,* 27 marzo 2023.
344. Project NextGen, *Enhancing Preparedness for Future Covid-19 Strains & Variants with Next Generation Medical Countermeasures ASPR Administration for strategic preparedness and response.*
345. ICMRA (International Coalition of Medicines Regulatory Authorities), Covid-19 Omicron variant workshop, 8 Maggio 2023. Co-chairs: Peter Marks (FDA, US) and Marco Cavaleri (EMA, EU.
Global regulators agree on way forward to adapt Covid-19 vaccines to emerging variants, EMA, 30 maggio 2023.

Guarire è redditizio?

Nel 2018, un analista finanziario di Goldman Sachs ha sollevato una domanda provocatrice in un rapporto di ricerca sulle biotecnologie: guarire i pazienti è un business duraturo? Questa domanda mette in luce una tensione fondamentale nell'industria della salute. Da una parte, le terapie geniche promettono cure potenzialmente definitive per alcune malattie genetiche, il che rappresenta un immenso beneficio per i pazienti. Dall'altra, queste cure potrebbero non essere, sul lungo termine, così redditizie per le aziende farmaceutiche, che dipendono da un costante flusso di guadagni. L'analista fa l'esempio del trattamento di Gilead contro l'epatite C, che ha ridotto considerevolmente il numero dei pazienti che necessitavano di una cura, grazie alla sua efficacia, mettendo a rischio i futuri guadagni legati a questo farmaco. Con la diminuzione del numero dei pazienti, diminuisce anche il numero dei portatori del virus e, di conseguenza, il virus in circolo.

Dal mio punto di vista, i vaccini a mRNA contro le malattie emergenti sono una manna dal cielo per le aziende biotech. La loro mancanza di efficacia garantisce che i virus continueranno a circolare, assicurando, così, un mercato costante per questi 'vaccini'. E se, per caso, queste terapie dovessero rivelarsi più efficaci del previsto, la fonte dei virus pandemici è inesauribile, dal momento che essi vengono prodotti in gran quantità dagli infaticabili Dottor Stranamore, come Ralph Baric!

Fonti: *Goldman Sachs Asks in Biotech Research Report: 'Is Curing Patients a Sustainable Business Model?'*, CNBC, 11 avril 2018.

Altre tecnologie ad alto rischio

I vaccini intranasali

Nel 2023, Anthony Fauci ha scoperto che i virus respiratori non possono essere controllati con vaccini iniettabili ed intramuscolari, cosa che gli scienziati hanno ripetuto per anni. Siamo lieti di leggere, nel 2023, quello che affermiamo dal 2020: i virus si replicano principalmente nelle mucose respiratorie senza provocare viremia (cioè senza circolare nel sangue) e, dunque, non entrano in contatto col sistema immunitario, dunque, con gli anticorpi, salvo nel caso di malattia grave. Di conseguenza, la produzione di anticorpi nel sangue provocata da un vaccino intramuscolare non può proteggere contro un virus respiratorio.

Fauci propone,[346] di sviluppare vaccini somministrati sulle mucose respiratorie precisando che prima di sviluppare i vaccini è necessario comprendere perché per i virus respiratori le reinfezioni sono frequenti. Per saltare questa tappa, possiamo affidarci all'industria: i vaccini mucosali sono già oggetto di studi clinici.[347]

Tuttavia, sappiamo che i vaccini per via intranasale presentano un rischio aumentato di infiammazione nei polmoni: nel corso degli studi clinici, alcuni animali sono morti dopo la seconda dose, inoltre, le nanoparticelle intranasali possono penetrare direttamente nel cervello.[348]

I vaccini a mRNA per gli animali

I vaccini per gli animali sono in anticipo rispetto ai vaccini destinati agli uomini, come sempre. I vaccini a mRNA vengono utilizzati contro l'influenza sui maiali almeno dal 2020, anno in cui sono stati approvati,ma l'informazione è ben nascosta. Si tratta del prodotto Sequivity

---

346. Morens DM, Taubenberger JK, Fauci AS, *Rethinking next-generation vaccines for coronaviruses, influenzaviruses, and other respiratory viruses, Cell Host Microbe*, 2023, PMID 36634620.

347. *Nasal Covid-19 vaccine shows promise in early clinical trial, NBC News*, febbraio 2023.

348. Ndeupen S et al., *The mRNA-LNP platform's lipid nanoparticle component used in preclinical vaccine studies is highly inflammatory, iScience*, 2021, PMID 34841223.

della Merck, che è un vaccino a mRNA, sebbene questa definizione non sia menzionata nella pubblicità.

Si tratta di produrre vaccini a mRNA 'auto-amplificanti' contro la febbre africana del suino, finanziati dal governo americano; 'auto-amplificanti' significa che l'mRNA iniettato in un animale d'allevamento ha la capacità di moltiplicarsi all'interno dell'animale.[349]

Un'altra tecnologia, potenzialmente rischiosa per l'ambiente,[350] è allo studio, per vaccinare alcuni animali selvatici. Si tratta di vaccini 'auto-disseminanti', che permettono di proteggere l'intera popolazione vaccinando soltanto qualche esemplare; questa è la tecnologia che si intende utilizzare per vaccinare i pipistrelli contro il virus Ebola.

Nuove tecnologie a mRNA applicate agli umani

La Cepi finanzia lo sviluppo dei vaccini a mRNA 'auto-amplificanti' presso un'azienda indiana:[351] il vaccino moltiplicherà i frammenti di mRNA iniettato, quindi la proteina Spike verrà prodotta dall'RNA, questo per ridurre la quantità che deve essere prodotta industrialmente. Si fa lavorare gratuitamente due volte il vaccino, per ridurre il lavoro del produttore. Lo scopo è quello di aumentare la quantità di antigene prodotto e, di conseguenza, gli anticorpi. E' necessario, dunque, mettere l'accento sull'imprevedibilità della tecnica a mRNA, per la quale non si conosce la quantità di antigene prodotto.

I ricercatori che richiamano l'attenzione sui problemi di sicurezza che questa nuova tecnica presenta non hanno ancora capito che l'mRNA non si ferma nel sito d'iniezione: in un articolo,[352] del 2023, affermano che i vaccini non presenterebbero problemi per le donne incinte, dal momento che l'RNA si ferma nella spalla. Dunque, è cominciata male...

---

349. *Genvax Technologies Secures $6.5 Million to Advance Novel Vaccine Platform, Pork Business,* 9 agosto 2022.
350. *As self-spreading vaccine technology moves forward, dialogue on its risks should follow,* Jonas Sandbrink, Bulletin of the atomic scientist, 10 giugno 2022.
351. *Cepi to support development of self amplifying mRNA vaccine technology for use against Disease X, cepi.net,* communiqué de presse du 8 agosto 2023.
352. Comes JDG, Pijlman GP, Hick TAH, *Rise of the RNA machines selfamplification in mRNA vaccine design, Trends Biotechnol.* 2023, PMID 37328401.

La tecnologia dei vaccini 'auto-disseminanti' (*self-spreading vaccines*) è prevista anche per gli umani: questa tecnologia utilizza dei virus vivi che si moltiplicheranno nell'organismo dell'individuo vaccinato e verranno trasmessi agli altri individui. Sebbene questi virus vivi siano attenuati, questo presenta dei rischi. Il documento del Johns Hopkins Bllomberg School of Public Healthest,[353] che richiama questa tecnica è difficile da trovare, senza dubbio perché contiene critiche pertinenti: come proteggere gli individui per i quali sarebbe controindicato? Come ottenere il consenso informato da coloro che verranno vaccinati senza saperlo attraverso il contatto con un vaccinato?

I vaccini auto-amplificanti ed auto-disseminanti esisteranno anche in forma combinata e presto sarà necessario prendere confidenza con il 'SSSR', cioè *Self Spreadìng and Self Replicating (vaccines)*…Tuttavia, non bisogna dimenticare i rischi che essi comportano, cioè la possibilità che certi virus vivi attenuati tornino ad essere pericolosi. Questo è ciò che avviene, per esempio, con i vaccini a virus vivo della polio, che si ricombinano nel tubo digestivo con il virus selvaggio restituendo virus patogenici della polio.

I vaccini contraccettivi

Fra queste prove degne di apprendisti stregoni, bisogna citare anche il vaccino contraccettivo basato sull' hCG (ormone chorio-gonadotropico),[354] che crea volontariamente un'autoimmunità contro un ormone naturale.[355] Sebbene si ritiene che questa sia reversibile, ciò è altamente improbabile.

353. *Johns Hopkins Bloomberg School of Public Health Plans To Release Genetically Modified Self-Spreading Vaccines*, 2nd Smartest Guy in the World, 16 febbraio 2023.
Technologies to address Global Catastrophic Biological Risks, PreventionWeb Publication, Rapport 2018, https://www.preventionweb.net/ quick/47640
354. Prodotto dall'embrione poco tempo dopo il concepimento e, più tardi, dal tropoblasto (un tessuto della placenta).
355. *Recherche. Le vaccin, prochaine grande avancée des méthodes contraceptives ?, Courrier International*, 18 maggio 2023. Leggi anche: A Vaccine for Birth Control?, Katherine J. Wu, *The Atlantic,* maggio 2023.

Le terapie antitumorali chiamate 'vaccini anti-cancro'

E' importante che si discuta pubblicamente circa queste tecniche sperimentali rischiose. Personalmente, ho cercato di mettere in guardia a questo proposito con il mio articolo sulle GTP, nel quale ho dimostrato l'inefficacia e la tossicità (già note prima del 2020) dei vaccini a mRNA contro le malattie infettive: del vaccino antinfluenzale, anti-HIV e antirabbia.

Per i prodotti destinati alla lotta contro il cancro, i risultati sono altrettanto ingannevoli ed inquietanti: la maggior parte degli studi clinici dichiarati non sono stati oggetto di pubblicazioni; si può supporre che i risultati fossero negativi. Gli unici risultati che sono stati pubblicati dimostrano l'assenza di efficacia così come la ricorrenza di reazioni avverse note, e derivano da studi *open label*, non randomizzati e di poco valore. Uno studio clinico randomizzato su pazienti affetti da cancro alla prostata non ha mostrato alcun beneficio. Un altro, sul cancro al polmone, ha mostrato le reazioni avverse della tecnologia a mRNA.[356] La denominazione di 'vaccino' fa temere che i controlli su questi prodotti sperimentali siano stati allentati.

La fuga in avanti dei 'vaccini classici' pericolosi

E' stato approvato un nuovo vaccino classico contro il VRS (virus responsabile della bronchiolite). Questo vaccino contiene due proteine ricombinanti della superficie del virus del VRS (prodotte sulle cellule ovariche dei criceti). Dall'estate 2023 l'Abrysvo di Pfizer è stato autorizzato dalla FDA per le donne incinte,[357] dopo che era stato riservato agli ultrasessantenni. A luglio 2023,[358] anche EMA ne ha concesso l'autorizzazione per gli ultrasessantenni e per le donne incinte.

Il vaccino anti-VRS non è autorizzato sui neonati, ma questo punto è fonte di confusione, poiché il vaccino è finalizzato proprio all'immunizzazione dei neonati, che si intende acquisire in modo passivo vaccinando la madre durante la gravidanza. Questo non è stato ben

---

356. Vedi il mio srticolo sulle GTP e il libro di Alexandra Henrion Caude, Les apprentis sorciers, Albin Michel

357. Meredith Wadman, FDA advisers agree maternal RSV *vaccine protects infants, but are divided on its safety, Science.org,* 17 maggio 2023.

358. Committee for Medicinal Products for Human Use (CHMP), *Summary of opinion on Abrysvo for Respiratory Syncytial Virus (RSV) vaccine,* European Medicines Agency, 20 July 2023; *FDA Approves First Vaccine for Pregnant Individuals to Prevent RSV in Infants,* FDA, 21 agosto 2023.

compreso né dai media né da alcuni professionisti della salute, che non capiscono che si tratta di una vaccinazione indiretta.

Nel rapporto di FDA si legge che durante gli studi clinici sulle donne incinte, i casi di parto prematuro sono stati maggiori nel gruppo delle donne vaccinate, rispetto al gruppo delle donne non vaccinate, ma nonostante il rischio evidente di parto prematuro, le autorità sanitarie sembrano aver trascurato ogni principio di prudenza.

Il documento sullo studio clinico sulle donne incinte non è accessibile gratuitamente, caso eccezionale, per le pubblicazioni di Pfizer, che può permettersi di pagare un articolo open-access sul NEJM.[359] Ho ottenuto, così, la versione a pagamento, ma anche questa non prevede l'accesso al 'materiale supplementare', che spesso riserva delle sorprese. Secondo gli autori, il vaccino è efficace nella riduzione delle ospedalizzazioni dei neonati affetti da bronchiolite durante i primi tre mesi di vita, ma non riduce sufficientemente il rischio di contrarre la malattia, nello stesso periodo di tempo.

Per curiosità, un altro laboratorio, GSK, aveva interrotto lo studio clinico del suo vaccino anti-VRS sulle donne incinte, poiché provocava un alto tasso di parti prematuri. Per questo motivo Arexvy, il vaccino di GSK, è stato autorizzato soltanto per gli ultrasessantenni; questo vaccino è stato valutato anche da EMA,[360] nel quadro di un procedimento accelerato, ed è stato autorizzato per gli ultrasessantenni.

Per quanto riguarda la vaccinazione delle donne incinte, è da notare che queste ultime sono ormai divenute soggetto di studi clinici, mentre, fino ad oggi, ne erano state completamente escluse. Questa fascia così vulnerabile è, ormai, soggetta a diverse raccomandazioni vaccinali sebbene noi, professionisti della salute da molti anni, abbiamo imparato durante i nostri studi che non si vaccinano le donne incinte.

Terapie preventive a base di anticorpi monoclonali?
Nel contesto della lotta contro la bronchiolite è apparso anche un altro concetto: la terapia preventiva, che consiste nell'iniettare direttamen-

---

359. Kampmann B et al., *Bivalent Prefusion F Vaccine in Pregnancy to Prevent RSV Illness in Infants*, N Engl J Med, 2023.
360. EMA, *First vaccine to protect older adults from respiratory syncytial virus (RSV) infection*, 26 aprile 2023.

te gli anticorpi. In collaborazione con Astra-Zeneca, Sanofi ha messo in commercio un anticorpo monoclonale contro il VRS, il Beyfortus, destinato ad essere iniettato, come prevenzione, ai neonati. Uno degli studi clinici ha evidenziato reazioni avverse gravi del vaccino e 3 decessi nel gruppo vaccinato, a fronte di 0 nel gruppo placebo; secondo la formula rituale, 'l'investigatore non ha attribuito i decessi alla responsabilità del vaccino' (sicuramente, un giudizio imparziale).

Sul totale dei test clinici,[361] di questi anticorpi monoclonali, la FDA ha registrato 12 decessi: 4 di origine cardiaca, 2 gastro-enterica, 2 morti improvvise, 1 cancro, 1 Covid-19, 1 frattura, 1 polmonite, ma nessun decesso è legato al trattamento.[362] L'EMA ha registrato 3 decessi nel gruppo placebo e 11 nei gruppi trattati, concludendo che il bilancio rischio /beneficio è positivo.[363]

Ancora una volta le stesse fasce di popolazione sono il bersaglio di prodotti pericolosi: i neonati, le donne incinte e gli ultrasessantenni. Bisogna notare che queste categorie sono quelle più seguite dal punto di vista medico, dunque facilmente vaccinabili, se l'industria riesce a convincere i medici delle potenzialità dei suoi prodotti. Sarà anche più facile camuffare le reazioni avverse ed i decessi, perché si tratta di categorie a rischio: la gravidanza e l'invecchiamento vengono considerate, adesso, come malattie. In Francia il tasso di mortalità neonatale non cala dal 2005,[364] e gli Stati Uniti hanno il più alto tasso di mortalità neonatale fra i paesi sviluppati.[365] Anche i neonati sono una fascia a rischio, quindi si potranno far passare i decessi e le reazioni avverse ai vaccini come dovute alla fragilità dei neonati.

Il Ministro della Salute francese raccomanda di vaccinare tutti i neonati con il Beyfortus prima che escano dal reparto maternità e questo

361. Hammitt LL et al. MELODY Study Group, *Nirsevimab for Prevention of RSV in Healthy Late-Preterm and Term Infants*, N Engl J Med., 2022, PMID 35235726.
362. FDA Biologics License Application (BLA) 761328 Nirsevimab Antimicrobial. Drugs Advisory Committee Meeting giugno 8, 2023. Division of Antivirals, Office of Infectious Diseases Center for Drug Evaluation and Research, https://www.fda.gov/media/169322/download
363. EMA/786523/2022 Assessment report Beyfortus 15 septembre 2022, https://www.ema.europa.eu/en/medicines/human/EPAR/beyfortus.
364. https://www.insee.fr/fr/statistiques/7627069.
365. Petrullo, Justina, *US Has Highest Infant, Maternal Mortality Rates Despite the Most Health Care Spending.*, AJMC, 31 gennaio 2023.

dal 15 settembre 2023:[366] un modo mascherato di renderlo obbligatorio? Le madri non vegliano sui loro bambini per tutto il tempo durante il ricovero post-parto...

Bisogna anche notare la deliberata vaghezza che circonda la qualificazione di questi nuovi prodotti: l'industria vorrebbe che essi seguissero più o meno la stessa regolamentazione più flessibile dei vaccini, per evitare i lunghi e complessi studi clinici. Il Beyfortus, per esempio, è stato approvato in emergenza, proprio come un vaccino. Questo è un ulteriore motivo per valutare l'importanza dei meccanismi di regolamentazione, quello che ho voluto mettere in luce con questo libro.

---

366. *Prevenzione* farmacologica della bronchiolite a VRS da settembre, Direzone Generale della Salute, 24 agosto 2023 (Ref: DGSURGENT N.2023_14).

4.4 Armi biologiche, davvero?

Il virus è certamente fuggito da un laboratorio, ma per affermare che il SARS-CoV-2 è un'arma biologica si dovrebbe provare che la fuga è stata intenzionale e diretta contro un nemico identificato. Come potrebbe essere stato scelto un virus così contagioso che potrebbe rivolgersi contro l'aggressore? Il virus si è diffuso rapidamente in tutto il pianeta ed ha ucciso soltanto le persone molto anziane o fragili, un'arma poco efficace e non controllabile, dunque.

Ricordiamo, poi, che si tratta del frutto di una collaborazione sino-americana: chi sarebbe l'aggressore? La Cina o gli Stati Uniti? Se fosse la Cina, non avrebbe permesso che si diffondesse nel suo paese; se fossero gli Stati Uniti, allora avrebbero davvero mancato il colpo, poiché ci sono state più vittime negli Stati Uniti che in Cina. Molti sono convinti che si tratti, malgrado tutto, di un'arma biologica, perché il SARS-CoV-2 è stato sintetizzato contemporaneamente ai vaccini che dovrebbero contrastarlo. Ancora una volta, se si tratta di una guerra biologica il risultato è deplorevole, vista l'inefficacia dei vaccini.

La gestione della pandemia è stata militarizzata, soprattutto negli Stati Uniti, e la reazione del potere è stata orchestrata come un insieme di contromisure dirette contro un'arma biologica: è sensato utilizzare un vocabolario di guerra in un contesto sanitario? Si tratta, piuttosto, ancora di una fonte di confusione che impedisce di interpretare questo quadro sanitario come una questione biopolitica. Gli esperti della biodifesa affermano che il rischio che il Covid-19 venga utilizzato come un'arma su grande scala è minimo, data la sua natura altamente infettiva, che si ritorcerebbe probabilmente contro chi tenta di diffonderlo: essi riconoscono, dunque, che il SARS-CoV-2 non è una *bioweapon*, (arma biologica), ma potrebbe diventarla nelle mani dei bioterrorìsti; i militari non si lascerebbero mai sfuggire la possibilità di gestire una pandemia, preferirebbero, piuttosto, inventare terribili scenari fantascentifici.[367]

---

367. *Officials probe the threat of a coronavirus bioweapon.*, (*Des responsables sondent la menace du coronavirus comme arme biologique*), Politico, 04/23/2020.

Il governatore dello Stato della Florida, Ron DeSantis, ha affermato che il vaccino anti-Covid-19 è un'arma biologica;[368] ma se è un'arma, chi l'ha creata e contro chi è diretta? Ricordo che la produzione dei vaccini negli Stati Uniti è supervisionata dal Ministero della Difesa, secondo il PREP Act. Seguendo questa logica, questo implicherebbe che il Governo Federale ha orchestrato volontariamente un attacco contro la propria popolazione civile. Questa ipotesi diventa ancora più sconcertante, se pensiamo che anche le forze armate del paese ne sarebbero un bersaglio, dal momento che i soldati sono vaccinati. Questa teoria, insomma, se esaminata da vicino, sembra priva di fondamento logico. Al contrario, quello che può avere senso è ammettere che nella storia della vaccinazione certi effetti collaterali sulla popolazione civile sono stati tollerati, con lo scopo di permettere il progresso di nuove tecnologie considerate essenziali per la sicurezza nazionale.

Tuttavia, non nego le tendenze eugeniste e maltusiane di alcuni leader eletti o non eletti del biopotere, né i legami tra l'industria dei vaccini e queste tendenze,[369] e, certamente, gli esiti deleteri della produzione del virus e dei vaccini possono corrispondervi a posteriori. Nonostante ciò, è difficile concepire razionalmente che tutta questa situazione abbia potuto essere orchestrata all'interno di un disegno maltusiano ed eugenista. Bisogna evitare di sovrastimare questi individui, considerandoli più intelligenti e macchiavellici di quanto essi siano in realtà: si tratta, in fondo, di elementi al servizio di un sistema più grande.

Esistono indubbiamente strategie meno complicate e più efficaci per ridurre la popolazione e provocare malattie; lascio agli adepti della teoria del complotto il compito di immaginare questo scenario.

Conclusione sulla biopolitica del futuro

Apparentemente, il Covid-19 sembra appartenere al passato: i media si sono rivolti ad altri temi di attualità mentre i responsabili politici della gestione della pandemia iniziano a temere le conseguenze giudiziarie delle loro manipolazioni, che ormai appaiono evidenti a chi si sta impegnando per capire. Tuttavia, il biopotere continua a perseguire i suoi progetti di vaccinazione di massa e di 'preparazione' alle

---

368. *County GOP: Covid-19 vaccine is a bioweapon, 12News*, 13 luglio 2023.
369. *Developers of Oxford-AstraZeneca Vaccine Tied to UK Eugenics Movement, Unlimited Hangout*, 26 déc. 2020.

future pandemie. Questa strategia di estensione della vaccinazione, sia essa obbligatoria o promossa attraverso campagne pubblicitarie, coinvolge un numero sempre maggiore di virus.

Nel 2019 il governo francese si è impegnato per rendere obbligatoria per gli adolescenti la vaccinazione contro il papilloma virus; questa proposta è stata lanciata per tastare il terreno dopo le polemiche sull'obbligatorietà di 11 vaccini per i neonati (2018) Tuttavia, di fronte alla crescente diffidenza verso i vaccini in genere, esacerbata dalla pandemia di Covid-19, il governo ha dovuto rivedere la sua posizione e all'inizio del 2023 questo obbligo si è trasformato in una intensa campagna di promozione a favore della vaccinazione gratuita contro il papilloma virus (HPV) in tutti i college francesi, sia per le ragazze che per i ragazzi. Questo vaccino è stato oggetto di numerose controversie, sin dalla sua distribuzione, nel 2006 ed è oggetto di una procedura giudiziaria che si sta svolgendo negli Stati Uniti contro il produttore del Gardasil:[370] il laboratorio Merck è stato accusato di aver nascosto gravi effetti collaterali nel corso degli studi clinici.[371]

Di fronte alle recenti evoluzioni della vaccinologia, l'emergenza del momento è quella di un dibattito pubblico sul guadagno di funzione e sugli altri esperimenti pericolosi finanziati dagli Stati. E' necessario anche affrontare la questione della regolamentazione dei prodotti genici a mRNA, siano essi impiegati come vaccini o come terapie geniche. Questi prodotti e la loro formulazione presentano importanti problemi di sicurezza e di efficacia.

Gli Stati occidentali finanziano il trasferimento della tecnologia mRNA verso paesi che non hanno i mezzi per svilupparla. L'OMS ha installato delle fabbriche 'chiavi in mano' in Africa, la Francia è stato il primo paese a finanziare il trasferimento della tecnologia dell'mRNA a cui partecipa anche l'Unione Europea, oltre ad effettuare investimenti all'interno dell'Europa stessa. Nel 2023, il totale degli investimenti del fondo Health Emergency Preparedness and Response (HERA) è stato di 1,3 miliardi di euro. In Sud-Africa, l'Europa ha investito 40 milioni di euro per le fabbriche di vaccini a mRNA… E' chiaro che questa tecnologia avrà un ruolo prevalente nella vaccinologia del futuro.

---

370. Vedi il sito della più importante associazione di avvocati che si occupano della difesa delle vittime: lawsuit/

371. *Les essais cliniques du Gardasil ont-ils passé sous silence des effets secondaires ?*, Susan Matthews et Frederik Joelving, Slate, 4 gennaio 2018.

Conclusioni

Perché un altro libro sul Covid-19? Quando mi hanno consigliato di scrivere un libro che riunisse i miei articoli scientifici, inizialmente non ne ho compreso l'interesse: un altro lavoro di un ricercatore critico sul Covid-19, quando la crisi sembra superata? Tuttavia, riflettendoci, mi sono resa conto che un libro stampato offre una via di fuga contro la censura digitale e contro il carattere effimero del web; servirà, spero, agli storici di domani. Vorrei menzionare e ringraziare l'associazione BonSens.org, per il suo sostegno morale e materiale. BonSens.org riunisce numerosi scienziati e si è adoperata al massimo per risvegliare i nostri politici continuando a difendere la scienza.

L'elaborazione di questo libro mi ha anche aiutata a comprendere meglio quello che abbiamo vissuto. Questo lavoro sintetizza e rende accessibile anche al pubblico non specializzato il contenuto dei miei articoli, pubblicati nell'arco di quattro anni sia su blog, che su riviste scientifiche peer-review.

Tuttavia, il mio lavoro non ha la pretesa di offrire un panorama completo della gestione della crisi, per questo motivo ho preferito riprendere i contributi dei miei colleghi, dei medici e degli scienziati provenienti da diversi settori, indipendenti e critici i quali, anch'essi, hanno pubblicato sul tema. L'insieme di queste analisi critiche, messe a confronto con il concetto di biopolitica di Michel Foucault, ci aiuta ad individuare la coerenza e la logica dietro quella che potrebbe apparire inizialmente come una gestione disastrosa della sanità pubblica da marzo 2020. Per rafforzare questa tesi biopolitica, mi è sembrato necessario tornare all'epoca prepandemica.

Chi si era già occupato di sanità pubblica non sarà rimasto completamente sorpreso dall'indirizzo intrapreso dalla politica sanitaria da marzo 2020, nonostante l'evidente accelerazione biopolitica. Le dichiarazioni ufficiali e le ricerche scientifiche in corso offrono chiari indizi sulla gestione futura delle malattie infettive, sempre nello stesso senso: una preparazione azzardata alle pandemie e una vaccinazione di massa come risposta. Il controllo digitale delle popolazioni, le simulazioni di pandemie e gli acquisti di gruppo delle 'contromisure mediche' – cioè dei farmaci e dei vaccini – diventeranno la norma, in materia di gestione, come stabilito dai trattati e regolamenti internazionali, a meno che non vi saranno evidenti opposizioni.

La mia formazione ed il mio interesse per la biologia in generale e per la teoria dell'evoluzione in particolare, mi hanno predisposta ad un atteggiamento critico naturale nei confronti della gestione del Covid-19; nello stesso tempo, il mio interesse per l'epistemologia mi ha spinta ad affrontare, con questo lavoro, anche il tema dello scientismo. Questa ideologia è ormai predominante in tutte le discipline sensibili dal punto di vista politico-economico, e la biologia non sfugge alla biopolitica. L'insieme della ricerca sul covid-19 è stato strumentalizzato a favore del biopotere.

La biopolitica, che nella nostra epoca tende ad imporre le norme sanitarie sulla popolazione umana, si fonda sempre di più sulla vaccinazione come alternativa alle cure, nel campo dell'infettivologia (e presto anche in quello dell'oncologia). Dal XVIII secolo il vaccinismo ha assunto una dimensione autoritaria, privilegiando la copertura vaccinale, a discapito della salute delle persone.

Questa ideologia ha tratto forza dai crescenti profitti dell'industria farmaceutica sulla vendita dei vaccini, soprattutto dopo la legge statunitense del 1986, che esonera i produttori dalla responsabilità finanziaria per le reazioni avverse.[372] Questa corrispondenza dell'ideologia con gli interessi economici dei produttori di vaccini ci dice che la biopolitica, che inizialmente era finalizzata a proteggere la salute delle popolazioni, adesso contribuisce, invece, a minacciarla.

Come ogni intervento medico, la vaccinazione dovrebbe essere sottoposta ad un esame e ad una valutazione scientifica rigorosa, soprattutto perché è destinata ad individui in buona salute. Adesso, invece, i vaccini subiscono meno controlli degli altri farmaci, sebbene questi ultimi siano destinati a persone malate. L'efficacia dei vaccini tradizionali non è stata sufficientemente valutata attraverso studi clinici randomizzati a doppio cieco, come affermato in diversi articoli specializzati.[373]

---

372. National Childhood Vaccine Injury Act of 1986, https://en.wikipedia. org/wiki/National_Childhood_Vaccine_Injury_Act, https://www.congress. gov/bill/99th-congress/house-bill/5546

373. Michel Georget, *Vaccinations, les vérités indésirables*, Dangles, 2017 ; Michel de Lorgeril, collection *Vaccins et Société,* Ed. Chariot d'Or.

L'autoritarismo che ha caratterizzato la gestione della vaccinazione dall'avvento dell'era industriale non smette di intensificarsi, trascurando le possibili reazioni avverse di questa pratica generalizzata. Per i vaccini anti-Covid-19, la mancanza di valutazione clinica e la pressione esercitata sulle popolazioni hanno raggiunto livelli senza precedenti, mettendo a rischio la salute dell'umanità.

Censura sistematica

Il biopotere oggi viene esercitato da un'alleanza fra governi ed enti sanitari con la grande industria. Le autorità ufficiali si muovono in collaborazione con potenti organizzazioni non governative per discreditare ogni critica alla biopolitica assimilandola al più ridicolo complottismo. I media mainstream e i social network, totalmente asserviti al biopotere, censurano tutte le opinioni critiche e le analisi dei documenti ufficiali e delle pubblicazioni scientifiche. Questa omertà mediatica che abbiamo osservato durante gli ultimi anni ci interroga profondamente sul modo in cui l'informazione è convogliata e controllata, soprattutto in un contesto di crisi. Quando le voci dissidenti vengono ridotte al silenzio o marginalizzate, viene penalizzata la pluralità dei punti di vista a disposizione del pubblico, sebbene un'informazione equilibrata sia fondamentale per permettere alle persone di prendere decisioni consapevoli, soprattutto per ciò che riguarda la loro salute.

La questione delle origini

Come altre equipes indipendenti (vedi le pubblicazioni di *France Soir* nel dossier *Histoire de la Covid-19* dell'agosto 2020), ho dimostrato che la pandemia è il risultato di esperimenti sul guadagno di funzione (GoF) sui coronavirus, iniziati alcune decine di anni fa con lo scopo di anticipare le pandemie e la risposta vaccinale per affrontarle. Questi esperimenti sul GoF vengono portati avanti almeno dagli anni 2000 da una collaborazione tra Stati Uniti e Cina, questo spiega il dubbio che persiste circa l'origine geografica del SARS-CoV-2: cinese, americana o altra?

Tuttavia la paternità del virus deve essere attribuita verosimilmente alla ricerca militare-civile statunitense (senza dimenticare che già da qualche anno vi partecipavano anche le industrie che hanno sviluppato i vaccini anti-Covid-19). Questi esperimenti sono stati condotti con l'obiettivo dichiarato ed apparentemente lodevole di prepararci alle pandemie, tuttavia, sia i loro autori che la maggior parte dei funziona-ri responsabili sono consapevoli dei rischi che queste manipolazioni comportano. I più obbiettivi ammettono il loro ruolo nella comparsa del SARS-CoV-2 e affermano che è impossibile anticipare in questo modo i futuri virus emergenti a potenziale pandemico.

La probabile comparsa del SARS-CoV-2 già nella primavera del 2019, dimostra il perfezionamento nel tempo degli scenari di anticipazione pandemica. Se considerati insieme al progresso della ricerca, è chia-ro che il biopotere aveva previsto un coronavirus pandemico già nel 2017. Tutte le contromisure attuate nel corso della crisi del Covid-19 erano state previste e discusse all'interno di queste simulazioni di pandemia; è importante, dunque, continuare a seguirle poiché esse continuano ad essere attuali per il futuro immediato.

Le prescrizioni e gli abusi del biopotere

La malattia Covid-19 ha subito una gestione politica dal punto di vista diagnostico, terapeutico ed epidemiologico. I test diagnostici (PCR, test antigenici e sierologici, dunque, retrospettivi) sono stati utilizzati soprattutto per aumentare fittiziamente la reale incidenza della malat-tia, facendo passare i 'casi' come malati. Questa manipolazione è il completamento logico dell'esagerazione attribuita al fardello dell'in-fluenza già negli anni precedenti.

La valutazione dell'immunità individuale e della popolazione attra-verso l'utilizzo di test sierologici troppo specifici ha contribuito a diffondere un'idea troppo limitata. Tutto questo ha avuto lo scopo di preparare la popolazione a considerare i vaccini come l'unica soluzio-ne possibile. Ho dimostrato come questo sia tecnicamente possibile, dal punto di vista della biologia clinica, che è la mia specializzazione. La focalizzazione sugli anticorpi come mezzo diagnostico e misura dell'efficacia dei vaccini era sbagliata; abbiamo visto, infatti, che gli anticorpi hanno, a volte, un ruolo deleterio anziché benefico, dal pun-to di vista storico e teorico basato sulla teoria dell'evoluzione, ed è stato riconosciuto che essi possono aggravare la malattia Covid-19 secondo il loro tasso e la loro qualità. Due sono i fenomeni immuni-tari a prima vista 'paradossali' che possono essere responsabili di questo aggravamento: l'effetto dell'ADE (facilitazione ad opera de-gli anticorpi) e l'OAS (Imprinting Antigenico) che possono verificarsi contemporaneamente, giustificando la facilitazione e l'aggravamento del Covid-19 post-vaccinale. Questi fenomeni erano noti, e tutti gli esperti avevano avvisato circa l'ADE all'inizio della pandemia, ma la maggior parte di essi hanno taciuto, in seguito, per non disturbare la campagna vaccinale.

Ho analizzato anche gli studi sulle probabili ragioni per le quali i bambini, come molti adulti, non sono soggetti al Covid-19, anche questo passato sotto silenzio con lo stesso scopo di far apparire più grave la pericolosità del virus. Per riassumere, un sistema immunitario 'giovane' (che si può riscontrare anche tra gli adulti, e non soltanto tra i bambini) è la migliore garanzia contro le forme gravi di Covid-19, ed è associato ad un buon microbiota intestinale. Questi due fattori devono essere, dunque, promossi e garantiti per prevenire le infezioni virali in generale. E' importante mantenere ad un livello basso lo stato infiammatorio di base dell'organismo. Questo è un aspetto della prevenzione che non viene considerato dalla biopolitica, perché non è redditizio per Big Pharma.

Non si deve, comunque, trascurare la pericolosità del virus SARS-CoV-2, dovuta alla manipolazione effettuata sulla sua proteina Spike, che è tossica: per questo motivo è essenziale che i primi sintomi vengano curati precocemente.

A questo proposito ho ripreso i risultati di numerosi medici coraggiosi che hanno deciso di disobbedire agli ordini governativi di non curare i malati di Covid-19: si tratta di molti medici anonimi, così come di altri che, invece, sono molto noti, come il Prof. Raoult, il Prof. Perronne, il Dr. Maudrux, i medici dell'IHU... Esistono, infatti, cure molto efficaci che sono innanzitutto degli immunomodulanti o degli antibiotici che agiscono sul microbiota e sulle coinfezioni. La proibizione (ancora parzialmente in vigore) che è stata imposta ai medici generici, di adempiere al loro ruolo essenziale di prima linea in caso di pandemia, così come quella che ha impedito a tutti i medici di utilizzare le cure efficaci, si spiega con l'interesse biopolitico di aumentare la dannosità e l'importanza del virus. Ricordiamo che la mancanza di cure efficaci è il presupposto per le autorizzazioni in emergenza dei vaccini ed è stata, perciò, indispensabile perché questi ultimi venissero autorizzati. Allo stesso modo, le autorità hanno negato l'efficacia degli integratori come la vitamina D e lo zinco.

Ho riassunto anche il mio lavoro teorico sull'evoluzione del virus, che è stato pubblicato e mi ha permesso di supervisionare come esperta il lavoro di altre equipes sullo stesso soggetto. Il virus si era attenuato nel mese di maggio 2020, come avevano notato i medici che curavano i pazienti Covid-19. Le varianti che emergono attraverso la selezione naturale del virus seguono generalmente questa evoluzione: i virus più contagiosi ed i meno aggressivi sono più competitivi e questa evoluzione è guidata dall'interazione del virus con il sistema immunitario dell'ospite (la popolazione umana). Anche su questo tema, i media e le autorità hanno provato, fin dall'inizio della pandemia, a convincerci contro ogni evidenza, che il virus non mutava.

In Francia, l'IHU Marseille Mediterranée Infection, che ha la maggiore capacità di sequenziamento del paese, è stata la prima ad individuare le varianti, ma, su questo punto, è stata vilipesa, soprattutto perché questo è stato uno dei pochissimi ospedali a curare i malati in trattamento laboratoriale precoce, sfidando la proibizione ufficiale. Nel contesto di questa gestione politica della malattia, ho menzionato anche la 'carnevalata' delle mascherine, la cui inutilità per limitare la diffusione di un virus pandemico, era già nota prima del Covid-19. Il suo utilizzo su larga scala tra la popolazione, non ha fatto che confermare questa inutilità.

I difetti della farmacovigilanza su vaccini ad alto rischio

Il Covid-19 ha rappresentato un'opportunità ideale per lo sviluppo dei vaccini a mRNA, evitando i dieci anni di test clinici, che sono normalmente il minimo richiesto. La tecnologia a mRNA era già stata individuata come soluzione per l'inefficacia dei vaccini antinfluenzali dal 2010 (dopo la pandemia H1N1).

Ho messo insieme le prove pubblicate in peer-review, che dimostrano che l'immunità naturale contro i coronavirus è più solida e scompare meno velocemente rispetto all'immunità vaccinale. Questo è stato completamente occultato, nonostante sia stato verificato per tutte le malattie. Lo scopo di questo voltafaccia è sicuramente la promozione del vaccino. Ho insistito sul ruolo esagerato attribuito agli anticorpi, sia per l'immunità che come prova di protezione contro la malattia; gli anticorpi sono innanzitutto dei testimoni che dimostrano l'avvenuto incontro con un patogeno.

Per quanto riguarda il Covid-19, gli anticorpi naturali (acquisiti con l'infezione), ma soprattutto gli anticorpi vaccinali sono in grado di aggravare la malattia. Questo è stato affermato da tutti gli esperti a proposito dei vaccini anti-coronavirus all'inizio del 2020 (fenomeno ADE); in seguito abbiamo scoperto che l'imprinting immunitario (OAS) rendeva le vaccinazioni ripetute coi vaccini anti-Spike ancora più deleterie, indebolendo la risposta alle varianti. Il fenomeno dell'ADE giustifica, in parte, i Covid-19 post-vaccinali che si sono osservati negli studi clinici e in tutti gli studi osservazionali in fase commerciale. L'OAS giustifica anche, in parte, l'aumentata suscettibilità dei vaccinati alle successive varianti del SARS-CoV-2.

Il biopotere si è sforzato, naturalmente, di nascondere la concretezza di questi fenomeni e la loro giustificazione teorica. La maggior parte degli esperti, medici e anche vittime degli effetti nefasti di questi vaccini, sono incapaci di riconoscerli, perché sembrano intrappolati nel meccanismo del doppio pensiero orwelliano. Tutti i vaccini anti-Covid-19 e i loro aggiornamenti basati sulla proteina Spike del virus sono suscettibili di provocare questi effetti deleteri.

Gli studi clinici sugli adulti avevano già rivelato la maggior parte delle reazioni avverse di tutti i tipi di vaccini anti-Covid-19. Queste patologie associate al vaccino, sono dovute alla tossicità della proteina Spike del virus, che è stata scelta come antigene per tutti i vaccini. Questo non per una volontà malefica dei produttori (che non hanno fatto studi su questa tossicità): la Spike è l'antigene più accessibile e più abbondante del virus e quello che stimolerà la produzione maggiore di anticorpi, il cavallo di battaglia della vaccinologia. E' per questo motivo che la Spike vaccinale è stata modificata rispetto alla Spike virale: questa modifica è servita a renderla più stabile ed a fare in modo che essa produca più anticorpi, diventando, così, più tossica.

Anche i test clinici sugli adolescenti, sui bambini e sui neonati hanno dimostrato molto chiaramente l'inefficacia e la forte tossicità dei vaccini a mRNA. Nel 2020, non è stato effettuato nessun test clinico sulle donne incinte e, in seguito, i risultati degli studi iniziati nel febbraio 2021 su soltanto 726 donne sono stati soltanto parzialmente pubblicati a luglio 2023.[374] Le donne del gruppo placebo sono state vaccinate dopo il parto, questo impedisce il monitoraggio a lungo termine degli effetti avversi. Questi risultati hanno dimostrato un numero

---

374. *To Evaluate the Safety, Tolerability, and Immunogenicity of BNT162b2 Against Covid-19 in Healthy Pregnant Women 18 Years of Age and Older,* ClinicalTrials.gov. Données détaillées : http://tiny.cc/NCT04754594.

di anomalie congenite due volte maggiore per i bambini delle madri vaccinate e reazioni avverse quadruplicate rispetto al gruppo placebo. Nonostante questo, questa fascia di popolazione è stata 'presa di mira' dalla primavera del 2021 e, come previsto, è stato fatto tutto il possibile per nascondere gli effetti avversi dei vaccini sulla gravidanza e sui nascituri. Le reazioni avverse sulle donne incinte, gli aborti spontanei, i bambini nati morti, le malformazioni e le malattie dei neonati, l'abbassamento della natalità, cos' come i disturbi del ciclo mestruale sono stati oggetto di particolare attenzione da parte delle autorità: si è trattato di invisibilizzare questi effetti e di accusare coloro che li menzionavano di fare 'disinformazione'.

Nel 2021, dopo le vaccinazioni, anche l'incidenza di alcuni tipi di cancro è aumentata. Allo stesso modo, il rischio di miocardite per i giovani è nettamente più elevato dopo la vaccinazione che a seguito dell'infezione virale, anche questo accuratamente occultato.

Nonostante non sia stato dimostrato chiaramente, che l'mRNA del vaccino possa integrarsi nel genoma di una persona vaccinata, questo rimane biologicamente plausibile. Prima di somministrare un prodotto ancora in fase sperimentale a miliardi di persone, sarebbe stato doveroso studiare questo rischio in maniera approfondita, ancora di più questo è vero oggi, dal momento che si è scoperto che l'mRNA dei vaccini è contaminato con DNA.

I tradizionali metodi di farmacovigilanza hanno dimostrato la loro inefficacia nell'individuazione delle reazioni avverse dei vaccini anti-Covid-19, nonostante queste fossero prevedibili già da prima dell'inizio della campagna vaccinale: tutto è stato fatto per non vederli. Adesso, tutto è organizzato per appesantire ancora di più il fardello del virus e presentarlo come ancora più pericoloso dei vaccini. Ogni pubblicazione che va in questo senso, però, contiene delle incongruenze che sono facilmente identificabili per i ricercatori onesti.

Ho elencato gli argomenti che dimostrano che è assolutamente possibile che i vaccinati possano contagiare i non vaccinati attraverso il contatto stretto: l'mRNA o la Spike vaccinale possono teoricamente essere presenti in numerosi fluidi corporei. Questa ipotesi incontra forti opposizioni, ma nessuno è ancora stato in grado di contraddire uno solo dei miei argomenti. Inoltre, diverse pubblicazioni hanno dimostrato il passaggio dell'mRNA vaccinale nel latte materno nei primi 8 giorni post iniezione.

Ho preso parte anche alla redazione di un documento destinato ai magistrati: in questo documento abbiamo spiegato perché sia importante ordinare un'autopsia a seguito di un decesso post-vaccinale, qualsiasi sia la patologia associata al decesso ed il tempo trascorso dall'iniezione; i vaccini anti-Covid-19 sono, in effetti, dei prodotti sperimentali, dunque non si può escludere un legame di causalità. Non dovrebbe essere a carico delle famiglie il dovere di provare questo legame, al contrario, la responsabilità dovrebbe ricadere sui produttori e sugli organi di farmacovigilanza, che dovrebbero fornire argomentazioni solide per discolpare i loro prodotti.

La corsa incontrollata verso le terapie geniche
Il biopotere cercherà di approfittare della pandemia Covid per continuare ad avanzare su due fronti: le ricerche sul guadagno di funzione sui virus e l'accelerazione della vaccinazione di massa.

I vaccini a mRNA anti-Covid-19 sono, di fatto, delle terapie geniche e avrebbero dovuto seguire la stretta regolamentazione associata a questi prodotti. Qualificandoli come vaccini, gli enti della salute hanno permesso che essi evitassero controlli di sicurezza indispensabili.

Si tratta di estendere la tecnica a mRNA a numerosi vaccini o di impiegarla per curare malattie genetiche e cancro. Senza l'opposizione della popolazione e dei suoi rappresentanti, si teme la generalizzazione di questi prodotti senza studi preclinici e clinici sufficienti: tutti questi mRNA dovrebbero essere proibiti sulla popolazione in buona salute, finché non verrà dimostrato un rapporto rischio / beneficio favorevole per i malati, cosa che non è ancora stata fatta.

Gli esperimenti di guadagno di funzione sui virus, che sono sicuramente all'origine della pandemia, continuano come se niente fosse: il SARS-CoV-2 continua ad essere manipolato, così come altri virus più pericolosi dei coronavirus. Questo meriterebbe un grande dibattito pubblico.

Per ciò che riguarda i vaccini del futuro e le prossime pandemie sono già stati mobilitati enormi mezzi finanziari e tecnici, anche questo senza alcun dibattito. Industrie che lavoreranno con l'mRNA sono già state impiantate dappertutto nel mondo; allo stesso modo si prevedono miglioramenti nella tecnica dell'mRNA, come gli mRNA auto-amplificanti. Anche le tecniche classiche per la produzione dei vaccini ci riserveranno delle cattive sorprese, se non facciamo qualcosa: si prevedono, per esempio, vaccini auto-disseminanti per gli animali (per il momento!), vaccini contraccettivi che dovrebbero essere reversibili e vaccini intranasali o ipodermici.[375]

La 'terapia preventiva' delle malattie infettive è un concetto nuovo, che permetterà di alleggerire la regolamentazione facendo passare questi prodotti come vaccini, come abbiamo visto per il Beyfortus, un anticorpo monoclonale contro la bronchiolite dei neonati, già riconosciuto come inefficace e tossico, ma autorizzato in emergenza.

Come contrastare questa biopolitica del futuro?

Il gioco è nelle mani del popolo e dei suoi rappresentanti eletti, che devono fare proprio il lavoro critico che stiamo portando avanti, in Francia, per esempio, con il Consiglio Scientifico Indipendente (CSI), l'associazione BonSens.org e l'Aimsib. Esistono, adesso, numerosi collettivi che hanno l'incarico di fornire chiarimenti a tutti coloro che hanno dei dubbi, tuttavia, questi riescono con fatica ad accedere alle informazioni ed alle analisi indipendenti, oggettive ed oneste. Per rispondere a questa richiesta, è giusto riconoscere l'impegno della rivista online France Soir, che continua a pubblicare il lavoro dei collettivi scientifici di alto livello (scegliendo, a volte, di mantenere il loro anonimato, per sicurezza).

Sapere è potere. Sta a ciascuno di noi trovare il canale giusto per informarsi ed agire, e questo inizia abbattendo il muro della censura in tutti i modi possibili.

---

375. *Vaccines Delivered Via Dissolvable Skin Patches,* American Society for Microbiology, dicembre 2022.

Abbreviazioni

Sigle	Termine completo	Descrizione
ACE2	Angiotensin Converting Enzime 2	Enzima di conversione dell'angiotensina 2, il principale recettore del virus SARS-CoV-2
ADE	Antibody Dependent Enhancement	Facilitazione/aggravamento dell'infezione dovuto agli anticorpi
Aimsib	Associazione internazionale per una medicina scientifica indipendente e benefica (Francia)	
ANSM	Ente Nazionale per la sicurezza del farmaco	Agenzia francese per la regolamentazione del farmaco (omologa dell'italiana AIFA, ndt.) Ha sostituito l'AFSSAPS, che non era riuscita a monitorare il Mediatore
RNA	Acido ribonucleico	In inglese RNA
BMJ	British Medical Journal	
BSL	Biosafety Lab, livelli da 1 a 4	Laboratori di biosicurezza In italiano, laboratori da BSL 1 (livello più basso) a BSL4 (livello più alto).
CDC	Centers of Disease Control	Centri americani per il controllo delle malattie
CEPI	Coalition for Epidemic Preparedness Innovations	Coalizione per la preparazione alle epidemie
Covid-19	Coronavirus disease 2019	Malattia derivante dal coronavirus del 2019
DARPA	Defense Advanced Research Projects Agency	Agenzia americana che si dedica ai progetti di ricerca avanzati per la Difesa
DoD	Department of Defense	Ministero della Difesa degli Stati Uniti
EHA	Eco Health Alliance	Organizzazione non governativa finanziata dal NIH per anticipare le pandemie
EI	Effet Indésirable	Reazione avversa ad un farmaco
EMA	European Medicines Agency	Agenzia Europea del farmaco
FDA	Food and Drug Administration	Agenzia americana incaricata di regolamentare gli alimenti ed i farmaci
FEM	Forum Economico Mondiale	In inglese, WEF World Economic Forum

FOIA	Freedom of Information Act	Legge americana del 1966 che permette ad ogni cittadino, di qualsiasi nazionalità, di consultare i documenti amministrativi
GoF	Gain of Function	Acquisizioni di nuove funzioni biologiche da parte di un organismo
GTP	Gene Therapy Product	Prodotto di terapia genica
HAS	Haute Autorité de Santé	Ente regolatorio per la salute in Francia
LNP	Lipid Nanoparticles	Nanoparticelle lipidiche impiegate nei vaccini a RNA messaggero
MERS MERS-CoV	Middele East Respiratory Syndrome	Sindrome respiratoria del Medio-Oriente (MERS), causata da un coronavirus MERS-CoV
NIAID	National Institute of Allergy and Infectious Diseases	Istituto Nazionale per le allergie e le malattie infettive (un ramo del NIH)
NIH	National Institutes of Health (Stati Uniti)	Istituto nazionale di sanità, negli Stati Uniti
OAS	Original Antigenic Sin	'Peccato originale antigenico' Fenomeno della risposta immunitaria che può provocare la facilitazione dell'infezione (Imprinting Immunitario)
OMS	Organizzazione Mondiale di Sanità	World Health Organization (WHO), agenzia specializzata dell'ONU
PCR	Polymerase Chain Reaction	Tecnica di replicazione del DNA o dell'RNA
SARS-CoV-2	Severe Acute Respiratory Syndrome Coronavirus 2	Virus responsabile della sindrome acuta del Covid-19
SI	Sistema Immunitario	
Spike	Proteina della superficie del virus SARS-CoV-2,	Che conferisce al virus la sua forma simile ad una corona, da cui il nome.
VAERD	Vaccine-Associated Enhanced Respiratory Syndrome	Malattia respiratoria facilitata dalla somministrazione di un vaccino
VAERS	Vaccine Adverse Event Reporting System	Sistema di segnalazione delle reazioni avverse legate ai vaccini (Stati Uniti)

Indice

Parte quarta
LA BIOPOLITICA DEL FUTURO...
COSA CI RISERVA?

www.ingramcontent.com/pod-product-compliance
Lightning Source LLC
Chambersburg PA
CBHW031119020426
42333CB00012B/150